JN409659

뉴미디어
사상과 문화

강진숙 저

뉴미디어 사상과 문화

지은이 | 강진숙
펴낸이 | 김지연
펴낸곳 | 지금
초판 1쇄 | 2019년 9월 9일
2쇄 | 2025년 3월 10일
등록 | 제319-2011-41호
주소 | 06924 서울특별시 동작구 장승배기로 128, 305호(노량진동, 동창빌딩)
전화 | (02)814-0022 FAX (02)872-1656
홈페이지 | http://www.papergold.net
ISBN | 979-11-6018-178-4 93330

이 도서의 국립중앙도서관 출판예정도서목록(CIP)은 서지정보유통지원시스템 홈페이지(http://seoji.nl.go.kr)와 국가자료종합목록 구축시스템(http://kolis-net.nl.go.kr)에서 이용하실 수 있습니다. (CIP제어번호 : CIP2019031854)

• 책값은 책표지에 표시되어 있습니다.

일러두기

1. 이 책은 국립국어원 표기법을 준수했다.
2. 외국 인명이나 지명, 작품명은 될 수 있는 한 국립국어원의 외래어 표기법을 따르되, 굳어진 용례는 관행을 따라 표기했다.
3. 출판 지침은 〈언론 관련 학술지 논문 작성 지침〉(2019)을 준수했다.
4. 원서는 이탤릭체로 표기했다.
5. 단행본이나 정기간행물은 홑화살괄호(〈 〉)로, 신문과 잡지는 겹화살괄호(≪ ≫), 시나 논설, 기고문 등은 큰따옴표(“ ”)로 표시했다.

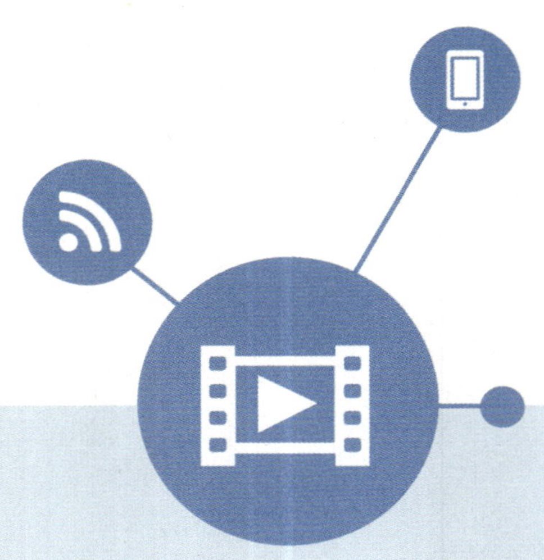

서 문

PREFACE

현대 사상을 접할 때 가장 곤혹스러운 것은 번역서의 난해함이다. 사상가도 먼 나라의 사람인데 번역한 용어조차 이국적이고 낯설기 때문이다. 물론 최근에 희랍어와 라틴어 번역서들이 새롭게 쏟아지면서 고대의 플라톤과 소크라테스가 우리의 일상 속으로 들어와 진리의 물음을 던지는 경향은 반가운 일이다. 이러한 상황은 물론 번역서뿐 아니라 현대 사상가들의 용어들과 사유들을 접하면서도 경험하게 된다. 이 중에서도 연구자들과 학생들을 괴롭히는 것은 뉴미디어 사상가의 이해를 위한 지도가 별로 없다는 점이다. 사상의 바다를 항해하고 싶어도 길 찾기를 위한 지도와 나침반이 없다면 익사 아니면 여행의 포기이다.

과연 이 빠른 뉴미디어 세상에서 사상가들을 만나는 느린 길을 단념해야 할까, 아니면 항해 지도를 내 손에 쥐고 느리지만 사유의 생체감각을 살려낼 것인가? 우리의 세상은 온통 만남으로 이루어져 있고 고통을 알면서도 사랑과 실연을 반복한다. 특히 사상가와의 만남이 힘든지 알면서도 누군가는 매번 재도전을 감행한다. 10년 전에 사둔 니체의 책을 다시 손에 쥐거나 철학서들을 찾아보는 것도 사상의 매혹을 포기하기 어렵기 때문이다. 그럼에도 현실적으로 어떻게 현대 사상가들을 만나야 할지, 어디서부터 시작해야 할지 잘 모르는 경우가 있다.

이 책을 집필하게 된 것도 이러한 저자의 고민에서 출발했다. 저자 역시 뉴미디어 문화나 미디어 교육, 그리고 매체미학을 강의하며 어려움에 지친 학생들과 연구자들의 눈빛과 당혹감을 자주 접해왔기 때문에 항해 지도가 필요했다. 열정이 넘치는 학생들과 연구자들의 호기심을 단축시키지 않고 끝까지 함께할 수 있는 지식의 장치가 필요했다. 이 책의 저술 목적은 뉴미디어 사상과 이론들을 보다 쉽고 친숙하게 접할 수 있도록 지도를 만드는 데 있다. 물론 이 책이 아직도 난해하여 졸음이 올 수도 있으나 꿈속에서라도 여기 보여줄 사상가들을 만나기 위한 폭신한 침구가 되길 바란다.

이 책은 다음과 같이 구성되었다.

제1장 〈입구: 뉴미디어 사유와 문화의 이해〉에서는 뉴미디어 사유의 기초가 되는 뉴미디어 문화의 이해와 뉴미디어 사유의 흐름과 초점 등을 살펴본다. 뉴미디어 사유의 흐름과 초점은 이 책에 포함된 사상가들, 즉 벤야민, 플루서, 비릴리오, 키틀러, 푸코, 들뢰즈와 과타리, 네그리와 하트 등의 이론을 바탕으로 기초적인 지식과 관점을 제시한다.

제2장 〈벤야민: 기술복제시대의 아우라 붕괴와 뉴미디어 문화〉에서는 벤야민의 대표적인 사유인 아우라와 기술복제의 사유를 비롯해 '산만한 시험관'으로 명명되는 영화 관객과 기술복제 미디어인 영화에 대해 살펴본다. 이를 바탕으로 벤야민 사유가 선행연구에서 어떻게 적용되었는지 이론적 맥락과 주제의 공통점 및 쟁점 등을 분석하여 제시한다.

서 문

P R E F A C E

제3장 〈벤야민: 파사주 프로젝트 – 산보자, 수집가, 미메시스 능력〉에서는 국내에 〈아케이드 프로젝트〉로 번역 출간된 〈파사주 프로젝트〉의 사유 초점들, 파사주의 판타즈마고리아 경향들을 살펴본다. 특히 상품 물신주의, 산보자, 수집가, 미메시스 능력의 개념과 특징들을 사유의 초점에 기초해 벤야민의 이론과 실천의 고민들을 접해본다. 이어서 파사주 프로젝트와 관련된 선행연구의 적용사례와 공통점, 그리고 쟁점들을 분석하여 추상적 이론의 실질적인 적용 방법들을 이해하도록 한다.

제4장 〈플루서: 코무니콜로기 – 담론형/대화형 매체, 대중적 기만과 기술적 상상〉에서는 플루서가 견지하는 커뮤니케이션의 목적과 역사적인 코드화 과정에 대해 먼저 이해하고, 보다 구체적으로 미디어의 두 가지 형태인 담론형과 대화형 매체의 차이와 특징들을 살펴본다. 이와 함께 이러한 미디어들의 이용과 해독 과정에서 나타나는 대중적 기만의 문제점과 원인들을 조명하여 뉴미디어 문화의 변화에 능동적으로 대응할 수 있는 이용자상을 그려본다. 여기서는 이용자와 제작자에게 중요한 기술적 상상을 통해 플루서의 디지털 사상이 지닌 시대적 함의들을 환기한다. 이에 기초해 플루서의 코무니콜로기 사유가 적용된 사례들을 분석한다.

제5장 〈비릴리오: 드로몰로지와 감각의 마비, 피크노렙시〉에서는 비릴리오의 드로몰로지 사유의 특징, 시각기계의 발전에 따라 나타난 모순의 논리와 감각의 마비 논리들을 조명한다. 여기서는 비릴리오가 비관주의 전략을 통해 디지털 기술의 발전과 비상사태를 경고하지만, 또 다른 한편 이용자의 미학적 실천 가능성 역시 피크노렙시 사유에서 발견된다는 점에 초점을 둔다. 이를 토대로 비릴리오의 이론과 사유가 적용된 선행연구의 사례들을 분석하여 실질적인 적용 방법들을 이해하도록 한다.

제6장 〈키틀러: 기록시스템과 글쓰기〉에서는 키틀러의 기록시스템에 관한 사유를 검토한 후, 기록시스템의 정의 및 특징, 그리고 기계-주체의 사유를 살펴본다. 기록시스템의 사유는 주로 키틀러의 주저들인 〈기록시스템 1800 · 1900〉과 〈축음기, 영화, 타자기〉를 중심으로 주요 논점들을 이해한다. 이 저서들의 공통점을 바탕으로 기술의 발전이 어떻게 뉴미디어와 기록시스템의 변화를 가져왔는지, 그리고 이용자는 어떻게 정보기계의 역할을 하게 되었는지 등을 탐구한다. 이를 바탕으로 키틀러의 사유가 적용된 선행연구들의 주요 특징과 공통점, 쟁점들을 분석하여 연구자들의 작업에 도움을 꾀하고자 한다.

제7장 〈푸코: 장치, 권력, 주체구성〉에서는 푸코의 장치와 주체구성에 대한 사유 맥락을 살펴보고, 보다 구체적으로 장치와 권력, 주체구성에 관한 주요 개념들과 이론들을 조명한다. 특히 감시장치와 생체권력이 작동하는 판옵티콘의 사례와 작동 원리들을 살펴보고, 담론장치와 지

식권력이 형성되는 성(sexuality) 장치의 기능을 이해한다. 이어서 푸코의 장치를 보다 실질적으로 이해하기 위해 푸코의 사유를 계승한 아감벤의 장치 개념과 세속화 전략, 그리고 전시가치의 메커니즘 등을 논의한다. 이를 바탕으로 푸코의 장치론과 주체구성의 사유들이 선행연구에서 적용된 사례들의 주요 특징과 공통점, 쟁점들을 분석한다.

제8장 〈들뢰즈: 사건의 철학과 시뮬라크르〉에서는 들뢰즈의 사건-시뮬라크르 사유의 사상적 배경을 비롯하여 사건과 되기, 의미, 의미생산의 방향을 보여주는 양식과 역설 등에 대해 살펴본다. 사건-시뮬라크르나 사건-의미론이 뉴미디어와 이용자들의 만남, 의미생산 등의 현상과 이슈들을 분석하는 상상력을 제공한다면, 의미생산의 양식과 역설은 한 사회의 뉴미디어와 권력의 작용이 이루어지는 메커니즘과 이용자의 실천과 행동들을 분석할 수 있는 문화정치적 관점을 키우는 데 도움을 준다. 들뢰즈의 사유가 적용된 선행연구의 사례들에 대한 분석은 들뢰즈 사유를 구체적인 연구 작업으로 옮기는 데 필요한 기초자료를 제시한다.

제9장 〈들뢰즈와 과타리: 소수자와 정동 사유〉에서는 우선 들뢰즈와 과타리의 소수자의 사유와 욕망의 생산이 이루어지는 실천 행위로서 배치에 대한 사유를 살펴본다. 이러한 소수자 사유는 뉴미디어 사회의 소수자들에 대한 차별과 배제 구조들을 분석하는 데 기여할 뿐 아니라 소수자 되기를 통한 실천 방향들을 모색하는 데 도움을 준다. 그다음으로 정동과 다중의 사유는 뉴미디어 사회의 구성원들이 어떻게 사람과 뉴미디어들과의 만남을 꾀할 것인지, 나아가 나의 슬픔, 기쁨, 욕망의 정서 변이들을 통해 보다 주체적인 삶과 표현행위를 할 것인지의 문제들을 규명하는 데 이론과 분석의 자원들을 제공한다. 이를 바탕으로 들뢰즈와 과타리의 소수자와 정동 사유의 적용 사례들을 분석하여 구체적인 연구 작업의 방법을 모색하는 데 도움을 준다.

이상에서 본 뉴미디어 사상가들의 주요 개념과 이론들은 뉴미디어 사회의 정치적, 문화적 현상들 뿐 아니라 이용자들의 집합적 실천 행위들을 현실화하는 데 주요한 사상적, 실천적 자원들을 제공한다. 이 사유들을 처음 접하는 독자들이 가장 당혹스러울 때는 낯선 용어들을 만나서 추상성의 우주 공간에 혼자 고립되어 있다고 느끼는 순간일 것이다. 이러한 울렁증을 극복하기 위해서는 우선적으로 각각의 사상가들 중 한 명과 친밀함을 느끼고 용어 하나만이라도 집요하게 파고들어 내 것으로 만드는 것이다. 자의든 타의든 이 책을 접한 독자들이 부디 낯설음을 벗어나 유쾌하고 뜨거운 사유의 주사위를 즐기길 바란다.

2019년 8월
흑석동 연구실에서 강진숙

차 례

CONTENTS

제6장

키틀러: 기록시스템과 글쓰기

제7장

푸코: 장치, 권력, 주체구성

제8장

들뢰즈: 사건의 철학과 시뮬라크르

제9장

들뢰즈와 과타리: 소수자와 정동 사유

제 1 장

입구: 뉴미디어 사유와 문화의 이해

1 뉴미디어 사유의 입구에 들어서기

1) 뉴미디어 문화의 이해

뉴미디어란 무엇인가? 뉴미디어 문화의 이해를 위해서 우선 고려되어야 할 것이 뉴미디어의 정의와 특징이다. 뉴미디어를 일상생활 속에서 누구나 이용하고 있지만, 정작 뉴미디어를 말로 규정하는 일은 쉽지 않기 때문이다. 따라서 여기서는 뉴미디어의 정의와 특징을 살펴본 후, 뉴미디어 문화의 사례와 특징을 검토하고자 한다.

우선, 뉴미디어는 두 가지 시각으로 접근할 수 있다. 하나는 현시대의 뉴미디어에 초점을 둔 정의이다. 이 경우 뉴미디어는 디지털 기술의 발전에 따라 시간과 공간의 제한 없이 쌍방향 의사소통이 가능한 미디어를 의미한다. 시간과 공간의 제한이 없다는 것은 뉴미디어의 이동성을 보여준다. 예컨대, 신문과 지상파TV 등 레거시 미디어(legacy media, 전통적 미디어)의 이용률이 감소되는 반면, PC와 스마트폰 기반 모바일 미디어는 2011년 모바일 미디어 도입 이후 지속적인 증가세를 보이고 있다(한국언론진흥재단, 2016, 12). 이용자들은 일상의 만남과 일을 수행하는 과정에서 스마트폰과 노트북, 그리고 다양한 스마트 미디어들을 통해 실시간 제공되는 뉴스와 정보들을 접하고 있는 것이다. 또한 전통적 미디어에 비해 뉴미디어 환경에서 이용자들은 개인과 집단의 취향을 고려한 문화 활동들을 선택하고 다양한 소통과 만남들을 실현하게 되었다. 나아가 인공지능(AI)의 기술적 발전은 일본 로봇 '페퍼'를 비롯하여 2016년 이세돌 9단과 '세기의 대결'을 벌인 구글 '알파고'와 같이 인간의 지능을 뛰어넘는 인공지능의 기술뿐 아니라 인간과 기계의 관계에 대한 성찰의 계기를 제공하였다. 스마트폰이나 인터넷 검색 도구의 알고리즘은 이미 인공지능의 기술들을 일상의 활동 속에서 활용하는 사례이기도 하다.

이처럼 인간과 기계의 관계에 대한 심층적 고려가 필요한 이유는 인공지능이 로봇의 신체로 눈앞에 등장하지 않아도 이미 이용자들의 일상을 지배하는 '투명성의 비매개성'(Bolter & Grusin, 1999/2006)을 보여주고 있기 때문이다. 즉 검색도구와 알고리즘 등의 디지털 기술은 이용자가 컴퓨터나 스마트폰 앞에 있는 상황을 잊게 하고, 미디어를 디지털 문자와 이미지, 동영상들의 투명망토로 덮어 몰입(immersion)과 원격현전(telepresence)의 감각들을 자연스러운 생체감각인양 착각하게 하는 것이다. 마치 컴퓨터 윈도우 창의 휴지통처럼 포털의 검색창은 회화, 사진, 영화, TV 등의 정보와 콘텐츠들을 촉각적으로 실감하게 해준다.

그러면, 뉴미디어는 현시대의 디지털 환경에서만 존재하는 것인가 아니면 과거에도 '새로운' 미디어로서 존재해 왔는가? 앞의 뉴미디어의 정의가 주로 디지털 미디어의 등장 전후를 기점으로 하는 현재적 시각에 기초한다면, 상대주의적(역사적) 시각에서 볼 때 사진기의 발명은 회화와 연극 중심의 문화에서 근대 뉴미디어 문화로의 변화를 예고한 서막이었다. 이와 관련하여 독일의 문화비평가이자 미디어 사상가인 발터 벤야민(Benjamin, 1936/2007)은 1900년 전후 사진기 발명을 통한 '기술복제시대'의 도래가 어떻게 대중의 문화 향유와 실천을 능동적으로 변화시켰는지를 설파한다. 루벤스(Peter Paul Rubens)와 다빈치(Leonardo da Vinci)의 회화작품이 신비로운 제의가치(祭儀價値, Kultwert)를 발산하며 관객의 숭배적 태도를 이끌었다면, 프랑스 사진작가 외젠 아제(Eugène Atget)[1]의 파리 뒷골목 사진들은 인물이 사라진 건물의 모습을 통해 이용자의 상상과 해석의 개입들을

---

1) 프랑스의 사진작가 Eugène Atget(1857~1927)는 '외젠 아제', '외젠 앗제', '으젠 아제', '으젠느 아제', '으젠느 앗제' 등으로 다양하게 표기되나, 벤야민 주저의 번역서(Benjamin, 1936/2007)를 기준으로 이 책에서는 '외젠 아제'로 표기를 통일한다.

만들어 내었다. 더 이상 예술작품은 숭배의 대상이 아니라 복제가 가능한 '지금 이곳'의 문화적 향유 대상이 된 것이다. 여기서 사진기는 당시 미디어 환경을 변화시키는 뉴미디어로서, 제의가치를 지닌 예술작품의 아우라(Aura)를 붕괴시키는 역사적 기점을 제공한다. 관객을 압도했던 아우라 예술의 제의가치가 붕괴되고 그 대신 사진기라는 뉴미디어의 전시가치(展示價値, Ausstellungswert)가 더 우월한 문화적 위치를 차지하게 된 것이다.

이러한 맥락에서 영국의 팝아트(Pop Art) 작가 리처드 해밀턴(Richard Hamilton)의 작품인 〈오늘날의 가정을 이토록 색다르고 멋지게 만드는 것은 무엇인가?〉(1956)는 근대 산업사회에서 부상한 뉴미디어 환경을 보여준다(〈그림 1-1〉 참조). 팝아트는 1954년 미술평론가 로렌스 앨러웨이(Lawrence Alloway)가 처음 사용한 이후 현재 예술비평 용어가 되었다(매경시사용어사전). 대표적인 팝아트 작가로는 해밀턴을 비롯하여 앤디 워홀(Andy Warhol), 로이 리히텐슈타인(Roy Lichtenstein), 키스 해링(Keith Haring) 등이 있다.

그림 1-1. 리처드 해밀턴의 팝아트 작품

출처: Hamilton, R. (1956). Just what is it that makes today's homes so different, so appealing?. 콜라주, 26×25cm, 튀빙겐 미술관. URL: https://www.wikiart.org/en/richard-hamilton/http-en-wikipedia-org-wiki-file-hamilton-appealing2-jpg-1956

그러면, 이 〈그림 1-1〉에서 당신은 어떠한 뉴미디어들을 발견할 수 있는가? 그림 위에서 시계 방향으로 시선을 돌리면, TV와 오디오 등이 보이며 유리창 너머로는 최초 유성영화인 〈재즈 싱어〉를 상영하는 영화관 간판이 포착된다. 그 밖에도 팝아트의 인장처럼 'POP'이라는 사탕과 대량생산된 공장의 햄, 전기 청소기, 근육과 섹시미로 무장한 남성과 여성의 몸이 전시되어 있다. 벤야민이 언급한 사진의 전시가치가 팝아트의 콜라주 작품에도 등장한다. 사진기의 등장 이후 TV와 라디오, 영화 등은 대중들로 하여금 새로운 문화를 접할 수 있게 하는 뉴미디어의 위상과 역할을 행한 것이다.

이러한 상황은 디지털복제시대의 이용자들에게도 마찬가지로 적용된다. 데스크탑과 스마트폰의 화면에는 다양한 뉴미디어 플랫폼들이 등장하기 때문이다. 이용자들은 차를 타고 이동하면서도 자신이 선택한 맞춤형 콘텐츠들을 언제든 꺼내 볼 수 있다. 아우라 붕괴 이후 이용자들은 전문가들만의 성역을 허물고 누구나 디지털 미디어를 통해 콜라주 작가와 비평가가 될 수 있는 것이다. 물론 이러한 단언의 전제조건은 이용자의 성찰적 역할에서 비롯된다. 해밀턴의 작품을 디지털 시대에 적용한 리처드 랜햄(Richard Lanham)이 제기한, "오늘날의 데스크탑을 그렇게 색다르고 멋지게 만들어주는 것은 무엇인가?"(Lanham, 1993, p. 40)는 여전히 유효한 물음이다. 즉, 뉴미디어라는 그릇 속에 어떠한 재료들을 넣고 어떻게 작품을 만들어 낼 것인가? 그것은 특정 소프트웨어 전문가나 예술가들의 기술적 영역이 아니라 일반 이용자들의 능동적이고 창의적인 행위를 통해 충분히 구성과 제작이 가능한 유희의 장이 될 수 있다. 물론 이용자들이 뉴미디어의 기술적 이해를 비롯해 인간과 기계를 둘러싼 다양한 쟁점들을 고려할 때 가능하다. 뉴미디어 환경이 급속히 변화하고 있는 상황에서 이용자들이 소외되지 않기 위해서는 보다 능동적이고 주체적인 문제해결 능력과 사유의 힘이 점차 중요해지고 있기 때문이다. 이러한 사유의 힘은 인간과 기계, 이용자와 뉴미디어, 사람과 동식물 등 다양한 신체들의 결합과 배치 방식들을 기획하고 실행하는 과정을 통해 더 강화될 수 있다. 이 저서에서 다양한 뉴미디어 사유와 문화 이론들을 살펴보는 것은 바로 이러한 사유와 실행의 힘을 개발하기 위함이다. 이용자가 아무리 뉴미디어의 소프트웨어 기술과 코딩 기법을 숙련한다 해도 일상생활에서 발생하는 뉴미디어 상황에 대한 판별력과 문제해결 능력이 결여되면 '디지털 소외'에서 벗어나기 어렵기 때문이다. 이러한 맥락에서 다음에는 이 책에서 다루게 될 사상가들의 주요 개념과 사유의 흐름들을 살펴보고자 한다.

2) 뉴미디어 사유의 흐름과 초점

그러면, 뉴미디어 사유의 흐름과 초점은 어떻게 나타나는가? 여기서는 다양한 뉴미디어 사유들 중에서도 기술 중심적 시각에서 벗어나 다양한 사회문화적 변화들을 고려하는 사상가와 이론들을 선별하였다. 이 책에서 훑어볼 사상가들은 다음과 같다. 즉 발터 벤야민(Walter Benjamin), 빌렘 플루서(Vilém Flusser), 폴 비릴리오(Paul Virilio), 프리드리히 키틀러(Friedrich Kittler), 미셸 푸코(Michel Foucault), 질 들뢰즈(Gilles Deleuze), 펠릭스 과타리(Félix Guattari), 안토니오 네그리(Antonio Negri), 마이클 하트(Michael Hardt) 등이 여기에 포함된다. 이 사상가들의 심층적인 이론과 개념들을 총체적으로 이해하는 방식보다 뉴미디어와 사회, 문화, 정치적 상황들에 대한 다양한 사유의 쟁점들과 토론주제의 도출에 초점을 두고자 한다. 그 목적은 뉴미디어 이용자들인 독자들이 뉴미디어 환경 변화에 능동적으로 대처하고 문제해결 능력을 개발할 수 있는 사유의 근육과 실행의 세포를 질기고 강하게 단련시키는 데 있다. 이를 위한 기초 운동으로서 각 사상가들의 주요 개념과 초점들을 먼저 살펴보도록 한다.

(1) 벤야민의 저술과 사유 초점

우선, 벤야민(1892~1940)은 독일의 문학비평가이자 번역자, 미디어 사상가로서 독일 프랑크푸르트 학파의 일원으로 활동하였다. 그는 부유한 유대인 가정환경에서 자랐지만 1933년 나치 정권이 수립된 이후 유대인이라는 이유만으로 박해를 피해 파리로 이주하였다. 그 후 벤야민은 1940년에 나치가 프랑스까지 점령하자 당시 뉴욕의 사회연구소를 중심으로 프랑크푸르트 학파를 주도하던 아도르노와 호르크하이머의 지원을 받아 미국 망명을 시도하였다. 하지만, 프랑스를 탈출하던 중 스페인 국경 통과를 저지당하자 작은 시골 모텔에서 음독자살로 생을 마감하였다.

벤야민의 주요 저서를 살펴보면 다음과 같다.2) 생전의 출간물인 〈독일 낭만주의에서의 예술비평 개념(*Begriff der Kunstkritik in der deutschen Romantik*)〉(박사학위논문, 1919), 〈보들레르의 파리(*Charles Baudelaire, Tableaux Parisiens. Deutsche Übertragung mit einem Vorwort über die Aufgabe des Übersetzers*)〉(1923), 〈일방통행로(*Einbahnstraβe*)〉(1928), 〈독일 비애극의 원천(*Ursprung des deutschen Trauerspiels*)〉(교수자격임용논문, 1928) 등이 있다. 우리나라에 소개된 주요 개별 저서들을 제시하면, 〈발터 벤야민의 모스크바 일기(*Moskauer Tagebuch*)〉(1926-1927/2005), 〈1900년경 베를린의 유년시절 베를린 연대기(*Berliner Kindheit um Neunzehnhundert*)〉(1932-1934/2007, 1938/2007), 〈기술복제시대의 예술작품(*Das Kunstwerk im Zeitalter seiner technischen Reproduzierbarkeit*)〉(1935-1939/2007), 〈역사의 개념에 대하여(*Über den Begriff der Geschichte*)(1942); 폭력비판을 위하여(*Zur Kritik der Gewalt*)(1921); 초현실주의(*Der Surrealismus*)(1929) 외〉(2008), 〈아케이드 프로젝트(*Das Passagen-Werk*)〉(1928-1929/2005, 1934-1940/2005) 등이 있다.

이 책에서는 벤야민의 주요 사유들 중에서도 우선, '기술복제시대의 아우라 붕괴'에 대한 관점을 중심으로 뉴미디어 문화를 조명한 후, '아케이드 프로젝트'의 사유에 기초해 산보자, 수집가, 미메시스 능력의 정의와 특징, 함의점 등을 성찰하고자 한다. 전자의 경우, 우리나라에도 출간된 최성만 번역의 〈기술복제시대의 예술작품〉(1935-1939/2007)에서 제2판과 제3판의 글들과 관련 노트들을 중심으로

2) 다음의 문헌과 인터넷 자료를 참조함. Benjamin, W. (1935-1939). *Das Kunstwerk im Zeitalter seiner technischen Reproduzierbarkeit.* (vier Fassungen 1935～1939). In *Zeitschrift für Sozialforschung.* 1936 [franz. Übers.] 최성만 (역) (2007). 〈기술복제시대의 예술작품; 사진의 작은 역사 외〉. 서울: 길; 위키백과 URL: https://ko.wikipedia.org/wiki/%EB%B0%9C%ED%84%B0_%EB%B2%A4%EC%95%BC%EB%AF%BC

사유의 이해를 위한 논점들을 정리한다. 여기서 초점은 기술복제시대의 기술의 사유, 진보의 정의, 아우라의 개념과 관점, 아우라 붕괴 전후의 변화, 영화와 산만한 시험관으로서의 관객의 역할 변화 등이다. 특히 주목할 것은 사진기의 발명을 기점으로 회화와 연극 등의 아우라 예술에서 사진, 영화, TV 등 복제기술의 뉴미디어가, 또한 제의가치에서 전시가치가 더 중시되는 미디어의 위상 변화와 산만한 시험관으로서 이용자 역할 등이다.

후자의 경우, 주로 〈아케이드 프로젝트〉(1928-1929/2005, 1934-1940/2005)에 기초해 산보자와 수집가의 역할을 조명하고 있고, 소논문들인 "유사성론"(1933/2008)과 "미메시스 능력에 대하여"(1933/2008) 등을 통해 사물과 언어에 대한 인간의 미메시스 행위 능력을 탐색하고 있다. 여기서 벤야민의 주요한 문제의식은 시각적으로 포착되는 사물들을 어떻게 촉각적인 언어들로써 사유하고 재구성할 것인가 하는 데에 있다(강진숙, 2016). 이를 통해 뉴미디어 이용자들의 미메시스 능력에 초점을 맞춰 다양한 사례들을 통해 보다 능동적이고 창의적인 미디어 이용능력을 개발하는 방안들을 모색할 수 있다.

벤야민이 강조하는 미메시스 능력의 초점은 미학적 모방이나 재현이 아닌 놀이와 유희의 측면에 있다(강진숙 · 이은비, 2013). 즉 고대 그리스 이후 현재까지 전승되어 온 미메시스는 아리스토텔레스의 사유에 근거해 주로 예술적 매체를 통해 인간의 비극과 희극이 재현(re-present)되는 것을 의미했다(유기환, 2010). 이러한 입장은 주로 인간들을 대상으로 한 모방과 언어적 재현의 측면에서 미메시스를 보고 있다면, 벤야민은 언어뿐만 아니라 물레방아나 기차도 흉내 내는 능력으로 확장하고 있다. 즉, 미메시스 능력은 아이들의 흉내 내기처럼 언어 이전에 사물에 먼저 다가가 지각하고 촉각적으로 사물을 표현하는 유희의 놀이를 가능케 하는 힘인 것이다.

이러한 벤야민의 아우라 붕괴와 미메시스 능력에 관한 사유를 통해 다음의 문제들이 제기될 수 있다.

물음의 주사위

- 벤야민의 아우라 예술과 비아우라 예술에서 각각 이용자 역할은 어떻게 나타나는가?
- 벤야민의 '산만한 시험관'과 '수집가' 역할의 차이와 유사점은 어디에 있는가?
- 기술복제시대의 아우라 붕괴 환경에서 '산보자'의 역할은 어떻게 가능한가?
- 기술복제시대의 '수집가' 역할은 왜 중요하며, 어떠한 사례를 통해 나타나는가?

(2) 플루서의 저술과 사유 초점

체코 프라하 유대계 가문의 태생인 플루서(1920~1991)는 유럽의 디지털 사상가이자 매체현상학자이다. 미 대륙의 디지털 사상가가 마셜 매클루언이라면, 유럽 대륙에는 플루서가 있다고 할 정도로 양자는 디지털 미디어 이론가로서 쌍벽을 이루는 것으로 평가된다. 1939년 프라하 카렐 대학교에서 철학 공부 중 나치의 박해로 런던으로 이주했다. 하지만, 강제수용소에서 모든 가족을 잃은 플루서는, 1941년 브라질로 망명하여 1963년 상파울루 대학교 커뮤니케이션 철학 교수로 임용되었다. 1972년 브라질 군사 정부와 정치적 갈등을 겪게 되자 다시 유럽으로 망명하여 독일과 프랑스에 거주하며 유럽과 미국의 여러 대학에서 초빙교수로 강의하였다. 그 이후 프랑스 남부 호비옹에 정착해 독일어와 영어 등으로 기술된 다양한 저술들을 출간하며 강연 활동들을 병행하였다. 하지만, 1991년 강의를 위해 다시 찾은 고향 프라하에서 갑작스러운 교통사고로 타계하였다.

주요 저서는 〈사진의 철학을 위하여(*Für eine Philosophie der Fotografie*)〉(1983), 〈테크놀로지 이미지의 우주로(*Ins Universum der Technischen Bilder*)〉(1985), 〈디지털시대의 글쓰기(*Die Schrift: Hat Schreiben Zukunft?*)〉(1987), 〈탈역사(*Nachgeschichten*)〉(1990), 〈몸짓들: 현상학 시론(*Gesten: Versuch einer Phänomenologie*)〉(1991), 〈문자. 글쓰기에 미래는 있는가?(*Die Schrift. Hat Schreiben Zukunft?*)〉(1992), 〈코무니콜로기(*Kommunikologie*)〉(1996), 〈피상성 예찬(*Lob der Oberflächlichkeit*)〉(1993), 〈그림의 혁명(*Die Revolution der Bilder*)〉(1995) 등이 있다.

여기서 플루서 사유의 초점은 주로 다음과 같이 세 가지 논점을 중심으로 정리된다. 우선, 커뮤니케이션의 목적이 무엇이고, 코드화의 역사적 과정은 어떻게 변화했는가 하는 점이다. 이것은 주로 〈코무니콜로기〉와 〈그림의 혁명〉을 중심으로 주요 논점이 발견된다. 그에 의하면, 커뮤니케이션의 목적은 유한자로서의 인간이 '죽음의 판결을 받는 세계'(Flusser, 1996/2001)에서 고독과 무의미한 상황에 대항하고 세계 내로 진입하기 위함이다. 이 과정에서 코드화의 역사적 과정은 총 세 단계, 즉 그림시대, 문자시대, 기술적 형상(Technisches Bild)시대를 거치며 각각 서로 다른 이용자의 능력과 역할을 요구해 왔다. 즉 그림시대의 상상 능력, 문자시대의 개념 해독 능력, 그리고 기술적 형상시대의 기술적 상상 능력 등이 여기에 포함된다. 여기서 코드(code)란 어떤 합의에 따라 특정 현상을 의미화하는 상징들을 조작적으로 배열하는 모든 체계를 의미한다(Flusser, 1996/2001; 1995/2004). 이러한 사유는 뉴미디어 시대의 이용자에게 어떠한 기술적 상상의 능력이 필요한지 성찰할 수 있는 계기를 제공한다는 점에서 의미가 있다.

두 번째로, 담론형과 대화형 커뮤니케이션의 차이점과 특징은 무엇인가 하는 점이다. 플루서에 의하면, 커뮤니케이션의 구조는 크게 두 가지 형태, 즉 담론형과 대화형으로 구분된다(Flusser, 1996/2001). 담론형 커뮤니케이션이 송수신자의 구분이 명확하고 일방향적으로 정보를 전달하는 방식이라면, 대화형 커뮤니케이션은 송수신자의 역할이 가변적이며 양방향의 소통을 통해 정보를 변형하고 새롭게 형성하는 방식이다. 전자의 예로서 극장형, 피라미드형, 나무형, 원형극장형 담론이 있다면, 후자의 경우 원형대화와 망형대화의 형태가 대표적인 사례이다.

마지막으로, 이용자들이 어떻게 기술적 상상(Technoimagination) 능력을 개발하여 창조적 상상가의 역할을 수행할 것인가 하는 점이다. 이에 대해서는 〈코무니콜로기〉(1996/2001)와 〈피상성 예찬〉(1993/2004)을 중심으로 살펴볼 수 있다. 사진, 비디오, TV, 컴퓨터 등이 주요한 미디어로 작동하는 기술적 형상시대에는 이전 시대와 달리 이용자의 기술적 상상이 중요하게 요구된다. 왜냐하면, 이 시대의 기술 형상 미디어는 테크노 코드, 즉 기술 코드를 통해 구성 및 제작되며 이 코드의 작동방식을 이해하고 해독할 수 있는 '기술적 상상'이 요구되기 때문이다.

이러한 상상은 '코드를 자유롭게 유희하는 인간'(강진숙, 2010)으로서 이용자의 위상과 역할을 새롭게 요구하는데, 그것이 바로 창조적 상상가의 과제인 것이다. 여기서 해결해야 할 과제는 '대중적 기만'의 발생이다. 대중적 기만은 이용자가 해독 능력이 없어서가 아니라 코드의 의미를 이미 알고 있다고 간주해 비판적 해독을 하지 않는 것을 의미한다. '이미 안다'는 것은 두 가지 의미를 지닌다. 한편으로 유치원, 초등학교, 중등학교, 대학교까지의 제도적 교육과정 속에서 TV, 영화, 컴퓨터상의 다양한 기호들을 해독하는 방법을 알고 있다는 점이다. 하지만, 전문가나 엘리트들의 기술적 코드가 작동하고 있다는 것을 아는 것이지, 그 제작 배경이나 메커니즘의 속성을 간파하고 있는 것은 아니다. 즉, 이용자가 해독할 능력이 있으면서도 TV와 디지털 콘텐츠를 무의식적으로 수용하는 '대중적 기만'이 발생할 때, 이용자에게 필요한 것이 기술적 상상 능력인 것이다.

이러한 플루서의 사유를 정리할 때, 다음과 같은 문제설정들이 가능하다.

물음의 주사위

- 코드화의 역사적 과정은 어떻게 변화해 왔는가?
- 담론형과 대화형 커뮤니케이션의 차이점은 어디에 있고, 각각 어떠한 사례들을 통해 나타나는가?
- 대중적 기만을 극복하기 위해 이용자는 어떻게 기술적 상상 능력을 개발할 수 있는가?

(3) 비릴리오의 저술과 사유 초점

비릴리오(1932~2018)는 프랑스의 디지털 사상가로서 그리스 철학자, 도시계획전문가, 문화이론가, 영화비평가, 전시큐레이터, 군사역사가 등 다양한 직함들을 가지고 있다. 파리 태생의 그는 1968년에서 1998년까지 파리 건축대학(École Spéciale d'Architecture)에서 교수 및 학장을 지냈고, 2018년에 타계하였다. 생애 이력(Virilio, 1984/2004)을 보면, 1963년 건축 원리(Architecture Principe) 그룹의 대표와 잡지 편집장으로 활동했고, 1975년에는 파리의 응용 미술관에서 벙커 고고학 전시를 조직하였다. 1987년 전국 건축 비평 대상(Grand Prix National)을 수상하였으며, 1989년에는 자크 데리다(Jacques Derrida)의 추천을 받아 파리 국제철학대학(College Internaional de Philosophie de Paris) 학과장을 역임하여 다수의 저술 및 강연활동들을 수행하였다.

주요 저서로는 〈속도와 정치(*Vitesse et politique*)〉(1977), 〈전쟁과 영화: 지각의 병참학(*Guerre et cinéma: Logistique de la perception*)〉(1984), 〈소멸의 미학(*Esthétique de la disparition*)〉(1989), 〈동력의 기술(*L'Art du moteur*)〉(1993), 〈순수전쟁(*Pure war*)〉(공저, 1997), 〈정보과학의 폭탄(*La Bombe informatique*)〉(1998) 등이 있다.

비릴리오 사유의 초점을 살펴보면 다음과 같이 크게 세 가지로 정리된다. 우선, 드로몰로지(dromologie)의 사유와 속도의 권력화에 대한 비판적 관점이다. 비릴리오가 〈속도와 정치〉(1977/2004)에서 핵심적으로 제기하는 관점은 속도 그 자체가 아니라 "속도의 가속화를 야기하는 지배와 경쟁의 논리"이다(강진숙, 2012, 33쪽). 드로몰로지란 희랍어 '드로모스(δρόμος)'와 '로고스(λόγος)'가 결합된 개념이다. 즉 코스(course), 질주(running), 경주(race)를 의미하는 '드로모스'와, 논리를 뜻하는 '로고스'가 합쳐진 "질주(경주)의 논리"(Virilio & Lotringer, 1997, p. 47)인 것이다. 여기서 초점은 질주의 논리가 어떻게 속도의 가속화에 따른 권력화를 야기하고, 그 결과 '정지는 곧 죽음'이 되는지를 파악하는 데 있다.

두 번째로, 시각기계의 발전은 모순의 논리에 따라 감각의 마비 현상을 야기한다는 관점이다. 모순의 논리는 TV 중계방송이나 디지털 가상현실이 원격시청을 통한 원격현전을 가능하게 함으로써 생체감각을 마비시키고 가상현실을 '사실인 것'으로 오인하게 하는 감각의 마비현상을 야기하는 것을 의미한다(강진숙, 2006, 2012). 즉, 실재대상이나 사건 현장에 직접 참여하지 않아도 '지금 여기'에서 반복적인 시청과 경험이 가능하게 되면서 천재지변에 따른 대량참사나 전쟁, 기아, 질병 등의 현실을 게임이나 영화의 한 장면으로 전락시킨다. 시각기계의 디지털화는 이러한 모순의 논리를 강화하면서 이용자의 생체감각을 쇠퇴시키고 대신 그 자리에 카메라의 눈과 교통수단의 운반체와 같은 인공감각으로 대체한다. 여기서 중요한 것은 시각기계의 원격현전 사례와 감각의 마비에 대한 문제점을 비판적으로 인식하는 데 있다. 이를 위해 비릴리오는 테크노포비아(technophobia)라는 지적을 받을 정도로 사유의 극단까지 비관주의의 시각을 밀어붙인다.

마지막으로, 생체감각의 복원을 위해 필요한 것은 이용자의 시간과 속도를 조절할 수 있는 피크노렙시 능력의 개발에 있다는 점이다(Virilio, 1989/2004). 여기서 초점은 속도의 끝까지 가는 인류의 파멸을 막기 위해 이용자가 무엇을 해야 하는가 하는 실천적 방안 모색에 있다. 이러한 점에서 비릴리오는 태생적인 비관주의자가 아니라 전략적 비관주의자임을 알 수 있다. 왜냐하면, 속도가 자본과 권력의 전유물로 전락하지 않도록 하기 위해서 이용자들은 시간과 속도의 조직화 능력을 지녀야 함을 강조하기 때문이다. 이를 위한 대안으로 제기하는 방안이 '피크노렙시', 즉 기억부재증에 대한 미학적 성찰이다. 이는 느림과 빠름의 속도조절자로서 인간이 어떻게 기억부재증과 같은 사유와 행동의 빈틈들을 활용하여 새로운 미학적 실험과 발명을 행할 것인가 하는 점이다.

이러한 비릴리오 사유의 초점을 고려할 때, 다음과 같은 문제설정이 도출된다.

물음의 주사위

- 속도 경쟁의 논리는 어떠한 사례를 통해 나타나며 문제점은 어디에 있는가?
- 시각기계의 디지털화는 어떠한 모순의 논리를 야기하는가?
- 감각의 마비를 극복하기 위해 어떠한 피크노렙시 방안이 요구되는가?

(4) 키틀러의 저술과 사유 초점

키틀러(1943~2011)는 독일의 문학비평가이자 미디어 사상가로서 기술발전과 미디어, 그리고 이용자 환경의 변화에 대해 분석하였다.

1963년 프라이부르크 대학에 입학해 독일어문학, 로망어문헌학, 철학 등을 수학하며 하이데거(Martin Heidegger), 니체(Friedrich Wilhelm Nietzsche), 라캉

(Jacques Lacan), 데리다(Jacques Derrida), 푸코(Michel Foucault) 등 동시대 프랑스 이론들을 탐구하였다(Kittler, 2003/2015). 박사학위로 스위스 작가 〈콘라트 페르디난트 마이어(Conard Ferdinand Meyer)에 관한 논문〉(1976)을 집필했고, 독일문학사 전공 교수자임용논문으로는 독일문학사를 정보시스템의 변천 시각으로 분석한 〈기록시스템 1800 · 1900〉(1982)을 제출하여 많은 심사위원들이 대거 참여하도록 파란을 일으켰다. 2년 동안의 심사기간을 거치며 심사위원이 13명으로 늘어난 끝에 논문이 통과된 것이다. 1987년 보훔 대학교 현대독일문학 교수로 재직한 후 1993년 베를린 훔볼트 대학교에서 미디어 미학 및 역사학 교수를 역임했고, 2005년 이후 스위스 유럽대학원에서 교편을 잡았다(Kittler, 2002/2011).

주요 저서로는 〈기록시스템 1800 · 1900(*Aufschreibesysteme 1800 · 1900*)〉(1985, 2003), 〈축음기, 영화, 타자기(*Grammophon, Film, Typewriter*)〉(1986), 〈광학적 미디어: 1999년 베를린 강의(*Optische Medien: Berliner Vorlesung 1999*)〉(2002) 등이 있다.

키틀러 사유의 초점은 다음과 같다. 우선, 기술혁신에 따른 기록시스템의 등장과 정보 저장의 시대적 변화를 조명하며 기술적 미디어의 변화 양상들을 분석하고 있다는 점이다. 이것은 주로 〈기록시스템 1800 · 1900〉에서 나타나는데, 여기서 '기록시스템'은 새로운 미디어와 제도들의 집합체로서 역할한다. 즉, 기록시스템이란 당대 문화로부터 나온 중요한 자료들의 주소화(Adressierung), 저장 그리고 가공을 가능하게 하는 기술과 제도의 네트워크이다(Kittler, 1985). 이 개념은 푸코의 '장치(dispositif)' 개념과 유사한 특성을 지닌다. 왜냐하면, 푸코의 장치처럼 기록시스템 역시 지식과 권력이 교차하면서 특정한 유형의 주체들을 생산하는 혼성적 배치이기 때문이다(Kittler, 2003/2015). 이를 증명하기 위해 키틀러는 도서관의 문헌들뿐 아니라 시대적 특성을 반영한 데이터들을 기록하고 분석하는 기술적 장치와 다양한 미디어들을 분석대상에 포함시킨다.

두 번째로, 글쓰기의 측면에서 키틀러가 제기한 '글의 독점(schriftmonopol)'을 비판적으로 해독할 필요가 있다. 글의 독점이란, 문자의 연쇄를 저장하고 전달하는 기록시스템이 시간에 대한 독점적 통제력을 보유하는 것을 의미한다(Kittler, 2003/2015). 이러한 맥락에서 남성 작가 중심의 글쓰기가 어떻게 글의 독점 현상을 지속시켰는지, 그리고 여성의 글쓰기는 어떻게 가능한지에 대한 문제의식을 제기한다.

마지막으로, 키틀러가 1999년 베를린 훔볼트 대학교에서 행한 14개 강의 내용들을 담은 〈광학적 미디어〉는 사진, 영화, TV 등으로 대표되는 '광학 미디어'의 성장 요인들을 분석한다. 그 요인은 더 빠른 정보의 전략적 요구, 즉 군사적 목적과 상업적 이윤획득의 목적이 자리하고 있다는 것이다(강진숙, 2012). 이러한 광학 미디어는 신체의 감각적 지각에 직접 작용하며 기록시스템의 상징적, 연속적 시간을 변화시킨다(Kittler, 2003/2015). 전통적 기록시스템이 인간에 의존하며 유기적으로 허술하게 작동했다면, 광학적 미디어 시스템은 정교한 기술적 장치(apparatus)로 조직된다. 여기서 주목할 것은, 인간의 시간이 아닌 기계화되고 총체화된 시스템의 시간이 정치적, 경제적, 군사적 시스템들의 상호경쟁을 현실화시키고 강화한다는 점이다. 이러한 점에서 광학 미디어 시스템에 대한 사유의 초점은 단수의 미디어가 아니라 미디어와 복수의 시스템들 간의 상호경쟁과 결합방식을 포착하는 데 있다. 이와 관련하여 글쓰기가 더 이상 개인의 손이나 근육을 통한 표현이 아니라 타자기와 결합된 '정보기계'의 작업이라는 점도 탐구할 만한 주제이다.

이러한 키틀러 사유의 초점을 고려할 때, 다음의 문제설정이 도출된다.

물음의 주사위

- 기록시스템 1800과 1900은 각각 어떠한 지식과 권력, 그리고 주체들을 구성하는가?
- 기록시스템 1800에서 1900으로 이행하게 된 중심 요인과 상황은 어디에 있는가?
- 기록시스템의 변화에 따라 글의 독점은 어떻게 나타나고, 여성의 글쓰기는 어떠한 특징을 갖게 되는가?

(5) 푸코의 저술과 사유 초점

푸코(1926~1984)는 프랑스의 후기구조주의 철학자이다. 프랑스 푸아티에의 부유한 집안에서 유년기를 보낸 푸코는 18세에 바칼로레아 시험에 합격 후 고등학교를 졸업한 지 4년 만에 낙방을 거듭하다 결국 1947년에 고등사범학교 시험에 합격하였다. 1951년 26세인 그는 교수자격 시험에 합격한 후 루이 알튀세(Louis Althusser)의 추천으로 고등사범학교에서 강의를 하였으며, 1970년 이후 콜레주 드 프랑스(Collège de France)의 사상사 교수로 재직하였다. 1968년 당시 들뢰즈와 함께 소수자 운동을 주도하며 많은 저술과 실천 활동을 전개하였다.

주요 저서는 다음과 같다. 〈광기의 역사(*Histoire de la folie à l'âge classique*)〉(1961), 〈말과 사물(*Les mots et les choses*)〉(1966), 〈지식의 고고학(*L'Archéologie du savoir*)〉(1969), 〈담론의 질서(*L'ordre du discours*)〉(1971), 〈비정상인들〉(1974-1975), 〈감시와 처벌(*Surveiller et punir*)〉(1975), 〈사회를 보호해야 한다: 콜레주드 프랑스 강의 1975~76년(*Il faut défendre la société: Cours au Collège de France, 1975~76*)〉(1976), 〈성의 역사(*Histoire de la sexualité*) 1: 지식의 의지(*La volonté de savoir*)(1976), 2: 쾌락의 활용(*L'usage des plaisirs*)(1984), 3: 자기 배려(*Le souci de soi*)(1984)〉, 〈주체의 해석학(*L'Hermeneutique du sujet: Cours au Collège de France, 1981~1984*)〉(1981-1982), 〈생명관리정치의 탄생: 콜레주드프랑스 강의 1978~79년(*Naissance de la biopolitique: Cours au Collège de France, 1978~79*)〉(1978-1979), 〈안전, 영토, 인구: 콜레주드프랑스 강의 1977~78년(*Securite, territoire, population: Cours au Collège de France, 1977~78*)〉(1978), 〈헤테로토피아(*Les Heterotopics*)〉(1984) 등이다.

푸코의 사유들 중에서도 생체권력, 지식권력, 주체형성과 연관된 사유의 초점들을 살펴보면 다음과 같다. 우선, 생체권력과 연관된 장치의 관점이다. 푸코는 〈감시와 처벌〉(1975/1994)에서 제레미 벤담(Jeremy Bentham)의 설계도인 '판옵티콘(panopticon)'을 예로 들며 장치의 기능을 언급하였다(강진숙, 2015). 그에 따르면, 장치란 어느 한 권력자나 한 인격이 아니라 특정 유형의 권력관계에 의해 작동하는 것으로서, 이를 통해 피감시자의 자기검열에 의해 주체화가 이루어지도록 한다.

두 번째로, 지식권력과 결합된 장치의 관점이다. 앞의 장치에 대한 사유는 푸코의 후속 저서인 〈성의 역사 1: 지식의 의지〉(1976/2010)를 통해 더욱 구체화된다(강진숙, 2015). 이 저서의 제4장 '성적 욕망의 장치'에서 푸코는 '성 장치(le dispositif de sexualité)'의 기능을 지식권력의 차원으로 확장해 분석하고 있기 때문이다. 즉, 성은 억압되거나 금지되는 것이 아니라 오히려 성 장치를 통해 생산, 조절된다. 성 장치는 성 담론의 영역들을 조직화하면서 성을 지식권력의 측면에서 일정하게 관리하고 생산한다.

마지막으로, 뉴미디어 장치를 통해 어떻게 주체구성이 이루어지는가 하는 점이다. 푸코의 장치론은 뉴미디어 장치를 통한 주체구성의 방식을 파악하는 데 시사점을 준다. 사이버 공간을 또 다른 현실 사회의 연장으로 규정할 때, 이 공간에는 신체의 규율과 감시를 위한 감금 장치들이 작동할 수 있다. 또한 교육, 의학, 인구통계학, 생물학 등은 다양한 성 담론들을 만들어 내며 뉴미디어 사회의 개인과 계층들을 지식권력의 측면에서 관리하고 생산할 수 있다. 요컨대, 푸코의 사유는 뉴미디어가 다양한 담론들을 통해 어떻게 인간과 동물의 신체에 대한 지식권력을 행사하는지, 이 과정에서 주체구성이 어떻게 이루어지는지 분석할 수 있는 단초를 제기한다.

이러한 푸코의 사유 초점을 고려할 때, 몇 가지 문제설정이 가능하다.

물음의 주사위

- 푸코의 장치는 생체권력과 관련하여 어떠한 작동을 하는가?
- 성 장치의 기능은 지식권력 차원에서 어떻게 확장되어 주체를 구성하는가?
- 뉴미디어 장치들은 어떠한 사례들을 통해 지식권력을 행사하며 주체를 구성하는가?

(6) 들뢰즈와 과타리의 저술과 사유 초점

들뢰즈(1923~1995)는 프랑스의 후기구조주의 철학자이자 영화 마니아이다. 사상의 자원은 대표적으로 스피노자(Baruch de Spinoza), 니체(Friedrich Wilhelm

Nietzsche), 베르그손(Henri Bergson), 카프카(Franz Kafka) 등의 영향을 받았다. 소르본 대학에서 철학을 전공한 후 1969년부터 1987년까지 푸코의 뒤를 이어 파리 제8대학(구 뱅센느 대학) 교수로 재직하였다(Deleuze & Guattari, 1972/2014). 1962년에 푸코와 회동한 후 68년 5월 혁명 당시 정치격변기에 함께 소수자 운동에 참여한다. 그 후 1969년에 과타리와 만나 학문과 실천의 경험과 역량들을 연대하며 공저 활동과 사회적 실천들을 행하게 된다. 과타리(1930~1992)는 정신과 의사이자 진보적 실천가로서 들뢰즈와의 공동 작업 이후 프로이트의 정신분석을 비판하며 분열분석을 주창한다.

들뢰즈와 과타리의 주요 저술들은 다음과 같다.

들뢰즈의 주저로는 〈니체와 철학(*Nietzsche et la philosophie*)〉(1962), 〈칸트의 비판철학(*La philosophie critique de Kant*)〉(1963), 〈프루스트와 기호들(*Proust et les signes*)〉(1964), 〈베르그송주의(*Les Bergsonisme*)〉(1966), 〈차이와 반복(*Différence et répétition*)〉(박사학위논문, 1968), 〈스피노자와 표현의 문제(*Spinoza et le problème de l'expression*)〉(1968), 〈의미의 논리(*Logique du sens*)〉(1969), 〈감각의 논리(*Logique du la Sensation*)〉(1981), 〈영화 1. 운동-이미지(*Cinéma 1. L'image-mouvement*)〉(1983), 〈영화 2. 시간-이미지(*Cinéma 2. L'image-temps*)〉(1985), 〈푸코(*Foucault*)〉(1986), 〈주름, 라이프니츠와 바로크(*Le pli, Leibniz et le baroque*)〉(1988) 등을 들 수 있다.

과타리의 주저로는 〈분자혁명〉(1977), 〈기계적 무의식: 분열분석〉(1979), 〈세 가지 생태학(*Les trois écologies*)〉(1989), 〈카오스모제(*Chaosmose*)〉(1992) 등을 들 수 있다.

들뢰즈와 과타리의 공저로는 〈안티 오이디푸스(*L'Anti-Œdipe: Capitalisme et schizophrénie*)〉(1972), 〈카프카: 소수문학을 위하여(*Kafka: Pour une Littérature Mineure*)〉(1975), 〈천 개의 고원: 자본주의와 분열증 2(*Mille Plateaux: Capitalisme et schizophrénie 2*)〉(1980), 〈철학이란 무엇인가(*Qu'est-ce que la philosophie?*)〉(1991) 등을 들 수 있다.

들뢰즈와 과타리의 사유 초점은 다음과 같다. 우선, 시뮬라크르-사건의 철학을 통해 사건에 대한 새로운 문제설정을 행한다. 사건을 생성의 문제로 접근하는 이유는 무엇인가? 그것은 기존의 사건을 사유하는 전통적 방식에서 벗어나고자 함이다(강진숙, 2000). 즉, 사회현상과 역사적 과정을 단선적 발전이나 동일한 법칙으로 인식하는 접근법을 탈피하는 것이다. 이를 통해 사건의 순수한 특질을 포착할 수 있다. 왜냐하면, 기존의 전통적 사유는 사건을 개별 사실이나 법칙에 한정했고, 필연/우연의 이분법에 따라 물질적 인과성에 종속시켰으며, 사건을 하부구조의 표층에 불과한 것으로 간주하였기 때문이다. 이를 극복하기 위해 사건과 의미가 생성되는 표면으로 이동하는 것이다.

두 번째로, 욕망의 생산성과 배치의 운동성을 새롭게 조명하며 소수자 되기 실천을 이끌어낸다. 들뢰즈와 과타리는 공저들인 〈안티 오이디푸스〉(1972)와 〈천 개의 고원〉(1980)에서 배치의 개념을 제시한다(강진숙, 2015). 여기서 중요한 것은 욕망의 배치, 기계와 기호의 배치, 차이의 생성을 통한 소수자 되기 실천이다. 우선, 욕망의 배치는 분석대상이 아닌 생산하는 욕망의 특성을 보여준다. 여기서 배치(agencement)란, '욕망의 흐름을 조절하고 통제하는 작동 방식'을 의미하기 때문이다(Deleuze & Guattari, 1972/1997). 욕망은 오직 배치를 통해서만 생산되며, 특정한 배치 바깥에서는 욕망을 파악하거나 사유할 수 없다. 즉, 욕망은 더 이상 "자연스럽게 자발적일 수 없는" 배치의 질료인 것이다(Deleuze, 1994/1997, 110쪽). 따라서 욕망은 다양한 기계들과 결합하고 갈라서며 통합되는 배치 과정을 통해 끊임없이 생산되는 것이다. 예컨대, 뉴미디어는 유튜브, 포털, 인스타그램, 인스턴트 메신저 등 미디어의 기계적 배치와 뷰티, 먹방, 정치, 비혼, 태극기, 가짜 뉴스 등 다양한 언표 행위의 배치가 통합되어 특정한 표현과 용법, 의미들을 생성해낸다. 이를 통해 경직된 전체주의적 집합행위들이 표출되는 반면, 여성 되기, 성소수자 되기, 노인 되기, 이주민 되기 등 소수자 되기 실천들이 생성되기도 한다. 이러한 들뢰즈와 과타리의 사유는 우리 사회의 소수자 미디어교육과 소수자 되기의 다양한 실천 방안들을 모색하는 데 이론적, 실천적 시사점을 제공한다.

마지막으로, 들뢰즈의 경우 스피노자의 정동 개념을 구체화시켜 정서의 변이를 꾀하는 실천 과제들을 모색하도록 한다. '정동'의 개념은 스피노자, 들뢰즈, 그리고 네그리와 하트 등의 사상적 탐구를 통해 미디어교육 차원에서 연구되고 있다(강진숙, 2014). 스피노자에 의하면, 정동은 슬픔, 기쁨, 욕망의 개별적 정서가 다른 정서의 상태로 이행하는 것을 의미한다(Spinoza, 1675/1990). 즉 A가 우울할 때 B를 만나 슬픔에서 기쁨으로 정서가 변이될 수 있는 한편, 강압적인 C를 만나 다시 역방향으로 더 큰 슬픔에 빠질 수 있다. 이처럼 정동은 만남을 통해 정서의 변이가 이루어지는 운동성을 보여준다. 여기서 중요한 것은 뉴미디어를 통해 이용자는 두 가지 상황에 처할 수 있다는 점이다. 한편으로 위계적 관계에서 신체뿐 아니라 정서적 억압이 이루어지면서 소극적 대응도 하지 못한 채 체념하는 길이 있다면, 위계적이지 않은 기쁜 만남들을 통해 나의 정서들을 변화시킬 수 있는 길도 존재한다. 그 이유는 정서의 상태는 고정된 것이 아니라 내가 '존재를 보존하려는 노력'인 코나투스(conatus)를 더 강화할 수도 있기 때문이다. 이러한 사유는 〈프루스트와 기호들〉(Deleuze, 1964/1997), 〈천 개의 고원〉(Deleuze & Guattari, 1980/2001), 〈차이와 반복〉(Deleuze, 1968/2004) 등의 저서들을 통해 공명과 정동 효과로 구체화된다(강진숙, 2014). 이러한 사유는 이용자들이 뉴미디어 기계와 또 다른 사람들과 어떠한 욕망의 배치를 할 것인지, 이 과정에서 어떻게 더 큰 기쁨으로 정서 변이할 수 있는지를 성찰하는 데 시사점을 제공한다.

들뢰즈와 과타리의 사유 초점을 문제설정으로 구성하면 다음과 같다.

물음의 주사위

- 시뮬라크르-사건의 철학에서 사건-의미는 어떻게 생성되는가?
- 욕망은 어떻게 정의되며 각각의 배치 방식은 어떠한 차이를 보이는가?
- 뉴미디어 환경에서 이용자들은 어떻게 정동의 체험과 실천을 행할 수 있는가?

(7) 네그리와 하트의 저술과 사유 초점

네그리(1933~)는 이탈리아의 윤리, 정치 철학자이다. 그에게는 '세계 최고의 지성', '아우토노미아(autonomia) 사상가'(1960년대 후반), '좌파사상가' 등 다양한 수식어가 따라 붙었다. 1967년 국가론 교수자격을 취득한 후 파도바 대학의 정치학 교수로 재직하였다(Negri & Hardt, 2009/2014). 1969년에 창립된 ≪노동자의 힘(*Potere Operaio*)≫ 등 여러 급진적 잡지와 운동단체에 가입하며 자율주의 사상을 발전시켰다. 하지만, 1979년 테러단체 '붉은 여단'에 연루되어 체포, 수감되었으며, 1980년대 초반 프랑스로 망명하여 들뢰즈와 과타리의 후원으로 파리 제8대학에서 정치학을 강의하게 되었다. 다시 1997년 이탈리아로 귀국 후 구속과 가택연금을 당한 후 2003년에 마침내 해제되었다.

네그리와 공저 활동을 하고 있는 하트(1960~)는 미국 듀크 대학의 문학 · 소설 연구학부 교수이다. 질 들뢰즈 연구로 박사학위를 받은 그는 네그리와 함께 아우토노미아 사상뿐 아니라 비물질 노동과 정동 노동, 다중에 대해 다양한 이론과 실천 사례들을 탐구하고 있다.

네그리와 하트의 사유 초점은 다음과 같다. 우선, 정동 노동의 변화와 특징에 대한 사유이다. 두 사상가는 현 시대의 노동 패러다임의 변화를 목도하며 '비물질 노동'의 확산을 주장한다. 즉 비물질적 노동이란 "서비스, 지식, 소통과 같은 비물질적 재화를 생산하는 노동의 일면이면서 인간적 접촉과 상호작용을 아우르는 정동적 노동"(Hardt, 1999/2005, 149쪽)이다. 예컨대 정보, 정동, 소통, 문화 분야에서 새롭게 나타나는 직무의 분할과 변화 양상들이 여기에 포함된다. 비물질 노동에 기초한 제국은 사적 삶과 공적 노동의 구분이 없는 사회 전체를 자신의 지배대상으로 삼으며 영향력을 확장한다. 마치 푸코의 생체권력(Biopower)처럼 억압과 강제가 아니라 행동규범을 동일화하고 일탈의 범위를 설정하여 개인의 자율적 영역을 보장받지만, 궁극적으로는 자기검열에 의한 순응 체제를 재생한다(강진숙 · 이은비, 2014). 하지만, 네그리와 하트는 푸코의 비판적 관점뿐 아니라 긍정적 측면, 즉 삶정치의 가능성을 모색한다. 생체권력이 위에서 아래로의 지배력이 관철되는 반면, 삶정치는 풀뿌리 민주주의처럼 아래로부터 위로 자율적인 상호작용과 소통, 조직화를 꾀할 수 있기 때문이다.

두 번째로, 다중(multitudo, multitude)의 정의와 특징에 대한 사유이다. 다중의 개념은 네그리와 하트의 3부작인 〈제국〉, 〈다중〉, 〈공통체〉의 출판을 통해 더 구체화되었다. 여기서 다중 이론은 세계 자본주의 구조의 변화를 진단하는 작업에서 벗어나 주체성을 지닌 네트워크의 형성을 전략적으로 모색한다는 점에서 실천적 함의를 지닌다(강진숙 · 소유석, 2016). 왜냐하면, 다중은 "모든 차이들이 자유롭고 평등하게 표현될 수 있는 개방적이고 확장적인 네트워크"(Negri & Hardt, 2001/2008, 18쪽)이기 때문이다. 즉, 기존의 대의적 의사소통 방식을 넘어서서 주체들이 직접 참여하여 지식, 정보, 소통, 정서에 대한 자유로운 접근과 통제의 권리를 강조한다는 점에서 시사점을 갖는다.

마지막으로, 뉴미디어 환경에서 공통체를 어떻게 조직할 것인가 하는 과제이다. 이것은 디지털 카메라와 스마트폰, 팟캐스트 등을 활용한 공동체의 형성과 마을미디어 사례들을 통해서도 발견된다(강진숙 · 이은비, 2014; 강진숙 · 소유석, 2016). 여기서 중요한 것은 주체성을 찾고자 하는 다중의 자발적 참여가 어떻게 공통체의 형식을 취하며, 어떻게 정동 노동과 놀이들을 체험하며 삶정치를 실천하는가 하는 점이다.

이러한 네그리와 하트의 사유 초점에 근거할 때, 다음의 문제설정이 나온다.

물음의 주사위

- 정동 노동의 사유는 어떠한 노동 패러다임의 변화를 나타내며, 어떠한 이론적 함의를 지니는가?
- 다중은 집단적 대중이나 인민과 어떻게 다르며, 다중은 어떠한 실천적 영향력을 행사할 수 있는가?
- 뉴미디어 환경에서 다중의 정동체험을 통해 어떻게 삶정치를 실현할 수 있는가?

벤야민 :
기술복제시대의 아우라 붕괴와 뉴미디어 문화

제 2 장

토론주제

1. 전통적 아우라는 어떻게 정의되는가?
2. 기술복제에 따른 아우라 붕괴는 어떠한 사례와 특징을 통해 나타나는가?
3. 아우라 붕괴 이후 영화와 영화 관객의 역할은 어떠한 특징을 지니는가?
4. 정치의 심미화와 예술의 정치화는 각각 어떠한 차이를 지니는가?
5. 디지털 시대의 아우라 변형에 대해 어떻게 볼 것인가?

주요 용어 기술복제 • 아우라 • 제의가치 • 전시가치 • 영화 • 산만한 시험관

1

아우라와 기술복제의 사유: 아우라 붕괴와 기술복제 미디어

1) 아우라와 기술복제의 사유

(1) 기술복제 논문의 이해

20세기 전반에 주로 활동하였던 독일의 미디어 사상가이자 문학비평가, 번역가인 발터 벤야민(Walter Benjamin)(1892~1940)은 〈기술복제시대의 예술작품〉에서 독특한 기술과 아우라, 기술복제시대의 영화와 관객의 역할 등을 조명하고 있다. 이 기술복제 논문들 중에서 중요한 에세이들인 제2판과 제3판은 국내에 번역 출간되어 있다. 벤야민이 '원본(Original)', '원판(Urtext)'이라고 불렀던 제2판은 1989년에 발견되었고, 제3판의 모태가 된 것이자 더 많은 내용들을 담고 있다는 점에서 중요하다(Benjamin, 1936/2007). 벤야민은 제2판을 1936년 5월에 ≪사회연구지(*Zeitschrift für Sozialforschung*)≫에 송고하지만 출판되지 못한 채 호르크하이머(Max Horkheimer)와 아도르노(Theodor Wiesengrund Adorno)의 수정 요청을 받게 된다. 그 결과 1936년에서 1939년까지 보완 작업을 거쳐 집필된 제3판이 1963년에 처음 출판되었다(Benjamin, 1936/2007, 41쪽 주1) 참조). 제2판의 경우 총 19편으로 구성되었다면, 수정 보완된 제3판은 오히려 더 분량이 축소되어 총 15편에 추기(追記)가 덧붙여졌다. 이 추기에는 복제기술이 정치적으로 심미화(審美化, Ästhetisierung)되는 사례를 비판하는 내용으로 구성되었다. 이를 고려할 때, 벤야민은 이 기술복제 논문들을 통해 기술복제시대 뉴미디어의 위상과 이용자의 역할 변화를 긍정적으로 바라보는 반면, 복제기술이 정치적으로 악용되면서 전체주의를 정당화하는 방식들을 비판적으로 견지하고 있음을 알 수 있다.

(2) 벤야민의 아우라 정의와 특징

아우라(Aura)는 무엇인가? 흔히 아우라를 떠올릴 때 종교적인 후광이나 예술작품의 강렬한 인상을 경험했던 순간이 연상된다. 특히 후기인상파 화가들의 회화작품들은 나무와 얼굴, 몸의 표면 등에 순간적으로 번뜩이는 빛의 변화들을 통해 아우라를 표현하고 있다. 또한, 어떤 연극배우나 영화배우의 '카리스마'나 고유한 개성을 감탄하며 '아우라가 있다'고 이야기할 경우에도 유사한 의미를 유추하게 한다. 그러면, '아우라'란 어떠한 것인가?

라틴어인 '아우라'의 사전적 의미는 '움직이는 공기(air)나 산들바람(breeze), 공기의 숨결(breath of air), 바람(wind)' 등을 포함한다. 예컨대, 휴식을 취하는 동안에 지각되는 찰나의 산들바람이나 나뭇잎들의 움직임 등은 일정한 숨결을 표현한다. 이와 유사한 맥락에서 벤야민은 아우라를 "아무리 가까이 있어도 멀리 떨어져 있는 어떤 것의 일회적인 현상"이라고 정의하고 있다(Benjamin, 1935-1939/2007, 50쪽, 109쪽).

> 아우라란 무엇인가? 그것은 공간과 시간으로 짜인 특이한 직물로서, 아무리 가까이 있더라도 멀리 떨어져 있는 어떤 것의 일회적인 현상이다. 어느 여름날 오후 휴식 상태에 있는 자에게 그늘을 드리우고 있는 지평선의 산맥이나 나뭇가지를 따라갈 때 — 이것은 우리가 산이나 나뭇가지의 아우라를 숨 쉰다는 뜻이다. (Benjamin, 1936/2007, 50쪽)

이처럼 감각적으로 지각되는 아우라의 일회적 현상은 예술작품의 진품성(眞品性)을 뒷받침하는 유일성(唯一性)을 통해 나타난다. 예술작품의 유일성은 시대마다 변화무쌍한 전통의 맥락과 연관되어 있기 때문이다(Benjamin, 1936/2007). 예컨대, 미켈란젤로의 〈천지창조〉나 피카소의 〈게르니카〉 같은 예술작품은 눈앞에 가까이 있지만 자연의 숨결처럼 일회성을 지니면서도 현재 경험하기 어려운 당대의 역사적 사건들이나 종교적 가치를 지닌 숭고함과 몰입감을 주기 때문이다. 고대의 비너스상은 중세의 성직자에게 불길한 우상(偶像)일 수 있지만 그리스인들에게는 신과 인간 세계를 매개하는 아름다움의 상징이라는 점에서 전통적 의례는 중요하다.

이와 같이 예술작품들은 창작자의 개인적 의도를 넘어서서 전통적 맥락과 연관된 '의식(儀式, Ritual)'에 사용되었다. 즉, 주술적 의식에서 종교적 의식으로 그 쓰임새가 변화된 예술작품의 유일무이한 가치는 '제의가치(祭儀價値, Kultwert)'를 통해 나타나는 것이다. 벤야민에 의하면, 제의가치는 전시가치(展示價値, Ausstellungswert)와 함께 예술사에서 두 극의 대결구도를 형성해 왔다(Benjamin, 1936/2007). 두 극이라고 하는 이유는 예술작품의 두 가치들이 지닌 서로 다른 속성에 기인한다. 즉, 제의가치는 기본적으로 "예술작품을 은밀한 곳에 숨겨두기를 요구"한다(Benjamin, 1936/2007, 115쪽). 예컨대, 신상(神像)들이 밀실에서 승려들에게만 접근이 허용되거나 성모상이 거의 일 년 내내 베일 속에 가려져 있는 것을 말한다. 하지만, 점차 제의가치에서 전시가치로 그 비중의 변화가 생겼다는 점에서 기술복제시대의 징후들을 찾아볼 수 있는 것을 말한다. 벤야민(Benjamin, 1936/2007)이 강조하듯이, 다양한 예술활동의 변화는 제의가치라는 전통적 의식에서 해방되어 예술작품이 전시될 기회를 점차 고조시키고 있기 때문이다. 이를테면, 사원 내부에 붙박여 있는 신상의 제의가치에서 벗어나 흉상의 전시 가능성이 더 커졌다. 또한 모자이크나 벽화보다 패널화(Tafelmalerei)의 이동성은 전시가치의 효과를 더 강화한다. 요컨대, 예술작품의 기능은 전통적인 의식과 마법적 · 주술적 도구로서 기능했던 제의가치에서 벗어나 점차 대중의 접근이 용이한 전시가치로 변화하고 있다. 이것은 곧 아우라의 붕괴를 통해 점차 기술복제시대가 도래하고 있음을 암시한다.

2) 아우라의 붕괴와 사회적 조건

(1) 아우라의 붕괴

그러면, 아우라의 붕괴는 어떻게 나타나는가? 여기서 주목할 것은 아우라 붕괴의 단초는 사진기의 발명에서 비롯된다는 점이다. 벤야민은 복제기술의 산업화를 목도하며 〈사진의 작은 역사〉(1931/2007)에서 사진 예술에 대한 이론적 결핍을 지적한다(Hartmann, 2000/2008). 1931년 ≪문학세계≫에 발표된 〈사진의 작은 역사〉는 기술복제 논문에 단초를 제공하게 될 사유들인 사진기술의 발전, 아우라 붕괴, 복제기술의 문제 등을 다루고 있다. 특히 이 중에서도 벤야민은 당시 국수주의적 언론의 태도를 예시하며 예술에 대한 속물적 개념, 새로운 기술의 출현에 대한 반기술적 태도 등을 비판하고 있다(Benjamin, 1931/2007). ≪라이프치히 신문≫이 프랑스판 악마의 예술을 퇴치해야 한다고 주장한 대표적인 사례는 다음과 같다.

> 찰나적인 영상을 고정시키려고 하는 시도는 독일에서 철저한 연구를 통해 밝혀진 바와 같이 불가능한 일일뿐더러 그런 것을 바라는 마음 자체가 이미 신성모독이다. 인간은 신의 형상에 따라 창조되었고 신의 상은 어떠한 인간의 기계를 통해서도 고정시킬 수 없다. (≪*Leipziger Anzeiger* 신문≫: Dauthendey, 1912, p. 61 재인용)

이러한 언론의 시각은 제의가치를 지닌 전통적 아우라 예술의 옹호자들이 견지하는 입장이다. 즉 '새로운 기술의 도발적인 출현으로 자신의 종말이 왔음을 느끼는' 예술 개념에 대해 벤야민은 비판적 시각으로 대항하고 있는 것이다(Hartmann, 2000/2008). 이에 신비적 · 마법적인 제의가치에 예속되어 있는 예술작품의 기능을 해체하고자 한다. 사진이라는 뉴미디어 복제기술은 전통적 예술의 신비주의, 곧 아우라로부터 대상을 해방시키고 대중이 향유할 수 있는 기회를 확대하기 때문이다. 즉, "전시가치가 제의가치를 전적으로 밀어내기 시작"한 것이다(Benjamin, 1936/2007, 58쪽).

그런데, 여기서 주목할 것은 사진의 발명 이후에도 초기 초상 사진들에는 아우라가 살아 있었다는 점이다. 이른바 '최후의 저항'은 초기 사진의 '인간의 얼굴'에서 나타난다. 예컨대, 이별하거나 부재하는 망자를 기억하려는 의례들은 대표적인 아우라의 실존을 보여준다. 특히 데이비드 옥타비우스 힐(David Octavius Hill)의 작품인 〈뉴 헤이븐의 생선 파는 여인〉(1843-1846)은 벤야민이 '수집가'로서 애정을 보이는 아우라 예술 사진이다(〈그림 2-1〉 참조).

그림 2-1. 최후의 아우라가 담긴 초상 사진

출처: David Octavius Hill (1843-1846). 〈뉴 헤이븐의 생선 파는 여인〉; Benjamin, 1931/2007, 161쪽 재인용.
URL: https://commons.wikimedia.org/wiki/File:Mrs_Elizabeth_(Johnstone)_Hall,_Newhaven_fishwife.jpg

위 힐의 초상 사진에서 볼 수 있듯이, 생선을 파는 모습 외에 이름도 나이도 알 수 없는 무명의 인물이 사진 속에 담겨 있다. 제의가치를 지닌 숭배나 몰입의 대상은 아니지만 이 평범한 무명인들의 모습에서 아우라 예술의 최후 징표가 발견된다. 그것은 사진 속에 사람의 숨결로서 아우라가 생생히 존재하고 있기 때문이다. 이에 대해 벤야민은 다음과 같이 묘사한다.

> 사진 속 여인은 무심하면서도 유혹적인 수줍은 모습으로 바닥을 응시하고 있는데, 거기에는 사진사 힐의 예술을 입증하는 증거물 속으로 사라져 버리지 않는 무언가가 남아 있다. 그것은 당시 살아 있었고 이 사진에서도 여전히 실재하면서 결코 '예술' 속으로 완전히 편입되지 않는 그 사진 속 여인의 이름을 끈질기게 묻게 되는, 도저히 침묵시킬 수 없는 무엇이다. (Benjamin, 1931/2007, 158쪽)

하지만, 이러한 사람의 모습이 "뒷전으로 물러나게 되자" 제의가치보다 전시가치가 더 우월한 위상을 점하게 된다(Benjamin, 1936/2007, 59쪽). 사진의 아우라 붕괴 단초가 프랑스의 사진작가인 외젠 아제(Eugène Atget)로부터 시작된 것이다. 아제는 사람의 숨결이 없는 1900년경의 파리 거리를 포착한다(〈그림 2-2〉).

그림 2-2. 아제의 〈센느 거리 모퉁이〉(1924)

출처: URL: http://blog.daum.net/hnsori/16758344

위 사진에는 범행 현장처럼 사람이 등장하지 않는다. 사진은 역사적 사건의 증거물이 되었고, 아우라 예술에서 다루지 않았던 사라지고 못쓰게 된 것들, 혹은 눈에 띄지 않는 것들을 과감히 사진의 오브제(objet, 물건, 대상)로 선택한다. 벤야민에 따르면, 아제의 파리 사진들은 초현실주의를 추동(推動)하게 하였던 선구자적 역할을 수행한다. 왜냐하면, 아제는 대상을 아우라에서 해방시키는 작업을 수행하기 위해 몰락기의 초상 사진술이 퍼뜨린 "사람을 질식시킬 듯한 분위기를 소독"하며 말끔히 제거한 "진정으로 광대한 대열의 전위대"였기 때문이다(Benjamin, 1931/2007, 183쪽).

여기서 중요한 것은 근대 미디어 기술의 발전에 따라 이용자의 지각 방식도 충격적인 변화를 겪게 되었다는 점이다. 예컨대, 범행 현장과 같은 사진을 보면서 이용자는 아우라 예술의 경우처럼 몰입하거나 집중하기보다는 불안감이나 낯선 감각을 경험하게 된다. 벤야민이 언급했듯이, 아제의 영상들은 "침몰하는 배에서 물을 빨아들이듯이" 현실에서 아우라를 없애버리기 때문이다(Benjamin, 1931/2007, 183쪽). 아제의 초현실주의적 사진이 세계와 인간 사이의 유익한 소외를 준비하고 있는 것이다. 그 소외를 의식하듯 당시로서는 새로운 언론 제작 방식이 나타나기도 하는데, 화보신문들에 최초로 설명문구가 붙게 된 것이다(Benjamin, 1936/2007). 이러한 상황은 미디어 기술의 발전에 따라 나타난 이용자의 지각적 태도의 변화에 부응한 결과로 평가할 수 있다.

(2) 아우라 붕괴의 사회적 조건

그러면, 이러한 아우라 붕괴의 사회적 조건은 어디에서 기인하는가? 그것은 다음과 같은 측면에서 살펴볼 수 있다.

우선, 전통적인 권위와 특권적인 영역의 힘이 약화되고 대신 대중의 영향력이 강화되었다는 점이다. 복제기술의 발전은 특정 계층의 예술 생산과 문화적 향유를 벗어나 누구나 '지금 여기'에서 사진과 예술작품들을 접할 수 있게 하였다. 이에 대해 벤야민은 수집가로서의 아쉬움을 간직하지만, 기본적으로 긍정적 시각을 견지한다. 아제의 건물과 거리 사진에서 비롯된 아우라의 붕괴는 전통적인 제의가치를 해체한다. 즉, 벤야민의 사유에서 기술을 매개로 한 인간학적 상황의 근원적 변화가 나타난 것이다(Hartmann, 2000/2008). 전통에서 작용하던 힘들이 복제를 통해 대중화됨으로써 그 신화적 마력을 잃게 되기 때문이다(강진숙 · 한찬희, 2009). 요컨대, 아우라의 붕괴는 단순히 전통적 가치의 해체과정이 아니라 예술작품을 권위와 특권의 배타적 영역에서 해방시켜 다시 대중의 이용과 문화적 향유 가능성을 확대하는 것을 의미한다.

두 번째로, 기술복제시대의 예술작품은 의례의 사용이나 종교적인 기능을 벗어나 대중의 태도를 변화시켰다. 새로운 생산 조건들과 문화형식의 변화에 따라 예술 생산에 대한 대중의 참여 문제가 중요하게 제기되는 것도 이 때문이다(심혜련, 2001). 예술작품이 종교적 제의가치 또는 특권 계급을 위한 제의적 기능으로부터 해방된다는 것은 기술적 변화뿐 아니라 대중의 지각과 수용태도의 변화를 조건으로 하기 때문이다. 이러한 점에서 예술작품의 기술적 복제 가능성이 예술을 대하는 대중의 태도를 진보적인 방향으로 변화시켰다. 예컨대, 피카소의 회화에 대한 "가장 낙후된 태도"가 채플린의 영화에 대한 "가장 진보적 태도"로 변화한 것이다(Benjamin, 1936/2007, 80쪽). 이러한 벤야민의 시각은 아도르노의 문화산업에 대한 비관주의와 차이를 보인다. 아도르노가 문화산업의 확산과 대중성을 비판하며 아우라의 붕괴를 안타까워하고 있는 반면, 벤야민은 아우라 붕괴의 미디어 기술적 조건을 고려하고 있기 때문이다(Hartmann, 2000/2008). 이러한 시각의 차이는 곧 문화산업과 기술복제시대의 문제에 대응하는 행위 주체들을 설정하는 입장들까지 이어진다. 아도르노가 사회 변화의 역할을 지식인 계층에 초점을 두는 반면, 벤야민은 대중의 역할에서 정치적 실천의 함의와 사회변화의 가능성을 타진하고 있기 때문이다. 따라서 다음에는 영화와 대중의 역할과 태도 변화에 대한 문제를 집중적으로 살펴보고자 한다.

2
영화와 관객: 산만한 시험관

1) 영화의 복제기술성

그러면, 영화의 복제기술성과 기능은 어떠한 특징을 지니는가? 여기서는 복제기술성에 대한 벤야민의 사유를 세 가지 측면에서 압축해 보고자 한다. 첫 번째, 두 가지 기술의 속성들을 파악하고, 두 번째로 영화의 참된 의미와 가능성이 무엇인지, 그리고 마지막으로 영화의 양가적 기능을 차례로 살펴보면 다음과 같다.

우선, 두 가지 기술의 속성들은 제1기술과 제2기술의 구분 속에서 나타난다(Benjamin, 1936/2007, 56-58쪽 참조). 제1기술은 원시적 기술로서 그 기원은 제의, 희생, 진지함에서 비롯된 것이다. 이것은 마법에 기초한 원시 예술로서 자연을 지배하는 것에 목표를 둔 기술이다. 그 특징은 "이번 한 번만으로"로 표현되는 일회성의 속성을 지닌다(Benjamin, 1936/2007, 56쪽). 한편, 제2기술은 인공의 복제기술로서 유희(Spiel)에 기원한다. 제1기술이 자연지배에 목표를 두는 것과 달리 제2기술은 자연과 인류의 상호작용(Zusammenspiel)을 지향한다. 그 특징은 "한 번이란 없다."의 표현처럼 대중성, 복제 가능성, 반복성 등의 속성에서 두드러지게 나타난다(Benjamin, 1936/2007, 56쪽). 하지만, 여기서 주목할 것은 제1기술과 제2기술은 예술작품에서 혼합의 정도만 다를 뿐 서로 분리할 수 없을 정도로 착종(錯綜)되어 나타난다는 점이다. 즉, 예술에는 두 기술의 속성이 공통적으로 연관되어 나타난다는 것이다. 그럼에도 불구하고, 보다 엄격히 볼 때 전자가 아우라 예술의 제의가치에 포함된 일회성과 유일무이성을 지시한다면, 후자는 복제기술이 적용된 사진과 영화 같은 반복성의 예술작품들을 통해 나타난다. 그 이유는 영화는 자연을 지배하는 목표보다 오히려 예술의 사회적 역할, 즉 "자연과 인간의 상호작용을 훈련시키는 일"을 수행하는 데 적합하기 때문이다(Benjamin, 1936/2007, 57쪽). 그것은 영화가 인간과 자연 현상에 대한 복제기술로써 유희를 창출한다는 점을 환기시킨다.

두 번째로, 벤야민은 〈기술복제시대의 예술작품〉에서 영화의 복제 경향을 비판하며 참된 의미와 진정한 가능성을 언급하고 있다. 영화가 예술의 영역으로 상승하는 데 방해가 된 것은 외부세계에 대한 무의미한 복제에 기인한다. 예컨대, 막스 라인하르트(Max Reinhardt)가 〈한여름 밤의 꿈〉을 영화화한 데 대한 프란츠 베르펠(Franz Werfel)의 비판처럼 길거리, 실내, 정거장, 음식점, 자동차, 해변 등을 무미건조하게 그대로 복사하는 경향이 나타나고 있기 때문이다. 즉, 영화의 참된 의미와 가능성은 "자연스러운 수단과 탁월한 설득력을 가지고 동화적인 것, 기적적인 것, 초자연적인 것을 표현할 수 있는 그 특유의 능력"에 있는 것이다(Werfel, 1935, 11. 15: Benjamin, 1936/2007, 64쪽 재인용). 영화는 단순히 인간과 자연 현상을 그대로 복사하는 것이 아니라 몽타주(montage)의 결과로 생겨나는 예술 활동이기 때문이다(Benjamin, 1936/2007). 즉, 몽타주를 이루는 개별 조각들은 현실의 조각들을 복제한 후 다시 재구성하는 복제의 복제 과정을 통해 새로운 현실을 재구성하고 의미들을 창출할 수 있는 것이다.

이러한 현실 재구성의 측면은 아제의 사진에서 사라진 인간의 재현 방식과도 연관된다. 벤야민이 견지하는 반휴머니즘은 인간 중심의 위계성과 특권적 관점에서 벗어나 미디어 기술의 발전과 대중의 지각태도의 변화를 보도록 하기 때문이다. 즉, 그는 전통을 동요시키는 기술과학의 발전을 위기가 아닌 낙관적 전망에서 바라보며 전통적인 휴머니즘의 틀을 넘어서서 기술매체와 인간의 상호작용에 주목하고 있는 것이다(임석원, 2013). 뒤에서 보게 될 정치의 심미화를 극복하기 위해 예술의 정치화가 중요하게 제기되는 이유도 이러한 벤야민의 사유에 토대를 두고 있다.

2) 영화의 기능

그러면, 영화는 어떠한 사회적 기능과 특징을 지니는가? 영화의 기능은 부정적 측면과 긍정적 측면을 포함하는 양가적 특징을 지닌다. 이것은 기본적으로 1930년대의 상황, 즉 한편으로 산업사회의 성장에 따라 영화의 상업화가 강화되며 스타 숭배현상이 팽배해지던 문화산업적 상황과 함께, 또 다른 한편으로는 영화가 파시즘의 정치적 도구로 이용되던 정치적 배경에 기초한다. 이러한 점에서 영화의 기능은 다음과 같이 몇 가지 특징을 지닌다.

(1) 정신 예방접종의 기능

우선, 영화는 대중적 정신병의 위험에 대해 '정신적 예방접종의 가능성'을 제공하는 기능을 행한다. 예컨대, 채플린의 〈모던 타임즈〉를 보면서 관객들은 '집단적 웃음'을 발산한다. 영화는 사디즘(sadism)과 마조히즘(masochism)적인 사회적 상황들을 과장하고 재구성함으로써 대중의 유익한 분출행위를 만들어 내는 것이다. 이것이 중요한 이유는 대중적 정신이상의 에너지가 "자연스럽고 위험한 방식으로 성숙하는 것을 막아줄 수" 있기 때문이다(Benjamin, 1936/2007, 85쪽). 여기서 '자연스럽고 위험한 방식'이 작용하는 이유는 영화의 기술적 속성과 지각태도의 연관성에서 기인한다. 즉, 카메라의 고속촬영이 안내하는 영화의 충격체험은 육안과 다른 무의식이 작용하는 과정으로, "사람의 의식이 작용하는 공간에 무의식이 작용하는 공간이 대신 들어서기" 때문이다(Benjamin, 1936/2007, 83쪽). 예컨대, 식사 중에 숟가락을 잡은 손가락이 어떻게 움직이는지, 혹은 내 걸음걸이가 어떠한지 의식하지 않는 한 무의식 속에서 지나치게 된다. 하지만, 카메라는 다양한 기법들인 점프컷, 클로즈 업, 줌 인, 줌 아웃 등을 통해 무의식의 세계를 포착해서 보여준다. 이를 적용할 때, 영화의 긍정적 기능은 '자연스럽고 위험한 방식'으로 관객에게 스며들 수 있는 사회적 부조리와 모순점들을 각성할 수 있는 충격체험을 제공한다는 데 있다. 영화관은 거의 대부분 혼자가 아닌 집단의 경험들을 가능하게 하는 공통 경험의 장이기 때문이다.

하지만, 이러한 벤야민의 사유에 대해 아도르노는 비판적 입장을 제기한다(Benjamin, 1936/2007, 27-28쪽 참조). 벤야민이 아우라 예술의 기술적 측면을 과소평가하는 반면, 영화와 같은 비(非)아우라 예술에 대해서는 과대평가하고 있다는 것이다. 또 다른 한편으로는 영화 관객에 대해 적절하지 못한 신뢰를 보내고 있다는 점을 지적하고 있다. 아도르노의 입장은 지식인의 주도성과 이데올로기에 대한 비판적 시각, 의식의 변화 등이 더 선차적이라는 점에서 벤야민의 시각과 차이점이 발견된다. 아도르노에 의하면, 대중의 예술 생산과 참여는 허위의식을 조장할 수 있고, 자본에 의해 조종되는 산업으로 바뀔 수 있다는 것이다(Adorno, 1955/2004). 이러한 측면에서 볼 때, 아도르노가 비관주의적 관점에서 지식인 중심의 사회변화를 꾀한다면, 벤야민은 미디어 이용자들의 예술 생산 활동에의 참여와 사회변화의 추동력을 낙관적 관점에서 조망하고 있음을 알 수 있다.

(2) 정신분산으로서의 유희(오락) 기능

영화의 또 다른 기능은 유희 및 오락의 차원에서 나타난다. 아우라 예술의 애호가가 예술작품에 정신집중의 태도로 접근하는 반면, 영화 관객은 정신분산을 통한 오락의 유희적 태도를 지닌다. 여기서 알 수 있는바, 벤야민은 정신집중(Sammlung, concentration)과 정신분산(Zerstreuung, distraction)의 서로 상반된 개념을 사용하고 있다(Benjamin, 1936/2007). 정신집중이 아우라 예술에 대한 몰입으로 "예술작품 앞에서 마음을 가다듬고 집중하는" 수동적 태도를 의미한다면, 정신분산은 예술작품이 "자신들 속으로 빠져들어오게" 하는 능동적 태도로 해석된다(Benjamin, 1936/2007, 90쪽). 후자의 사례는 영화의 유희 및 오락의 기능에서 주로 나타난다. 카메라로 주위 환경을 탐구해 삶에 대한 통찰을 증대시키고 무의식의 흐름을 의식의 공간으로 옮겨 놓기 때문이다. 이에 대해 벤야민은 다음과 같이 언급한다.

> 우리들의 술집과 대도시의 거리, 사무실과 가구가 있는 방, 정거장과 공장들은 우리를 절망적으로 가두어 놓은 듯이 보였다. 그런데 영화가 등장하여 이러한 감옥의 세계를 10분의 1초 다이너마이트로 폭파한다. 우리는 사방으로 흩어진 감옥 세계의 파편들 사이에서 유유자적하게 모험에 가득 찬 여행을 할 수 있게 되었다. (Benjamin, 1936/2007, 138쪽)

이 경우 전혀 상상하지 못했던 혹은 상상했던 유희의 공간을 창출할 수 있다는 점에서 영화의 유희 기능은 긍정적 역할을 수행한다. 특히 주지했듯이, 제2기술의 속성은 자연의 지배가 아니라 자연과 인간의 상호작용에 기초한다는 점에서 인간 중심의 위계적 구조들을 전복시킬 가능성을 담지(擔持)한다. 거리두기를 추구하는 영화의 문법 역시 관객의 성찰적 탐구와 각성, 여행과 모험을 가능하게 하는 한 방법이다.

(3) 정치의 심미화와 예술의 정치화

그러면, 영화의 정치적 기능은 어떠한 경우에 부정적 · 긍정적 사례로 나타나는가? 벤야민은 영화의 두 가지 정치적 기능, 즉 정치의 심미화(審美化)와 예술의 정치화 등 상반된 입장을 구분하여 제시한다. 우선, 정치의 심미화는 특정한 정치적 목적을 위해 선전, 선동의 도구로 영화나 예술작품을 이용하는 것을 의미한다. 예컨대, 아돌프 히틀러(Adolf Hitler) 시대 요제프 괴벨스(Joseph Goebbels)의 요청에 따라 레니 리펜슈탈(Leni Riefenstahl)은 1935년에 정치 선전 다큐멘터리인 〈의지의 승리(*Triumph of the Will*)〉를 제작하였다. 1934년 뉘른베르크에서 개최된 나치 전당대회를 보여주며 히틀러의 신격화와 청중의 열광적 반응이 음악 및 조명과 함께 강렬하게 표현된다(〈그림 2-3〉).

그림 2-3. 레니 리펜슈탈의 〈의지의 승리〉(1935) 중 사열 장면

출처: URL: https://bit.ly/2KNCzsf(Georg Pahl, Bundesarchiv, Bild 102-04062A) CC-BY-SA 3.0

여기서 두드러진 특징은 영화의 기술적 측면인 대량복제의 기법들이 중요하게 작용한다는 점이다. 앞서 〈의지의 승리〉와 같은 대규모 집회나 우리나라의 1970~1980년대의 주간 뉴스영화에 자주 등장했던 대중적 스포츠 행사, 축제 행렬, 혹은 전쟁 상황 등을 들 수 있다. 여기서 극적인 효과를 나타내기 위해 등장하는 것이 '대중의 복제'이다(Benjamin, 1936/2007). 대중의 움직임과 참여 규모는 육안으로 보는 것보다 카메라 촬영에 의해 더 과장되거나 정치적 효과를 만들어낼 수 있기 때문이다. 즉, 복제기술의 정치적 도구화는 대중의 권리를 박탈하고 대중의 신체를 재현의 대상으로 전락시키는 단적인 사례인 것이다. 물론 오늘날에도 일부의 전쟁 사진작가들은 자국의 애국주의와 후방의 단결을 고무하기 위해 '타인의 고통'을 복제하러 전선에 뛰어들고 있다(Sontag, 2003/2010). 요컨대, 정치의 심미화는 특정한 정치적 목적을 심미화하고 입장을 관철시키기 위해 '인간재료'를 복제하는 기술을 활용하고 있는 것이다(Benjamin, 1936/2007). 이와 관련하여 벤야민은 다음과 같이 비판하고 있다.

> 제국주의 전쟁은 일종의 기술의 반란. 즉 제국주의 전쟁에서 기술은 평소 자연적 재료를 통해 기술에 부여하지 못했던 권리들을 '인간재료'에서 거두어들이고 있다. (Benjamin, 1936/2007, 95쪽)

그 결과 정치의 심미화는 인류의 공통 가치인 인류평화, 인종차별 철폐, 평등주의, 성차별 철폐 등에 대해서는 왜곡하고 전체주의와 집단주의를 옹호하는 가치를 지지하는 기능을 수행하게 된다.

반면, 예술의 정치화는 대중의 진보의식과 태도를 실천하는 과정과 연관된다. 벤야민은 영화나 예술작품과 같은 정신적 생산수단들의 공유와 사회화가 가능해지면서 새로운 문화의 기회가 생성되는 것을 간파하고 있다(Hartmann, 2000/2008). 이를 적용할 때, 이용자들의 1인 미디어 제작 활동이나 예술 창작 활동들은 사회비판적 의견들을 표현하고 소통하는 공론장이 될 수 있다. 뉴미디어의 새로운 네트워크 문화는 이용자들의 협력적 소통과 접근이 용이해지면서 정신분산의 오락과 유희적 기능을 활성화하기 때문이다. 이러한 판단이 가능한 이유는 벤야민의 진보의식에 근거한다. 그에 의하면, 진보란 우리 앞에 놓여 있는 무엇이 아니라 바로 '진보 자체가 파국(Katastrophe)'인 것이다(Benjamin, 1940/2008). 벤야민은 '역사의 개념에 대하여'에서 파울 클레(Paul Klee)가 그린 〈새로운 천사(*Angelus Novus*)〉(1910)를 묘사하며 다음과 같이 진보의 관점을 피력하고 있다(〈그림 2-4〉).

그림 2-4. 파울 클레의 〈새로운 천사〉(1910)

출처: URL: https://en.wikipedia.org/wiki/Angelus_Novus(Paul Klee, The Israel Museum, Jerusalem) CC-BY-SA 3.0

> 그 천사는 눈을 크게 뜨고 있고, 입은 벌어져 있으며 또 날개는 펼쳐져 있다. 역사의 천사도 이런 모습일 것이다. (……) 그는 잔해 위에 또 잔해를 쉼 없이 쌓이게 하고 또 이 잔해를 우리들 발 앞에 내팽개치는 단 하나의 파국만을 본다. (……) 천사는 멈춰서 망자들을 깨우고 파편들을 다시 결합하려 한다. 그러나 천국에서 폭풍이 불어와 날개에 걸린다. (……) 이 폭풍은 천사가 등 돌리고 있는 미래로 쉼 없이 그를 떠밀지만 잔해의 더미는 하늘까지 치솟고 있다. 진보라는 것은 바로 이 폭풍이다. (Benjamin, 1940/2008, 339쪽)

이러한 벤야민의 새로운 천사의 모습을 한 진보는 영화와 뉴미디어 환경에서도 적용된다. 영화는 카메라의 움직임을 통해 평범한 일상의 환경을 새로운 유희공간으로 확대해준다. 이 과정에서 이미지의 조각들을 몽타주하여 대중도 모험과 여행의 동영상들을 제작할 수 있다. 이를 위해 벤야민이 강조한 '영화 자본'의 전유를 환기할 필요가 있다. 영화 자본이 지배하는 사회적 조건이 변화하지 않을 경우 영화의 충격체험은 단순히 오락(정신분산)의 수용에 불과할 수 있기 때문이다(Benjamin, 1936/2007). 즉, 대중의 진보적 의식과 각성을 조직화하고 전체주의와 문화산업적 조작에 대항하는 것이 예술의 정치화를 가능하게 하는 과제인 것이다. 이것은 1인 미디어 크리에이터나 스마트미디어 이용자들에게도 적용된다. 이용자의 '미디어 리터러시(media literacy)', 즉 미디어를 통한 비판적 읽기와 쓰기 능력이 중요하게 제기되는 것도 이 때문이다. 벤야민이 언급했듯이, 미래의 문맹자는 문자를 모르는 사람이 아니라 "사진들을 읽을 줄 모르는" 사람일 수 있다(Benjmain, 1931/2007, 196쪽). 미디어 리터러시 능력을 확보하기 위한 전제는 이용자들이 미디어를 자기표현의 수단으로 이용하는 데 있다. 미디어를 생산수단으로 이용하는 것은 새로운 유형의 읽고 쓰는 능력(Literalität)의 조건이 되기 때문이다(Hartmann, 2000/2008, 277쪽). 이러한 측면에서 영화 관객이자 이용자의 역할은 미디어라는 생산수단의 공유와 함께 중요하게 제기된다.

3) 영화 관객의 역할: 산만한 시험관

그러면, 영화 관객의 역할은 어디에서 찾을 수 있는가? 아우라의 붕괴는 예술작품의 제작형식뿐 아니라 대중들의 미디어 이용과 향유 방식도 변화하는 과정에서 표출된 문화적 현상이다(강진숙 · 한찬희, 2009). 기술복제시대의 예술작품과 미디어들은 전통적 아우라를 읽는 것과 다른 새로운 이용 태도를 요구하게 되었기 때문이다. 영화 관객의 역할도 이와 맥을 같이한다. 새로운 이용자의 지각방식은 아우라 예술의 몰입적 수용태도와 달리 영화 관객에게 정신분산의 오락적 기능을 향유할 수 있는 태도를 요구하는 것이다. 즉 영화의 충격체험은 관객에게 정신분산의 오락과 유희적 수용행위를 가져온다. 이러한 영화 관객의 충격체험에 대해 벤야민은 무의식의 작용과 관련하여 다음과 같이 설명하고 있다.

> 우리는 라이터나 숟가락을 잡으려고 할 때 그 손동작에 대해 대충 알지만, 손과 쇠붙이 사이에서 어떤 일이 생기며, 나아가 우리 기분에 따라 그것이 어떻게 변하는지 거의 알지 못한다. 여기에 카메라는 그것의 보조수단, 즉 추락/상승, 중단/분리, 연장/단축, 확대/축소 등을 통해 개입한다. 우리는 정신분석학을 통해 충동의 무의식적 세계를 알게 된 것처럼 카메라를 통해 비로소 시각적 무의식〔광학적 무의식(das optisch Unbewusste)〕의 세계를 알게 된다.
> (Benjamin, 1936/2007, 85쪽)

위의 언급처럼, 영화의 복제기술은 관객에게 새로운 지각 방식을 요구한다. 그것은 카메라가 다양한 기법을 통해 무의식의 작동을 포착함으로써 간과하거나 무관심했던 사회적 현상을 읽을 수 있게 한다는 점이다. 물론 그 방식은 전문성이나 위계적 방식으로 관철되는 것은 아니다. 이와 관련하여 벤야민은 〈기술복제시대의 예술작품〉 중 제3판에서 영화 관객을 "산만한 시험관"으로 명명하고 있다(Benjamin, 1935-1939/2007, 146쪽). 이것은 영화 관객의 두 가지 특징에서 비롯된다. 하나가 영화 관객의 비평가로서의 감식자(鑑識者)와 같은 역할에서 연유한다면, 다른 하나는 관객의 태도가 '산만한' 태도를 보이며 정신집중과 몰입의 제의 가치를 몰아내고 있기 때문이다. 즉 영화의 기술적 진보성은 관객들의 비평가적 태도에 기초하나 그 수용 방식은 정신분산의 오락과 유희의 가치를 통해 나타날 수 있는 것이다.

이러한 벤야민의 시각은 기술복제와 대중의 사회적 역할에 대한 낙관적 관점을 공고히 한다. 그는 예술작품의 권위주의와 전체주의적 기능을 청산하고 '산만한 시험관'들이 협력하여 미디어를 전유하고 스스로 제작자나 비평가가 될 수 있는 가능성을 열어놓은 것이다. 벤야민이 프랑크푸르트 학파의 비관주의적 경향과 다른 결을 갖는 이유는 바로 이러한 대중의 사회적·역사적 역할을 어떻게 긍정적으로 도출하는가 하는 점에서 비롯된다.

3 벤야민 사유의 적용

1) 선행연구의 사례

벤야민의 사유와 이론을 적용한 선행연구들은 연구자들마다 다양한 접근이 이루어지고 있다. 2009년부터 2018년 현재까지 직접적인 연관성이 있는 학술논문들을 중심으로 선별한 결과, 총 12건의 사례를 추출하였다. 이것을 도식화하면 다음 〈표 2-1〉과 같다.

표 2-1. 벤야민의 기술복제 이론의 적용 사례들

사 례	연구자	제 목	주제어	학문 분야
1	강진숙 · 한찬희 (2009)	디지털 출판콘텐츠의 제작 · 이용에 대한 매체미학적 연구: 벤야민의 아우라(Aura) 붕괴와 기술복제에 대한 관점을 중심으로	출판콘텐츠, 벤야민, 아우라, 복제, 디지털, 매체미학	미디어커뮤니케이션
2	김겸섭 (2009)	디지털 시대에 다시 읽는 '매체기능전환'론: 벤야민과 브레히트의 매체이론을 토대로	매체의 기능전환, 상호작용성, 아리스토텔레스적 컴퓨터게임, 발터 벤야민, 베르톨트 브레히트	독문학
3	송대섭 · 하임성 (2009)	현대 디지털 예술작품의 복제성에 대한 고찰	복제, 디지털 매체, 디지털 대중문화, 미디어 아트, 발터 벤야민, 빌렘 플루서	미디어 아트
4	백욱인 (2010)	디지털 복제 시대의 지식, 미디어, 정보: 지식의 기술 · 사회적 조건 변화를 중심으로	복제, 전기, 지식, 정보, 미디어, 디지털 복제, 지식생산, 탈물질화	사회학

사 례	연구자	제 목	주제어	학문 분야
5	심혜련 (2010)	디지털 매체 시대의 아우라 문제에 관하여	아우라, 유사 아우라, 아우라 없는 아우라, 매체 아우라, 예술 작품, 기술 재생산성, 변형, 디지털 매체 예술	철학
6	김석진 (2011)	사진, 매체, 그리고 아우라의 변형: 디지털사진과 디지털아우라	벤야민, 아우라, 디지털, 사진, 매체, 변형, 매개, 투명성, 몰입성	사진
7	박평종 (2012)	기계복제에서 디지털복제로: 발터 벤야민의 "기술복제" 개념과 오늘의 양상	발터 벤야민, 칼 마르크스, 기술복제, 기계복제, Instrument, Machine	사진
8	임석원 (2013)	발터 벤야민의 매체이론과 비판적 휴머니즘: 인간과 기계의 구성적 융합과 집단적 연대의식	발터 벤야민, 매체이론, 비판적 휴머니즘, 카를 크라우스, 초현실주의	독문학
9	허윤정 (2015)	게임과 아우라	미디어, 아우라, 디지털 아우라, 몰입	게임
10	김영룡 (2016)	표징과 지표: 벤야민의 미디어 이론에 기반한 초연결 사회 문학의 미래에 대한 소고	작가성, 트랜스미디어 스토리텔링, 가상성	독문학
11	이주봉 (2018)	감성적 지각 대상으로서 디지털 테크놀로지 시대의 영화: 영화 〈아티스트〉를 중심으로	디지털 영화미학, 시각적 촉각성, 디지털 영화기술, 감성적 지각	영화
12	이철희 (2018)	인터넷 라이브 방송의 일회적 현존성에 관한 고찰: 아우라 개념과의 경험적 유사성을 중심으로	현존성, 발터 벤야민, 아우라, 인터넷 라이브 방송	방송

위 표에서 알 수 있듯이, 벤야민 이론의 적용은 다양한 학문분야에서 이루어지고 있다. 이를테면, 미디어와 예술분야(출판, 사진, 미디어 아트, 영화, 게임), 문학(독문학), 철학, 사회학 등이 대표적인 사례들이다. 특히 10여 년 전부터 현재까지 지속적으로 연구가 되고 있다는 점에서 벤야민의 사유가 지닌 현재적 가치를 확인하게 된다.

2) 선행연구의 공통점과 쟁점

여기서는 선행연구 사례들에서 어떠한 주제가 다루어지고 있는지 공통점과 쟁점을 중심으로 살펴보고자 한다.

우선, 선행연구들의 공통점은 모두 벤야민의 기술복제 이론을 디지털 미디어 분야에 적용하고 있다는 점이다. 예컨대, 디지털 출판/게임/방송(사례 1, 2, 9, 12), 디지털 예술작품(사례 3, 5, 6, 7, 8, 10, 11), 디지털 복제(사례 4) 등이 여기에 포함된다. 이처럼 디지털 미디어와 예술작품에 적용된 근거는 각기 세부적인 연구자의 시각에 기인한다. 하지만, 공통의 분모를 찾자면 벤야민이 제기한 아우라 변형의 메시지에서 힌트를 얻을 수 있다. 벤야민은 〈기술복제시대의 예술작품〉을 위한 한 노트에서 다음과 같이 아우라의 변형 가능성을 암시하고 있다.

> 제의적 요소가 제거된 아우라의 개념을 도입할 필요가 있지 않을까? 어쩌면 아우라의 붕괴는 아우라가 제의적 요소를 벗어버리고서 아직 인식할 수 없는 요소들에 접근해 가는 과도기적 과정일 뿐일지도 모른다. (최성만, 2006, 378쪽, 주5))

위에서 알 수 있듯이, 벤야민은 아우라의 붕괴가 완결된 구조가 아니라 새로운 아우라의 요소들에 접근하는 과도기적 과정이라는 의견을 남긴다. 즉 붕괴한 것은 '신비적, 마법적 아우라'일 뿐이라는 정리가 가능하다. 그러면, 디지털 미디어의 복제기술은 제의가치에 따른 정신집중과 몰입의 효과와 다르지만, 오락과 유희의 이용자 태도에 기초한 아우라의 제작과 이용이 가능할 수 있는 것이 아닐까? 이와 관련하여 심혜련은 벤야민이 기술매체와 연관된 새로운 예술 형식을 중심으로 '탈아우라화(Entauratisierung)'를 선언했는데(Bolz & Reijen, 1991), "과연 그런가" 하는 문제를 제기한다(심혜련, 2010, 318쪽). 그녀의 의견은, 디지털 이미지는 변형 가능하다는 것이다. 왜냐하면, 디지털 이미지는 원본과 위조를 구분하기 어려울 뿐 아니라, 처음부터 “정보의 형태로 생산되고 저장되며, 또 전송”되기 때문이다(심혜련, 2010, 335쪽). 그 밖에도 새뮤엘 웨버(Weber, 1996) 역시 기술복제시대와 디지털 시대의 아우라는 붕괴하지 않고, 다만 원본성이 없는 예술작품의 아우라적 경험을 의미하는 ‘매체 아우라(medi-aura)’처럼 변형된 형태로 나타남을 강조하고 있다.

이와 유사한 맥락에서 김석진은 “디지털 아우라” 개념을 사용하고 있다(2011, 170쪽). 그에 따르면, 디지털 아우라는 새로운 매체환경이 단순 반복의 모방을 넘어서서 모방 대상과의 거리가 소멸되어 투명한 매개 기능을 수행하는 예술행위의 심미성과 인간 사유의 변화를 통칭한다. 요컨대, 디지털 아우라는 디지털매체에 의해 복제되어 발생하는 경험효과이며, “디지털 매체의 반복된 복제를 통한 일회적 몰입경험”을 의미한다(김석진, 2011, 179쪽). 따라서 대상의 사물성보다는 재현성을 중심으로 주체와 대상의 상호작용에 기반한 능동적인 욕망의 발현 결과로서 파악된다.

두 번째로, 기술복제시대의 지식과 미디어의 기술 · 사회적 조건은 어떠한 특징을 지니는지를 살펴볼 수 있다. 백욱인(2010)은 디지털 복제기술의 핵심적 조건을 ‘탈물질화’와 ‘유동성’에 초점을 두고 분석한다. 한편으로, 디지털 복제시대의 탈물질화는 통합 미디어에서 기호를 떼어내어 혼합하고 재물질화하는 과정을 통해 나타난다. 즉 “물질로부터 기호를 떼어내어(rip), 자신의 솜씨와 생각대로 섞은(mix) 다음 그것을 다시 재물질화(burn)하면서 형성되는 디지털복제시대의 지식은 정보와 지식, 미디어를 새롭게 결합시킨다.”는 것이다(백욱인, 2010, 13쪽). 이러한 분리, 혼합, 재결합의 과정을 거친 디지털 미디어의 탈물질화는 결국 지식의 유동성과 흐름을 촉진하는 기술적 조건으로 작용하게 된다. 이러한 점을 고려할 때, 이용자의 역할은 벤야민이 명명한 ‘산만한 시험관’을 넘어서서 ‘산만한 조립가’ 혹은 ‘산만한 수집가’의 역할을 수행할 수 있다. 이용자들의 디지털 미디어 활동은 감독관이나 비평가의 역할을 넘어서는 수집가의 ‘촉각적 활동’들을 수행하기 때문이다.

마지막으로, 앞의 두 번째 논점과 연관된 맥락에서 디지털 미디어에 대한 이용자의 지각 방식은 아우라의 변형을 보여주는 또 다른 지표로 분석된다. 이주봉(2018)은 디지털 테크놀로지 시대의 영화 〈아티스트〉(2011) 사례를 연구하며, 투명한 몰입(immersion) 기제나 스펙터클한 미디어 경험이 '촉각 중심의 감성적 지각'과 관계한다는 점을 주장하고 있다. 이 의견은 심혜련(2017, 330쪽)이 제기한 관점, 즉 태블릿이나 스마트폰의 시대는 비유적인 촉각이 아닌 실제적 촉각의 시대를 열었고, "시각적 촉각성이 아니라 촉각적 시각성"이 문제시된다는 주장과 유사한 맥락에서 제기된 것이다. 특히 영화의 경우 디지털 기술이 발전하며 촉각이 시각성을 압도하는 현상이 발견된다는 점에 주목할 만하다. 이것은 벤야민이 제기한 '시각적 촉각성'이 디지털 복제기술시대에 어떠한 이용자의 지각태도에 부합하는지는 심층적인 탐구가 필요하기 때문이다. 그것은 디지털 시대의 "시각적 촉각성을 넘어 촉각 자체에 소구하는 경향"일 수도 있지만, 또 다른 한편 디지털 미디어를 매개로 한 이용자의 수집가적 역할이 직접적인 촉각성보다 유사 시각성, 즉 촉각적 시각성에 더 가까운 지각활동에 기반할 수도 있는 까닭이다. 이에 대해서는 벤야민의 저서 〈아케이드 프로젝트〉에서 개진된 산보자와 수집가의 사유와 논점에 근거해 보다 진전된 논의가 요구된다. 여기서는 일단 디지털 미디어 이용자들의 새로운 지각방식으로서 '촉각적 시각성', '촉각적 감성지각' 등의 개념들이 제기되고 있다는 점을 기술복제의 화두로 남겨두고자 한다.

3) 이론적 접근의 시사점 및 제언

이상과 같은 선행연구는 벤야민의 이론과 관련하여 몇 가지 시사점을 지닌다. 우선, 벤야민이 제기한 복제기술의 변화 환경에 부응하여 디지털 기술의 새로운 특성을 공통적으로 고민하고 있다는 점이다. 예컨대, 디지털 기술의 탈물질적 성격과 지식의 유동성은 새로운 기술·사회적 조건을 형성하는 중요한 특징이다.

이 점을 고려할 때, 디지털 복제기술의 즉시성과 반복성이 어떻게 새로운 아우라로부터 대상을 해방시키는지에 대한 문제도 탐구할 수 있다.

두 번째로, 디지털 미디어 시대의 아우라 변형에 대해 벤야민의 사유를 발전시키는 방향에서 연구가 지속되고 있는 점은 시사점을 지닌다. 이것은 두 가지 맥락에서 화두를 제기할 수 있다. 즉, 한편으로 디지털 미디어 중에서도 예술 영역에서는 여전히 작품의 원본성을 버리기 어렵고, 그 결과 제의가치를 재생산하는 아우라는 여전히 지속될 수 있다는 점이다(심혜련, 2010). 또 다른 한편 아우라의 변형은 '산만한 산책자'의 역할 속에서 이용자의 창의적인 미디어 제작 활동을 통해 발현될 수 있다. 이것은 제의가치의 속성인 주술적 · 마법적 신화의 해체를 경유하지만, 또 다른 인간과 기계의 네트워크를 통한 새로운 아우라의 창출도 가능하다는 것이다. 인간 중심의 위계적 생태계로 인한 소외의 증폭을 지양하기 위해서는 인간과 사물, 인간과 기계의 앙상블(Ensemble)(Simondon, 1958/2011)을 만들어갈 방안을 모색할 필요가 있다.

마지막으로, 디지털 복제기술의 발전에 따라 이용자의 지각방식이 어떻게 변화하는지를 규명하는 작업은 여전히 의미가 있다. 선행연구 사례에서도 이루어졌던 '시각적 촉각성'에서 '촉각적 시각성' 혹은 '촉각적 감성지각'으로의 변화에 대한 논점(심혜련, 2010; 이주봉, 2018), 복제행위로서 출판이 원작의 일회성을 현재화하여 원작 이상의 새로운 의미를 만들 수 있다는 진단(강진숙 · 한찬희, 2009), 그리고 인터넷 생방송의 즉시성과 일회적 현존성을 탐구하는 접근(이철희, 2018) 등은 벤야민의 기술복제와 이용자 사유를 진전시키고 현재화하는 데 기여한다.

여기서 나아가 더 진전된 논의가 필요한 분야는 기술복제시대의 '정치의 심미화'와 '예술의 정치화'에 관한 분석과 탐구이다. 1인 미디어 크리에이터의 역할이 주목받고 있는 현 상황에서 제작자와 이용자가 어떻게 집단주의와 전체주의의 조직적 폭력과 피해 상황을 경험하게 되는지, 나아가 이를 극복하기 위해 어떻게 예술의 정치화를 꾀하고 있는지 등 다중의 역할과 방안에 대한 탐구가 이루어지길 바란다.

벤야민 :
파사주 프로젝트 –
산보자, 수집가, 미메시스 능력

제 3 장

토론주제

1. 아케이드 프로젝트는 어떠한 맥락에서 구상되는가?
2. 파사주 공간의 판타즈마고리아(환영)는 어떠한 의미와 특징을 지니는가?
3. 산보자와 수집가의 차이는 무엇이고, 각각 어떠한 실천적 함의를 지니는가?
4. 미메시스 능력은 어떻게 정의되며, 그 특징은 무엇인가?
5. 디지털 시대 제작자와 이용자의 미메시스 능력은 어떠한 활동과 실천을 통해 나타나는가?

주요 용어 아케이드(파사주) • 판타즈마고리아(환영) • 산보자 • 수집가 • 미메시스 • 공동체 미디어

1
파사주 프로젝트의 사유

1) 파사주 프로젝트의 이해

〈파사주 프로젝트〉는 벤야민이 1927년에 착수하여 1940년 사망할 때까지 13년 동안 작업한 에세이들의 모음집이다. 이 모음집은 그가 좋아했던 파리를 산책하면서 경험한 초현실주의적 인상과 이미지들을 바탕으로 다양한 자본주의 사회와 문화에 대한 분석들을 담고 있다(최성만, 2005). 이 저서의 독일어 원본은 〈파사주 전집(*Das Passagen-Werk*)〉(1982)으로서 국내에는 영역본 제목인 〈아케이드 프로젝트(*The Arcades Project*)〉(1999)를 사용하여 2005년에 출간되었다. 여기서는 원본의 제목을 차용하여 '파사주 프로젝트'라고 표현하고자 한다. '통로'와 '이행'을 뜻하는 프랑스어인 파사주(Passage)는 1820년대 파리에 처음 등장했던 상점가를 가리키는데, 이는 커다란 건물들 사이의 통로를 철재와 유리 천장으로 잇고 가스등의 불빛 아래에 사치품과 각종 상품들을 판매하던 곳이다.

벤야민이 1920년대 말에 이 작업에 착수하게 된 계기는 자본주의 사회의 변화가 가져온 환영과 위기를 탐구하고 각성의 실천들을 추동하는 데 있다. 즉, 그는 전체주의의 폭풍이 몰려오는 위기의 시대에서 진보적 지식인의 각성과 대중의 역할을 고민하고 있는 것이다. 벤야민의 타계로 이 저서는 미완으로 남았지만, 방대한 문화사적 사실자료들을 몽타주 형식으로 배치하여 '19세기의 근원사'를 분석하

그림 3-1. **〈아케이드 프로젝트〉 한국어판 표지**

고 있다는 점에서 여전히 역사적 시사점을 준다(최성만, 2005). 이 저서의 흥미로운 점은 왜 20세기 당대가 아닌 19세기의 자본주의에 관심을 두었고, 산업혁명의 발원지인 런던이 아닌 파리에 초점을 두었는가이다. 이에 대해 〈아케이드 프로젝트〉(1982/2005)의 한국어판 서문에서 번역자인 조형준은 다음과 같이 의견을 피력한다.

그것은 한편으로, 벤야민이 견고해진 자본주의라는 어른의 신체를 역설적으로 아이의 눈을 통해 탐구하는 방법을 택한 것이다. 즉, 20세기에 파시즘과 제국주의 형태로 '어른이 다 된 자본주의'의 실상을 이 자본주의가 '아이'였던 19세기로부터 찾아내고자 한 것이다.

여기에는 벤야민의 역사적 통찰이 내재해 있다. 자본주의 생산방식은 끊임없이 새로운 것을 생산하지만, 동시에 낡은 '쓰레기'가 된다는 이중적 특성과 변증법적 인식이 그것이다. 샤를 보들레르(Charles-Pierre Baudelaire)의 〈악의 꽃〉을 인용하는 그의 산보자 걸음은 단순히 악에 대한 분노나 계몽이 아니라 악의 매혹과 꿈의 증거들을 조합하고 깨어남(각성)의 역설적 가능성을 향해 내딛고 있는 것이다.

또 다른 한편, 런던이 아닌 파리를 택한 이유는 자본주의의 경제적 토대보다 상부구조인 문화와 정치적 변화의 맹아들을 찾기 위함이다. 즉, 산업혁명을 일으킨 런던이 19세기 자본주의 경제의 대변자라면, 파리는 프랑스혁명으로 대두되는 치열한 내전과 계급투쟁, 그리고 기술(techne)과 예술(art) 간의 투쟁이 발생한 역사적인 정치와 문화의 대변자였기 때문이다(Benjamin, 1982/2005). 요컨대, 벤야민은 19세기 자본주의 초기의 파리를 관찰하면서 다양한 문화적 산물들을 생산하는 정치적 · 제도적 · 물적 조건들을 꿰뚫고자 하는 것이다.

2) 〈파사주 프로젝트〉의 주요 사유들

그러면, 벤야민은 〈파사주 프로젝트〉에서 어떠한 사유를 전하고 있는가? 이 저서를 중심으로 벤야민의 주요 사유들을 살펴보면 다음과 같다.

우선, 자본주의 사회의 물신주의에 대한 비판적 인식이다. 벤야민은 19세기 역사의 이미지들을 '상품 물신주의'와 '유토피아'라는 이중적 특성으로 분석한다. 우선, 상품 물신주의는 다양한 건축물과 박람회 등의 문화재들이 매매될 수 있는 교환가치의 속성을 지닌 상품이 된 것을 말한다(Benjamin, 1982/2005). 예컨대, 소위 '부르주아의 기념비들'로 표현된 파사주, 세계박람회, 실내장식, 파노라마 등에서 나타난다. 벤야민에 따르면, 이러한 상품 물신주의는 "상품을 생산하는 사회가 자기 주위를 (……) 둘러싸는 번쩍거림(光輝)"이다(V, 1256: Benjamin, 1982/2005, 67쪽 재인용). 이러한 번쩍거림이 다양한 영상이 변화무쌍하게 펼쳐지는 환등상(die Phantasmagorie)이다. 칼 마르크스(Karl Marx)의 〈자본(*Das Kapital*)〉 1권에서 먼저 언급된 상품의 물신성(der Fetischcharakter der Ware)은 벤야민에게 환등상의 이중적 특성으로 변화한다. 즉 마르크스가 '노동은 인간들에게 사물과 사물의 관계라는 환등상적 형태'를 취한다고 언급하면서 부르주아 경제의 '허위의식'을 비판했다면(Marx, 1969, p. 86), 벤야민의 환등상은 물신성뿐 아니라 대중들에게 작용하는 환상과 환영의 이미지들을 분석하는 시각으로 나아간다.

이러한 문제의식은 벤야민의 두 번째 사유와 연관된다. 즉, 꿈(Traum)과 깨어남(Erwachen)이라는 역사 인식의 방법이다. 꿈은 자본주의가 도래한 상황을 가리킨다. 즉 자본주의는 '꿈을 동반한 새로운 잠이 유럽을 덮친 하나의 자연 현상'으로서, 이 잠 속에서 신화적 힘들이 재활성화된 것이다(V, 494: 최성만 2005, 259쪽 재인용). 이러한 시각은 벤야민의 독창적인 자본주의 분석, 곧 자연, 꿈, 신화 등 형이상학과 신학에서 영감을 얻는 인식에 근거한다. 이 중에서도 꿈의 사유는 다양한 이미지를 만들어 내는 집단 무의식의 환상을 드러내기 위해 도출된 것이다(Benjamin, 1982/2005). 이것은 단지 추상적인 이미지나 환상이 아니라 각종 건축양식과 파사주, 문화재들을 통해 구체성을 획득한다. 하지만, 19세기의 환영은 깨어나야 할 꿈이며 해몽을 통해 풀어야 할 신화적 마법이다. 이를 통해 벤야민은 역사의식을 통한 깨어남, 즉 각성을 통한 시대의식을 주장하는 방향으로 나아간다.

마지막으로 미메시스 능력의 사유이다. 벤야민은 소논문인 "유사성론"(1933)과 "미메시스 능력에 대하여"(1933)에서 '미메시스 능력(das mimetische Vermögen)'을 언급하고 있다. 이 능력은 앞에서 살펴본 19세기 자본주의의 파사주와 문화재들에 내재한 '신화적 마법'들을 해체하고, 역사의식을 획득하여 각성의 길로 나아가는 방법이다. 즉, 미메시스적 읽기는 역사를 '위기의 순간'으로 읽어내는 능력이고, 이 위기를 극복할 수 있는 '쓰기'의 방법들을 찾아내는 노력이다(Benjamin, 1933/2008). 이를 위해 벤야민은 놀이와 유희, 기억하기 등의 미메시스 능력을 강조하고 있다. 이에 대해서는 뒤에서 더 구체적으로 살펴보고자 한다.

2

파사주의 판타즈마고리아: 상품 물신주의, 산보자, 수집가, 미메시스 능력

1) 판타즈마고리아: 환등상과 상품 물신주의

벤야민은 자본주의 사회의 이미지들에 대해 독특한 사유를 펼치고 있다. 그것은 19세기 역사 이미지들의 이원성, 즉 '상품 물신주의'와 '유토피아'에 대한 사유에서 나타난다. 우선, 상품 물신주의는 파사주, 세계박람회, 실내장식, 파노라마 등 다양한 건축물과 박람회 등의 문화재들이 매매될 수 있는 교환가치의 속성에서 발견된다(Benjamin, 1982/2005). 또한 19세기 문화를 형성하는 유행, 광고, 매음, 수집가, 산보자, 노름, 청년양식(Jugendstil) 등 상부구조의 근원적 현상들은 상품 물신주의의 사례들이다(최성만, 2005).

이러한 상품 물신주의에 대해 벤야민은 '판타즈마고리아(Phantasmagoria, die Phantasmagorie)', 즉 영상이 변화하는 환등상(幻燈像)으로 표현한다(Benjamin, 1982/2005). 현재 연극 용어로 정착된 판타즈마고리아는 유령 같은 형체들(phantasma, 희랍어 φάντασμα)이 특정 장소(agora)에 모인다는 뜻에서 유래한다.[1] 이 기술은 불빛과 렌즈를 이용해 벽이나 스크린에 이미지를 투사하는 기술로서, 1797년 벨기에의 에틴-가스파르 로버트슨(Etienne-Gaspard Robertson)이 실내 무대에서 환등기를 이용해 공중에 떠다니는 유령과 귀신을 출현시켜 관객들을 놀라게

1) 다음백과. URL: http://100.daum.net/encyclopedia/view/47XXXXXXb388

하였다(이상면, 2006). 이 공연은 18세기 말과 19세기 초에 파리와 런던의 극장들에서 대중적으로 인기를 끌었고, 미국에서 원정 공연이 개최되기도 하였다.

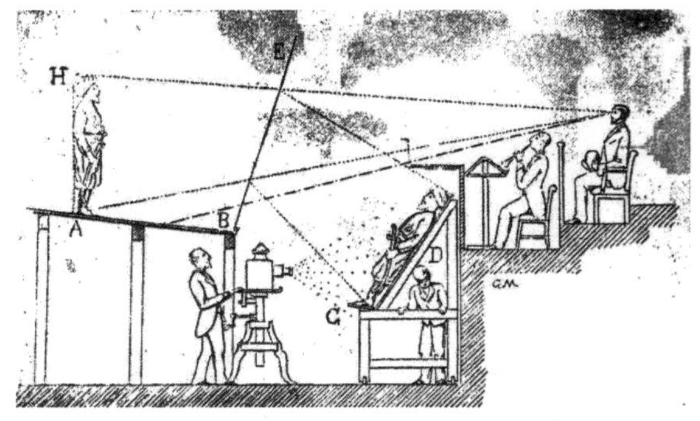

그림 3-2. 로버트슨의 유령 환상 설명

출처: URL: https://en.wikipedia.org/wiki/%C3%89tienne-Gaspard_Robert#/media/File:Étienne-Gaspard_Robert's_ghost_illusion_explanation.png

그림 3-3. 로버트슨의 판타즈마고리아 공연 사례(파리, 1797)

출처: URL: https://en.wikipedia.org/wiki/%C3%89tienne-Gaspard_Robert#/media/File:Fantasmagorie_de_Robertson.tif

이러한 판타즈마고리아는 파사주 공간에서도 19세기 꿈의 이미지로 등장한다. 1822년 이후 15년 동안 구축된 파리의 파사주들은 두 가지 등장 조건들을 갖고 있다(Benjamin, 1982/2005, 91-95쪽 참조). 그 하나가 캐시미어를 비롯한 직물 거래의 번창에 기인한다면, 또 다른 하나는 철골 건축의 시작이다. 철재와 유리 등의 새로운 건축자재의 발명과 함께 사치품과 각종 상품들은 가스등 불빛 아래에서 산보자들을 환등상의 세계로 유혹한다. 이 파사주의 목적은 '장사와 고통'이었지만, 후자는 사라지고 장사가 주목적이 되었다. 그 결과 산보자는 손님이 아닌 '상품'이 된다. 이에 대해 벤야민은 다음과 같이 비판적인 시각을 제시한다.

> 장사와 파사주는 거리의 두 가지 구성 요소이다. 그런데 파사주에서 후자의 요소는 실제로 죽어버렸다. 교통은 흔적으로만 남았다. 파사주는 그저 장사에 대해서만 추파를 던지는 거리로, 욕망을 북돋우는 것에만 몰두한다. 이러한 거리에서는 교통이라는 체내 순환이 정지되기 때문에 상품이 파사주의 양측 가장자리로 쏟아져 나와 마치 종양에 걸린 조직처럼 환상적인 방식으로 결합한다. – 산보자는 교통을 방해한다. 그렇다고 그는 손님도 아니다. 상품인 것이다. ([A 3a, 7]: Benjamin, 1982/2005, 158쪽 재인용)

위의 언급처럼, 파사주의 거리는 자본주의의 교환가치를 앞세운 각종 상품들이 전시되어 있는 상품 물신주의의 공간이다. 이곳에서는 산보자도 '종양에 걸린 조직처럼' 쏟아져 나온 상품의 일부가 된다. '꿈을 동반한 새로운 잠'이 이곳 파사주 거리를 덮쳤고, '장사의 투기장'이 된 이곳에서 산보자도 자본주의의 마법적 신화에 걸려 상품이 되는 것이다. 오노레 드 발자크(Honoré de Balzac)는 이에 대해 1846년에 쓴 〈파리의 불르바르들〉에서 다음과 같이 언급하고 있다. "마들렌 성당 광장에서 생-드니 문까지 쭉 진열되어 있는 상품들의 위대한 시가 각양각색의 시구를 노래하고 있다."고 말이다(Benjamin, 1982/2005, 143쪽).

이처럼 파사주는 상품이 2층까지 쌓이고 넘쳐나는 장사의 거리로서 19세기의 상품 물신주의를 양산하는 공간으로서 평가된다. 이 파사주에는 상품들을 "멍하니 바라보는 사람과 열광자들로 북적대고, 그 산보자들 뒤에서는 소매치기가 우글거리는"(Benjamin, 1982/2005, 160쪽), 즉 꿈과 현실의 경계가 착종(錯綜)되어 나타난다. 이 시대의 사회적 상황과 산물에는 고유한 양가성이 존재하는 것이다.

마치 '우울로써 이상을 깨뜨린다'(〈우울과 이상〉)는 보들레르의 멜랑콜리한 시구의 긴장감처럼 파사주와 상품에는 두 가지 의미가 충돌하거나 긴장 속에서 공존한다. 마치 파사주가 집이면서 도로인 것처럼 상품은 그 자체로 물신성을 지닌 자본주의 메커니즘의 한 산물이면서 동시에 환등상을 통한 꿈의 이미지들이 정지 상태의 변증법을 만드는 새로운 문화의 역사적 현장인 것이다.

2) 파사주의 문화적 기능

그러면, 파사주는 어떠한 꿈의 이미지들을 만들어 내고 있는가? 파사주는 상품 물신의 투기장이지만 동시에 문화적 기능을 수행하는 긍정적인 공간으로도 평가된다. 벤야민이 당대의 사실자료들을 몽타주 기법으로 재구성하여 보여주듯이 파사주는 산보자들의 휴식 공간으로도 기능하고 있기 때문이다. 예컨대, 이 공간은 '온갖 종류의 소규모 장사가 이루어지는 투기장'이지만, '산보자와 흡연자들이 좋아하는 장소'이기도 하다. "최대한 우아하게 실내를 꾸민 작은 방에서 신사들은 높은 의자에 앉아 여유 있게 잡지를 읽고 있고", 그동안 일하는 사람들은 "브러시로 이들의 양복과 부츠에 묻은 먼지와 때를 부지런히 털어낸다"(Benjamin, 1982/2005, 155쪽). 또한 우산이 없는 산보자들에게 "피신처"로서 "좁지만 안전한 산책길을 제공"(Benjamin, 1982/2005, 142쪽)해주는 것도 파사주의 긍정적인 특징을 보여준다.

이러한 파사주의 긍정적인 역할이 유효했던 이유는 1800년대 후반의 도로 상황에서 기인한다. 1870년까지 파리의 거리를 마차가 지배했고, 보도 폭이 너무 좁아 보행자들은 "잔뜩 몸을 웅크리고" 불편한 걸음을 내딛어야 했기 때문이다(Benjamin, 1982/2005, 144쪽). 이 때문에 산책은 주로 파사주에서 이루어졌고, 악천후와 교통으로부터 행인을 보호해주는 곳이 이 공간이었던 것이다. 그 밖에도 파사주에는 산보자의 휴식을 위한 다양한 가게들이 성행하였다. 예컨대, "파사주 드 로페라"에는 카페, 무기점, 악보 출판사, 제과점, 향수점 등이 들어서 있었다(Benjamin, 1982/2005, 169-170쪽). 이것은 파사주가 산보자의 시각적 행위뿐 아니라 또 다른 문화 예술적 감각들을 충족시키는 유행과 욕망의 실천 행위들을 가능하게 한다는 점을 보여준다. 이처럼 벤야민이 파사주 공간의 이중적 속성, 즉 상품 물신성과 산보자의 욕망을 통해 강조하고자 했던 이유는 '꿈'에서 '깨어남'으로 각성의 전환적 계기를 찾고자 함이다. 즉 꿈의 파사주를 걷고 있는 대중의 불안과 욕망을 몽타주적으로 배치하여 '19세기의 근원사(根源史)'를 보여주는 한편, '시대에 뒤처진 것과 단절하려는' 새로운 유토피아적 소망은 각성으로의 전환점을 만들어 낸다. 예컨대, 파사주는 상품 물신이라는 환등상이 대중을 꿈에 침잠(沈潛)하게 하지만, 동시에 철골과 유리, 그리고 가스등이 최초로 선보인 새로운 기술들에 자극을 받아 시대를 넘어서는 각성의 실천적 계기들을 창출한다. 이것은 파시즘에 대응할 주체를 지식인뿐 아니라 새로운 기술을 이용하는 대중의 주체적 역할에서 찾는 벤야민의 역사 인식에 근거한다. 즉 새로운 기술을 혁명적으로 이용하는 대중은 사회변화의 주체이며, 혁명은 "집단의 신경감응(kollektive Innervationen)"인 것이다(Benjamin, 1936/2007, 57쪽).

이러한 벤야민의 관점에 대해서는 아도르노는 대중에 대한 과도한 신뢰를 보내고 있음을 지적하며, 지식인의 주도적 역할, 이데올로기 비판, 의식의 변화 등이 전제되어야 한다는 입장을 제기한다(Benjamin, 1936/2007). 또한 심광현(1998)처럼 벤야민의 견해에 기술결정론적 시각이 내재해 있음을 비판하는 입장들도 존재한다. 이러한 견해들이 상품 물신주의와 기술 중심주의를 비판하기 위한 긴장을 환기시키는 측면이 있지만, 또 다른 한편 벤야민의 정치적 실천과 역사 인식에서 보여준 새로운 작업들을 간과할 수 있다. 벤야민은 경제적 토대나 이데올로기 비판들이 아니라 사물들을 일상생활의 영역으로 끌어오고 해석하는 구체적인 작업을 시도하고 있기 때문이다. 예컨대, 기술, 신체, 감각, 대중, 유행, 태도 등을 통해 낡은 제도에서 새로운 생산수단이 전유되는 전환점들에 주목하고 있는 것이다. 예컨대, 다양한 상품들을 쌓아놓고 판매하는 파사주의 등장으로 점차 개별

점포들은 밀려나게 되었다. 하지만, 파사주 역시 점차 몰락의 길을 걷게 되는데 그 이유는 보도 폭의 확장, 전등의 사용, 매춘부의 출입금지, 야외 활동 문화의 활성화 등에 기인한다. 파사주의 공간도 낡은 것과 새로운 것들이 교차하며 '진보'를 추동하는 장이기 때문이다. 벤야민에게 진보가 '파국'인 이유도 여기에 있다. 진보는 연속적이고 단선적으로 발전하는 어느 하나의 목적지가 아니라 과거의 잔재들을 깨고 파편화해서 새롭게 재조립하는 폭풍이기 때문이다.

3) 산보자와 수집가

벤야민은 〈파사주 프로젝트〉에서 산보자와 수집가의 역할을 구분하여 설명하고 있다. 두드러진 차이점은 산보자(Flâneur, promeneur)가 시각적 행위를 하는 사람이라면, 수집가(Sammler)는 촉각적 실천행위를 하는 사람이라는 것이다. 이에 대해 산보자와 수집가의 특징을 중심으로 보다 구체적으로 살펴보고자 한다.

벤야민이 진단하는 산보자의 특징은 다음과 같이 세 가지 측면으로 압축된다. 우선, 산보자의 유형을 만든 파리는 산보자에게 "풍경"을 제공하는 동시에 그를 감싸는 "방"의 역할을 한다(Benjamin, 1982/2005, 965쪽). 그것은 다른 나라의 도시들과 다른 파리의 우아함과 미덕에서 비롯된다. 이에 대해 벤야민은 다음과 같이 설명하고 있다.

> '파리의 거리의 도덕적 분위기에 대해' 발레리 라르보는 이렇게 서술한다. '교제는 항상 평등하다거나 그리스도교적인 우애라는 허구 속에서 시작된다. 이러한 군중 속에서 하층민은 상류 인사 행세를 하고 상류 인사는 하층민인 척한다. 도덕적인 면에서 두 계층 모두 위장하고 있다. 세계의 다른 수도들에서는 이러한 위장이 외양을 넘어서는 일은 거의 없으며, 사람들은 분명하게 차이를 고수하면서 이교도나 야만인들로부터 확실하게 자신을 구별하고자 한다. 이곳

파리에서는 가능한 한 차이를 없애버린다. 바로 이 점에서 파리의 거리들에서 찾아볼 수 있는 도덕적으로 기분 좋은 분위기가 비롯되며, 군중의 저속함, 무관심, 단조로움도 너그럽게 넘길 수 있는 매력이 생겨난다.
(Benjamin, 1982/2005, 968쪽)

두 번째로, 산보자는 구경꾼(badaud)과 다른 특징을 지닌다. 산보자가 자기 개성을 확보하고 있는 반면, "외부 세계에 열광하고 도취된" 구경꾼은 자신의 개성을 외부 세계로 흡수되어 사라지게 하기 때문이다(Benjamin, 1982/2005, 988쪽). 따라서 구경꾼은 구경거리에 정신이 빼앗긴 비인격적 존재로서 군중이 된다. 이와 달리 '진짜 구경꾼'은 다음과 같이 찬사를 받는다.

독특한 성질을 갖고 있으며, 쉽게 불타오르는 소박한 영혼을 소유하고 있으며 쉽게 환상에 사로잡히는 진짜 구경꾼은 바르고 성실한 마음을 가진 사람들의 찬사를 받을 만하다. (빅토르 푸르넬, 〈파리의 거리에서 볼 수 있는 것들〉, 파리, 1858년, p. 263 (〈파리의 거리들에서의 산책자의 오디세이아〉). [M 6, 5]: Benjamin, 1982/2005, 988-989쪽 재인용)

마지막으로, 거리를 배회하며 추억에 잠겨 도취되기도 하는 산보자는 "탐구(studien)"하는 사람이다(Benjamin, 1982/2005, 965쪽, 1038쪽). 그 이유는 눈앞에 감각적으로 나타나는 것뿐만 아니라 종종 단순한 지식, 죽은 자료들까지도 직접 경험하거나 체험해본 것처럼 자기 것으로 만들어버리기 때문이다. 이처럼 산보자의 체화된 지식은 무엇보다 구전에 의해 전해지거나 방대한 양의 문헌 속에 집약된다. 이러한 태도를 바탕으로 탐구하는 산보자는 "두 눈은 크게 뜨고 귀는 쫑긋 기울인 채" 군중과 다른 것을 찾아낸다(Benjamin, 1982/2005, 1038쪽). 벤야민은 피에르 라루스(Pierre-Athanase Larousse)의 사전을 빌려 천재들과 같은 류의 '근면하고 지적으로 풍요로운' 산보자들의 특징을 다음과 같이 명시하고 있다.

다른 모든 사람들 귀에는 아무것도 아닐 소음도 음악가의 귀에 닿으면 화성을 떠올리게 해줄 것이다. 몽상에 빠진 사색가, 철학자에게도 이러한 외부의 자극은 유익할 것이다. 폭풍우가 바다의 물결을 휘젓듯이 그것은 그의 관념을 뒤섞고 뒤흔들 것이다. (……) 천재들은 대부분 위대한 산보자들이었다. 단, 근면하고 지적으로 풍요로운 산보자들이었다. (피에르 라루스, 〈대백과사전〉, 파리, '1872년', 8권, p. 36('산책자' 항〈목〉). [M 20a, 1]: Benjamin, 1982/2005, 1038쪽 재인용)

이처럼 산보자는 파리라는 도시를 자신의 풍경이자 방으로 삼아 시각적 실천을 행하는 사람이다. 이들은 외부 세계에 열광하고 도취되어 개성이 사라지는 군중과 달리 탐구하고 지식을 자기 것으로 체화하는 장점을 지닌다.

그러면, 수집가는 산보자와 어떻게 다른가? 벤야민은 수집가를 '무엇인가를 소유하고 있다'는 점에서 촉각적인 행위자로 규정하며, 다음과 같이 산보자와 비교하고 있다.

그림 3-4. 산보자

출처: URL: https://www.thinkingcinema.com/film-appreciation-modern-times

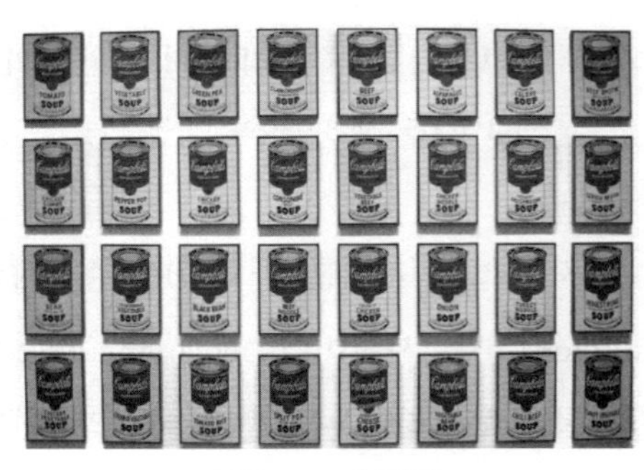

그림 3-5. 수집가

출처: URL: http://blog.naver.com/PostView.nhn?blogId=jungms9692&logNo=220596365281

무엇인가를 소유하고 있는 것은 촉각적인 것에 속하는 것으로 시각적인 것과는 어떤 의미에서는 대립하고 있다. 수집가는 촉각적인 본능을 가진 사람이다. 게다가 최근 자연주의로부터 이반(離反)하면서 이전 세기를 지배했던 시각적인 것의 우위는 끝나게 되었다. 산책자는 시각적이고 수집가는 촉각적이다. ([H 2, 5]: Benjamin, 1982/2005, 537쪽 재인용)

이러한 정의를 바탕으로 벤야민은 수집가의 사물에 대한 관점과 수집의 방법 및 동기 등을 설명하고 있다. 우선, 사물에 대한 관점은 '만학의 백과사전'이며, 한 사물에서 떼어내어 다른 사물로 응고시키는 마법의 대상이다.

> 진정한 수집가에게 있어 이 체계 속에 들어 있는 하나하나의 사물은 어떤 시대, 지역, 산업이나 원래의 소유자에 관한 만학의 백과사전이 된다. 마지막 전율(취득되는 데 대한 전율)이 한 사물을 빠져나가는 가운데 사물이 응고되는 순간 특정한 물건을 하나의 마법의 원 안에 봉해버리는 것이야말로 수집가가 가장 깊숙이 마술에 홀리는 순간이다. ([H 1a, 2]: Benjamin, 1982/2005, 532-533쪽 재인용)

따라서 수집가의 결정적인 사물들에 대한 관점은 사물의 본래 기능에서 벗어나 다른 사물들과 긴밀한 연관성을 갖도록 만드는 데 있다. 즉, 사물의 단순한 현존성이 아니라 새롭게 역사적 체계 속에 사물을 배치함으로써 "완전성"을 꾀하는 것이다(Benjamin, 1982/2005, 532쪽). 이를 통해 "상기된 모든 것, 생각된 모든 것, 의식된 모든 것"이 그의 소유물로 구축되어 "주춧돌, 틀, 받침, 자물쇠"가 되는 것이다(Benjamin, 1982/2005, 533쪽). 이러한 인식의 전제는 모든 수집가에는 대상뿐 아니라 그 "대상의 과거 전체가 중요"하게 작용한다는 점에서 비롯된다 (Benjamin, 1982/2005, 538쪽).

그다음으로 수집의 방법 및 동기에 대해 벤야민은 어떠한 관점을 취하고 있는가? 먼저 수집의 행위는 "탐구의 근원적 현상 중의 하나"로서 학생이 지식을 수집하는 것과 유사하다(Benjamin, 1982/2005, 545쪽). 이러한 점에서 수집의 방법은 관상학자의 태도와 연관된다. 즉, 수집가는 "사물 세계의 관상학자"이다(Benjamin, 1982/2005, 538쪽). 수집가의 태도는 실내장식의 거주자로서 사물을 미화하는 일을 통해 사물에 대한 교환가치의 연관성에서 벗어나 심미적 관조의 대상을 만들어 낸다. 이러한 행위의 장점은 사물들이 교환가치의 측면에서 유용해야 한다는 시장의 원리에서 벗어나 더 나은 세계를 꿈꾼다는 것이다. 이러한 맥락에서 벤야민은 수집가의 '비밀스러운 동기'를 다음과 같이 알레고리가와 비교하여 의견을 피력하고 있다.

> 수집가의 가장 비밀스러운 동기는 아마 이렇게 표현해볼 수 있을 것이다. 즉, 그는 분산에 맞서 투쟁을 벌이는 것이다. (……) 알레고리가는 말하자면 수집가의 대극을 이루고 있다. 알레고리가는 각각의 사물들이 어떤 유사성을 갖고 있으며 어떤 관계를 맺고 있는지를 탐구하는 것을 통해 사물들을 해명하는 것을 포기해버렸다. 그는 사물들을 그것들 간의 연관 관계로부터 떼어내어, 각 사물들의 의미를 해명하는 것을 처음부터 본인의 몽상에 맡긴다. 이와 반대로 수집가는 서로 공존할 수 있는 것을 하나로 결합시킨다. 사물들의 유사성과 시간적인 연속성을 밝힘으로써 사물들에 관한 정보를 제공해줄 수 있는 것이다. 그럼에도 불구하고 모든 수집가 속에는 알레고리가가 숨어 있게 마련이며, 모든 알레고리가 속에는 수집가가 숨어 있게 마련이다. ([H 4a, 1]: Benjamin, 1982/2005, 546쪽 재인용)

하지만, 이 경우 수집가가 사물에서 상품의 물신성과 소외된 노동의 메커니즘을 인식하지 못할 경우 한계점이 노정(露呈)된다(최성만, 2007). 이러한 수집가의 한계점을 극복하기 위한 대안으로서 벤야민은 역사의식을 강조한다. 즉, 수집가는 역사의식을 가진 관상학자가 되어야 한다. 벤야민에 의하면, 역사를 기술하는 것은 "연도에 관상학(Physiognomie)"을 부여하는 일이기 때문이다(Benjamin, 1982/2005, 1082쪽).

4) 미메시스 능력

그러면, 미메시스 능력은 어떻게 정의되며, 그 특징은 어디에 있는가? 우선, 미메시스(Mimesis)는 희랍문화에서 주로 소리와 동작을 통해 자연 친화적인 유사성을 내포하는 실천적 의미를 지닌다(강진숙 · 이은비, 2013). 특히 플라톤이 미메시스를 이데아의 허상을 만들어 진리의 왜곡을 가져오는 행위로 간주했다면, 아리스토텔레스는 예술적 매체를 통해 인간의 희비극을 재현하는 미학적 모방으로 보았다(오형엽, 2009; 유기환, 2010). 이러한 두 철학자들의 입장은 미학적 측면에서 미메시스를 탐구하는 데 풍부한 영감을 주었지만, 주체와 대상의 이원적 분리를 전제로 하여 상호작용적 연관성을 고려하고 있지 않다는 점에서 사유의 여지를 남기고 있다.

이러한 측면에서 벤야민은 대상에 대한 모방과 재현의 태도를 넘어서서 '놀이'와 '표현'으로서 미메시스를 정의한다. 이러한 사례는 어린이들의 놀이에서 발견된다.

> 어린아이들의 놀이에서 미메시스적 태도가 특징지어지는데, 아이들의 놀이는 한 사람을 모방하는 것에 그치지 않고 물레방아, 기차도 흉내 낸다. (Benjamin, 1972/2008, 200쪽)

이처럼 벤야민이 아이들의 놀이에 주목하는 이유는, 이미 언어를 통해 사물을 기억하는 어른들과 달리, 아이들은 신체적 감각을 이용하여 사물들을 흉내 내는 놀이의 방법을 창출하기 때문이다(강진숙 · 이은비, 2013). 즉, 아이들의 놀이는 지각과 감각적 표현을 통해 엄마나 선생님뿐 아니라 사물들을 흉내 내지만, 그 행위는 대상의 재현이나 모방이 아니라 역할 놀이를 통한 '유희'의 속성을 지니게 된다. 이러한 행위는 보이는 것을 표현한다는 측면에서 '감각적 유사성'에 포함된다.

이러한 벤야민의 미메시스에 대한 역사철학적 구상은, 하나였던 미메시스적 행위가 두 개의 영역, 즉 "기호적인 것과 미메시스적인 영역으로 대립"해오다가 현대에 이르러 다시 언어를 통한 미메시스적 행위로 변화하는 역사적 조건을 성찰하는 데 있다(최성만, 2014, 76쪽). 이 과정에서 미메시스 능력은 다른 능력으로 대체된 것이 아니라 비감각적 유사성에 기초한 '언어능력'으로 전화(轉化)된 것이다. 이 경우 언어능력은 어떤 기호적 의미를 읽어내는 것이 아니라 "마법적 · 미메시스적 읽기(Herauslesen)의 능력"을 의미한다(최성만, 2014, 74쪽). 즉, '비감각적'인 유사성을 포착하여 이야기들을 만들어 내는 능력이다. 예컨대, 천체의 일들과 어린아이의 출생 사이의 유사성을 읽어내는 점성술, 고대 호메로스(Homeros)의 서사시 "일리아스"나 "오뒷세이아"에 등장하는 동물의 내장과 전쟁의 승패 사이의 유사성을 읽는 행위 등은 공통적으로 비감각적 유사성에 토대를 두고 있다.

그림 3-6. 별을 관측하는 중세의 점성술사

출처: URL: https://news.joins.com/article/19347938

이와 관련하여 벤야민은 다음과 같이 '쓰이지 않은 것을 읽기'로 표현하고 있다.

> "쓰이지 않은 것을 읽기(Was nie geschrieben wurde, lesen)." 이러한 읽기가 가장 오래된 읽기이다. 그것은 모든 언어 이전의 읽기, 동물의 내장, 별들 또는 춤에서 읽기이다. 나중에 룬 문자나 상형문자와 같은 새로운 읽기의 매개체들이 사용되기 시작했다. 이러한 것들이 한때 신비적 행위의 토대였던 미메시스적 재능이 문자와 언어로 진입하게 된 단계들이 되었으리라는 것을 충분히 가정해볼 수 있다. 이처럼 언어는 미메시스적 태도의 최고 단계가 되었고 비감각적 유사성의 완벽한 서고, 그 안으로 미메시스적으로 생산하고 파악하는 이전

의 능력들이 남김없이 전이되어 들어가서 마법의 힘들을 해체할 정도까지 이르게 된 매체가 되었을 것이다. (Benjamin, 1972/2008, 215-216쪽)

그러면, 어떻게 미메시스 능력을 발현할 수 있는가? 여기에는 기억하기의 미메시스 능력과 관련하여 두 가지 과제가 제기되는데, 번역과 미디어 활동을 통한 '이야기꾼'의 역할을 통해 이해할 수 있다. 우선, 번역의 과제는 원작이 담고 있는 '순수언어'를 번역자의 언어로 표현하는 데 있다. 즉, 원작의 내용을 모방하는 것이 아니라 그 내용이 원작의 언어형식과 어떻게 결합되어 있는가, 다시 말해, '의도된 것'이 '의도하는 방식'과 어떻게 결합되어 있는지를 찾아내는 것이다(최성만, 2014, 67쪽).

다른 한편, 미디어 활동은 미메시스 능력을 표현하는 중요한 영역이다. 기술 발전에 따라 미메시스 능력은 구술, 문자, 영상 미디어 등 어떠한 매체와 결합하는지에 따라 표현방식을 달리할 수 있기 때문이다(강진숙 · 이은비, 2013). 이와 관련해 벤야민은 중세시대 이야기꾼의 구술과정에 관심을 기울인다. 이야기꾼은 이야기하는 과정에서 자신의 경험을 청자의 경험으로 변화시키는 한편, 청자는 그 이야기에 자신의 경험과 느낌을 첨가해 다른 사람에게 전달하기 때문이다(Benjamin, 1972/2008). 이른바 이러한 구술뿐 아니라 문자를 통한 저널리즘의 기능, 사진과 영화로 대표되는 영상 미디어의 기능, 그리고 팟캐스트나 유튜브와 같은 디지털 방송 및 1인 미디어 등은 기억과 유희의 매체로서 이용자의 미메시스 능력을 발현할 수 있는 유용성을 지닌다. 이러한 미디어들을 통해 제작자나 이용자들, 혹은 생비자(生費者, prosumer)들은 언어를 통해 과거와 현재의 경험들을 공유하며 해석과 비평, 그리고 번역 작업들을 할 수 있기 때문이다.

이와 같은 기술 미디어들과 미메시스 능력의 조합은 현대 자본주의 사회에서 소외된 현대인들과 사회 구조 간의 갈등을 치유하고 문제 해결을 이끌어내는 소통의 기능을 수행하게 된다. 이를 통해 개인은 자신을 소외시켰던 사회를 유희공간으로 이용, 소외와 우울을 극복하고 세계를 비판적으로 성찰할 수 있게 된다(김누리 · 최동민, 2010). 따라서 기술복제시대의 미메시스 능력은 한편으로 소외와 모순의 극복을 위한 자기표현의 유희이면서 동시에 사회의 은폐된 부조리들을 드러내고 전복할 수 있는 실천적 성격을 지닌다.

3
벤야민 사유의 적용

1) 선행연구의 사례

벤야민의 파사주와 미메시스의 사유와 이론을 적용한 선행연구들은 다양한 분야에서 이루어지고 있지만, 여기서는 미디어 커뮤니케이션 분야로 한정하였다. 이에 2013년부터 2018년 현재까지 직접적인 연관성이 있는 학술논문들을 선별한 결과, 총 5건의 사례를 추출하였다. 이것을 도식화하면 다음 〈표 3-1〉과 같다.

표 3-1. 벤야민의 파사주 이론과 미메시스 사유의 적용 사례들

사 례	연구자	제 목	주제어	학문 분야
1	강진숙 · 이은비 (2013)	공동체라디오 DJ의 미메시스적 실천과 유희성 연구: 창신동 라디오방송국 〈덤〉을 중심으로	공동체라디오, 미메시스, 유희성, 라디오방송국 〈덤〉	방송
2	김지연 · 강진숙 (2015)	SNS 독서 커뮤니티의 집단지성과 미메시스 실천에 관한 연구: 벤야민의 미메시스와 레비의 집단지성을 중심으로	집단지성, 미메시스, 피에르 레비, 발터 벤야민, 독서운동 커뮤니티	독서/출판
3	이수안 (2016)	대도시 산보자의 도시공간 향유 양식의 계보학: 벤야민으로부터 구보씨를 거쳐 테크노 산보자까지	산보자, 산보하기, 테크노, 도시공간 향유, 감각 공유	문화

사 례	연구자	제 목	주제어	학문 분야
4	김세진 (2018)	소셜 미디어에 나타난 패션 거리에서의 패션 경험에 관한 연구: 서울의 명동 거리를 중심으로	소셜 미디어, 디지털 산책자, 패션 거리, 패션 경험, 명동 거리	패션
5	이진 (2018)	모바일 게임 플랫폼에서의 플레이 경험 연구: 발터 벤야민의 산책자(Flâneur) 개념을 중심으로	모바일게임, 모바일게임 플랫폼, 산책자, 모바일역할 수행게임, 위치기반게임	게임

위 표에서 알 수 있듯이, 벤야민 이론의 적용은 다양한 기억매체들과 연관하여 이루어지고 있다. 예컨대, 공동체 미디어, 독서운동 커뮤니티, 테크노 산보자, 소셜 미디어, 그리고 모바일 게임 등이 여기에 포함된다. 다음에서 보다 구체적으로 선행연구의 공통점과 쟁점을 살펴보고자 한다.

2) 선행연구의 공통점과 쟁점

여기서는 선행연구 사례들에서 어떠한 주제가 다루어지고 있는지 공통점과 쟁점을 중심으로 살펴보고자 한다.

우선, 선행연구들의 두드러진 특징은 벤야민의 파사주 이론에 등장하는 파사주 공간과 산보자, 패션 등의 주요 개념들을 미디어 분석에 적용하고 있다는 점이다. 예컨대, '대도시 산보자의 도시공간 향유 양식의 계보학: 벤야민으로부터 구보씨를 거쳐 테크노 산보자까지'(사례 3), '소셜 미디어에 나타난 패션 거리에서의 패션 경험에 관한 연구: 서울의 명동 거리를 중심으로'(사례 4), '모바일 게임 플랫폼에서의 플레이 경험 연구: 발터 벤야민의 산책자(Flâneur) 개념을 중심으로'(사례 5) 등이 대표적인 사례들이다. 여기서는 주로 벤야민이 언급한 수집가보다는 산보자의 시각적 실천 행위들에 초점을 두고, 다양한 디지털 미디어의 행위자들에 대한 분석이 이루어지고 있다. 특히 '테크노 산보자'나 '디지털 산책자'의 새로운 용어 사용들은 과거와 다른 사이버 공간의 산보자 위상과 역할에 주목하고 있다는 점에서 시사성을 지닌다. 특히 테크노 산보자의 역할을 분석하고 있는 〈사례 3〉의 경우, 벤야민과 다른 방식의 공간 향유를 하고 있음을 피력하고 있다. 다양한 감각을 활용하는 테크노 산보자들은 이미지를 사진으로 채집하여 짧은 코멘트나 해시태그를 달고 순식간에 다른 이용자들과 공유하기 때문이다. 요컨대, 벤야민의 산보자가 직접적인 신체적 감각 활용, 주로 시선을 통해 텍스트를 생산하는 방식으로 공간을 향유하고 전달하는 반면, 테크노 산보자는 다양한 감각 활용을 통한 도시 공간 향유의 정서를 SNS에 기반해 공유함으로써 공감과 소통을 이끌어낸다는 의견이다(이수안, 2016, 368-369쪽). 이러한 시각은 벤야민의 파사주 프로젝트를 현대적으로 발전시키는 과정에서 새로운 산보자의 역할을 규명하고 다양한 방향성을 모색하는 데 시사점을 준다.

두 번째로, 나머지 선행연구들의 특징은 벤야민의 미메시스 이론을 적용하여 기억 매체들을 분석하고 있다는 점이다. 예컨대, '공동체라디오 DJ의 미메시스적 실천과 유희성 연구: 창신동 라디오방송국 〈덤〉을 중심으로'(사례 1), 'SNS 독서 커뮤니티의 집단지성과 미메시스 실천에 관한 연구: 벤야민의 미메시스와 레비의 집단지성을 중심으로'(사례 2) 등이 여기에 포함된다. 이 논문들은 특히 비감각적 유사성에 근거한 기억하기와 비평적 태도에 주안점을 두고 있다. 특히 여성 봉제 노동자들이 직접 제작 및 진행을 맡는 공동체라디오 '덤'의 DJ가 어떻게 이야기꾼으로서 미메시스 능력을 발현하는지를 분석한 사례는 향후 공동체 미디어 활동의 대안적 방향성을 모색하는 데 시사점을 제공한다. 또한 벤야민의 미메시스 사유에서 레비의 '집단지성' 이론으로 학술적 횡단을 취하는 〈사례 2〉의 경우, SNS (Social Network Service)를 활용하여 어떻게 독서 커뮤니티 집단의 미메시스 실천이 이루어지는지 인터뷰 분석을 통해 구체화하고 있다. 특히 이 연구는 벤야민의 〈생산자로서의 작가〉(1986)에서 언급한 작가(지식인)의 미디어를 통한 정치적인 진보성과 대중의 자발성에 주목하며 저자와 독자 간의 구분이 달라질 수 있다는 사실을 환기시키고 있다. 요컨대, 저자와 독자들이 상호작용적인 미메시스적 실천이 새로운 참여 문화의 생성과 정치적 실천으로 확장될 수 있는 것이다. 이러한 점에서 두 가지 사례들(사례 1, 2)은 뉴미디어의 장에서 이야기꾼들로서 다양한 역할과 미메시스 행위들을 할 수 있는 가능성을 열어 놓는다는 점에서 의미가 있다.

마지막으로, 벤야민의 파사주 이론과 미메시스 사유를 적용한 더 풍부한 연구들이 전개되길 기대한다. 예컨대, 산보자뿐 아니라 수집가의 역할을 구현하는 1인 크리에이터, 비디오(video)와 블로그(blog)를 합성한 비디오 블로그인 브이로그(vlog)의 일상생활에 대한 이야기꾼의 역할, 혹은 스포츠 중계방송이나 뉴스 진행자들의 '번역자' 역할 등 다양한 수집가와 미메시스 행위자의 역할들을 분석하는 작업도 유의미한 시도이다. 벤야민에게 기술의 발전과 새로운 기계의 사용은 '집단의 감응'을 통한 사회적 변화의 계기를 제공하기 때문이다. 즉 제작자와 이용자, 진행자와 청취자들 사이의 상호작용과 이야기는 집단적 웃음이나 집단의 애도 방식을 통해 다양한 사회통합의 길을 열 수 있는 잠재력을 지닌다. 물론 산보자나 수집가가 역사의식에 기반해 시대의 위기를 읽고 쓰기를 실천할 때, 그 잠재력은 상품 물신의 꿈을 해몽하고 각성하는 실천으로 이행할 수 있을 것이다.

플루서 :
코무니콜로기 – 담론형/대화형 매체, 대중적 기만과 기술적 상상

제 4 장

토론주제

1. 플루서의 사상적 배경은 어떠한가?
2. 커뮤니케이션의 목적은 무엇이고, 미디어는 역사적으로 어떻게 변화해 왔는가?
3. 담론형과 대화형 매체는 어떠한 차이점을 지니는가?
4. 대중적 기만은 어떻게 나타나며, 그 이유는 무엇인가?
5. 기술적 상상은 어떠한 함의를 지니는가?

주요 용어 그림시대 • 문자시대 • 기술적 형상시대 • 담론형 매체 • 대화형 매체 • 대중적 기만 • 기술적 상상

1

커뮤니케이션의 목적과 역사적 코드화 과정

1) 사상적 배경

체코 프라하 출생의 빌렘 플루서(Vilém Flusser)(1920~1991)는 디지털 사상가로서 독특한 미디어와 커뮤니케이션의 사유들을 보여준다. 1939년에 프라하 대학에서 철학 연구를 시작했던 플루서는 제2차 세계대전 중에 나치의 박해를 피해 1940년에 런던으로 이주한 후 다시 1941년에 브라질로 망명하여 상파울루에서 독학한다. 1962년에 플루서는 브라질 내 수준 높은 예술대학인 상파울루 커뮤니케이션 인문대학(School of Communications and Humanities, FAAP)의 커뮤니케이션철학 교수로 부임한다(〈그림 4-1〉, 〈그림 4-2〉 참조).[1] 1966년에는 미국 및 유럽과의 문화 협력을 위해 브라질 외무부 특별대표로 임명되었고, 그의 에세이와 논문들이 미국과 유럽 학술지에 게재되었다. 1972년에는 이탈리아로, 1976년에는 프랑스로 이주하였다.

---

1) 이에 대해서는 플루서의 연대기를 소개한 다음 웹페이지를 참조함. Flussers biographische Skizze. URL: http://www.equivalence.com/labor/lab_vf.shtml

그림 4-1. 체코의 디지털 사상가 플루서

출처: URL: https://www.discogs.com/artist/2525959-Vil%C3%A9m-Flusser

그림 4-2. 상파울루 FAAP 대학 로고

출처: URL: http://www.faap.br

마셜 매클루언(Marshall McLuhan)과 함께 양대 산맥의 매체사상가로 평가되는 플루서는, 다시 1972년 브라질 군사정권의 정치적 탄압으로 프랑스로 망명한 후 프랑스와 독일의 대학들에서 강의하며 뉴미디어와 테크놀로지, 대안적 실천 방안 등에 대해 고유의 견해들을 피력한다. 1991년 11월 체코 국경 근처에서 비운의 교통사고로 죽음을 맞이한 후 후대인들은 생전보다 더 플루서의 사유들에 관심을 갖고 현재화하는 작업을 시도하고 있다. 특히 그의 매체사상이 주목받는 이유는 기술발전과 미디어 환경의 변화에 탄력적으로 대응하면서도 전체주의나 엘리트주의에 대해서는 비판적 시각을 견지하고 있기 때문이다.

플루서의 사상적 배경을 크게 세 가지로 구분하면 다음과 같다. 우선, 텔레마틱(Telematik) 사회의 변화를 인식하게 된 측면이다. 대표적인 저술은 〈디지털시대의 글쓰기〉(1987/1998), 〈코무니콜로기〉(1996/2001) 등을 들 수 있다(〈그림 4-3〉 참조).

그림 4-3. 플루서의 국내 번역서들

〈디지털시대의 글쓰기〉는 '글쓰기에 미래는 있는가'라는 부제를 담고 있고, 문자시대의 글쓰기가 지닌 특징과 디지털시대의 변화 가능성에 대해 현상학적 접근을 행하고 있다. 〈코무니콜로기〉는 '코드를 통해 본 커뮤니케이션의 역사와 이론 및 철학'을 부제로 한다. 여기서 '코무니콜로기'란 의사소통을 의미하는 독일어 'Kommunikation'과 학문이나 이념을 뜻하는 접미사 '-logie'가 결합된 조어이다. 즉, 코무니콜로기란 '커뮤니케이션학' 혹은 '커뮤니케이션론'으로 해석된다(강진숙, 2012).

이 저서에는 플루서의 사상을 두드러지게 나타내는 커뮤니케이션의 목적을 비롯하여 역사적 코드화의 과정, 그리고 기술적 형상과 기술적 상상에 대한 견해들이 자세하게 제시되고 있다. 특히 이용자에 대한 플루서의 시각은 지식인에 의존하기보다 일반 이용자들의 해독과 창작 능력을 강조한다는 점에서 낙관적 대중관에 근거한다. 뒤에서 살펴볼 기술적 상상은 바로 이러한 이용자들의 새로운 능력으로써 구체화되는 것이다. 이와 같은 사유의 두드러진 특징은 뉴미디어 기술의 발전에 따라 구텐베르크 문화가 붕괴하고 새로운 텔레마틱 사회와 문화가 도래한 상황에서 발견된다. 즉, 문자시대의 비판적 해독을 넘어서서 이용자의 새로운 미디어 리터러시 능력이 요구되는 것이다. 뉴미디어의 등장은 독서 공중이나 지식인 중심의 개념 해독과 비평에서 벗어나 새로운 이용자의 능력을 요구하기 때문이다. 이 이용자의 능력은 디지털 미디어와 영상 이미지들을 비판적으로 읽고 쓰기, 그리고 제작할 수 있는 창의적 능력까지 포함한다.

두 번째는 코드의 매체현상학적 이해와 분석을 시도하는 경향이다. 플루서는 독일의 현상학자인 에드문트 후설(Edmund Husserl)의 이론을 미디어 사상에 접목시켜 "독창적인 매체현상학"을 정립한다(Hartmann, 2000/2008, 388쪽). 매체현상학은 미디어와 이용자 영역에서 현상들이 어떻게 다양한 언어들로 나타나는지를 분석하고, 문자와 영상 등 미디어가 구성하는 '말의 배후'에 도달하고자 하는 학문적 시도이다(Flusser, 1994). 이러한 입장은 주로 〈사진의 철학을 위하여〉(1994/1999), 〈피상성 예찬: 매체 현상학을 위하여〉(1969-1991/2004), 〈그림의 혁명〉(1995/2004), 〈디자인의 작은 철학〉(2003/2008) 등과 같은 저서들에서 찾아볼 수 있다.

마지막으로, 이용자의 실천행위인 '기술적 상상'을 강조하는 입장이다. 플루서는 근대적 주체에 대한 관점을 비판하며, 새로운 이용자상을 제시하고 있다. 근대적 주체관은 주체와 객체의 이원적 구분을 전제로 인간은 자연과 세계라는 객체에 대한 주체의 위치와 역할을 수행하는 이성적 존재라는 점에 기초한다. 하지만, 19세기 과학의 발전은 20세기의 모든 철학적 · 과학적 담론에도 영향을 미쳤고, 세계의 대상성에 대한 인식은 변화하게 된다. 즉, 세계는 어떤 견고한 대상이 아니라 지각의 구성물이다. 인간 역시 견고한 본질에 고정된 주체가 아니라 세계를 구성하고 지각한 것을 현실화하는 행위자인 것이다. 이러한 측면에서 플루서는 인간의 발전과정을 주체에서 기획으로 나아가는 운동으로 파악한다(Flusser, 1993/2004). 이와 관련된 저서들로는 앞에서도 제시했던 〈코무니콜로기〉와 〈피상성 예찬〉이 대표적이다. 이 저서들에는 플루서의 이용자와 대중에 대한 낙관론이 곳곳에 투영되어 있다. 이용자들인 인간은 더 이상 주체와 대상의 이원적 구분의 한 축이 아니라 '기획자'로서 미디어를 이용해 새로운 세계의 가능성을 실현하는 실천가인 것이다.

2) 커뮤니케이션의 목적

그러면, 플루서는 커뮤니케이션의 목적을 어디에 두고 있는가? 인간은 왜 커뮤니케이션을 하는가? 그것은 소통의 욕망과 관계성이라는 두 측면에서 살펴볼 수 있다. 우선, 소통의 욕망은 인간이 유한자라는 현실적 조건에서 비롯된다. 즉, 나는 죽음을 피할 수 없는 나약하고 고독한 존재인 것이다(Flusser, 1996/2001). 이 때문에 인간은 나 자신을 비롯하여 다른 사람들과 소통하고자 한다. 다시 말해, 소통의 욕망은 나와 다른 사람들과 미디어를 통해 접속하고자 하는 것이다.

다른 한편, 관계성의 측면에서 인간은 사회적 소외로부터 벗어나 끊임없이 다른 사람들과 사회적 관계를 형성한다. 왜냐하면, 사회적으로 고립되는 순간 '무의미한' 삶을 살아야 하는 반면, 다른 사람들과 소통하는 그 순간은 고독한 세계에서 벗어나 공동의 세계에 참여할 수 있기 때문이다(Flusser, 1996/2001). 즉, 인간 커뮤니케이션의 목적은 우리가 "완전히 고독하고 타인과의 연락이 끊긴(incommunicado) 무의미한 맥락"(Flusser, 1996, p. 10)을 벗어나 사회적 관계성을 실현하기 위함이다.

이처럼 인간 커뮤니케이션의 목적은 소통의 욕망과 관계성의 측면에서 볼 때 사회적 참여를 통한 의미 획득을 실현하는 과정이다. 삶의 의미는 고립된 점으로서의 개인 차원을 넘어서서 공동체 사회의 언어적 소통과 참여를 통해 더 많은 사회적 의미들을 공유하고 체화할 수 있기 때문이다. 이 점은 최근에도 미디어 리터러시의 중요성을 제기할 때 종종 제기된다. 예컨대, 미국의 모질라(Mozilla) 재단은 '웹 리터러시(web literacy)'를 정의하며 세 가지 핵심 구성요소로 '읽기, 쓰기, 참여'를 제시한다.[2] 가짜 뉴스와 혐오 표현들이 증가하는 디지털 환경에서 이용자들의 참여는 민주주의와 평등의 가치를 실현할 수 있는 소통의 관계성을 담지하고 있기 때문이다. 따라서 인간 커뮤니케이션의 목적은 미디어 활동을 통한 언어적 소통이나 공동체 활동을 통해 사회적 관계를 형성하며 현실을 재구성하고 변화시키는 실천들에서도 발견된다. 다양한 시민들이 공동체 미디어교육에 참여하며 미디어에 대한 해독과 제작활동을 수행하는 것도 이러한 예로서 중요하다.

3) 역사적 코드화 단계와 변화[3]

그러면, 인간 커뮤니케이션은 어떠한 역사적 코드화 단계와 변화 과정을 거쳐 왔는가? 플루서는 〈코무니콜로기(*Kommunikologie*)〉에서 역사적 코드화 단계와 변화에 대해 설명하고 있다. 즉, 커뮤니케이션의 기본 단위인 코드의 작동방식이 역사적으로 어떻게 변화해 왔는지를 탐구하고 있다. 여기서는 코무니콜로기의 이해를 위해 코드화가 무엇인지, 그리고 코드화의 역사적 전개는 어떻게 이루어졌는지를 살펴보고자 한다.

우선, 코드란 무엇을 의미하는가? 플루서에 따르면, '코드(code)'란 "상징들을 일정한 방식으로 조작하고 정돈하는 체계"이다(Flusser, 1996/2001, 82쪽). 예컨대, 까마귀와 까치가 각각 흉조와 길조의 상징이거나 독수리와 호랑이가 용맹함이나 전투력의 상징으로 작동하는 것도 바로 사회적 · 국가적 차원의 인위적 약속과 합의를 거쳤기 때문에 가능하다. 일본에서 까마귀가 행운의 상징인 반면, 우리나라의 경우 흉조로 인식되는 이유는 바로 이러한 약속과 합의된 바의 차이가 존재하기 때문이다. 이러한 상징들이 진주 목걸이의 진주 구슬이라면, 코드화는 그 구슬들을 목걸이 모양으로 엮고 정돈하는 과정과 절차를 의미한다. 즉, 코드화는

2) Mozilla 홈페이지. URL: https://learning.mozilla.org/en-US/web-literacy
3) 이에 대한 논의는 다음 문헌을 재구성함. 강진숙 (2012). 텔레마틱 사회의 이용자와 기술적 상상. 한국언론정보학회 (편), 〈디지털, 테크놀로지, 문화〉. (125-129쪽). 서울: 한울.

파편화된 상징들을 일정한 방식으로 의미화하고 체계화하는 것이다.

이러한 코드화의 대상은 우리 주변의 모든 물건과 태도, 그리고 색 등 다양하다. 선사시대의 경우, 돌, 뼈, 실로 만들어진 매듭 그리고 그림 등이 주요한 상징들로서 의사표현을 위한 코드화의 대상이 되었다면, 그 이후 “숫자, 언어, 동전, 소리, 제스처, 색 등 모든 자연적 · 인위적 현상들”이 소통을 위한 코드화 과정에 활용되어 왔다(Flusser, 1996/2001, 84쪽). 이처럼 파편화된 상징들을 일정한 규칙들에 따라 점, 선, 면으로 꿰매는 것이 코드화 과정이고, 커뮤니케이션은 역사적 시공간의 변화에 따라 코드화 방식을 달리해 왔다(강진숙, 2010). 이 때문에 코드화의 범주는 역사적으로 각 시대의 사회적 특수성에 기초하여 어떻게 커뮤니케이션 방식을 개발해 왔는가 하는 점을 알 수 있는 단초를 제공한다.

인류문화사적 관점에서 볼 때, 인간 커뮤니케이션의 전형적인 코드화 과정은 크게 세 단계로 진행되어 왔다. 즉, 선사시대의 그림, 문자시대의 텍스트 그리고 탈문자시대의 기술적 형상(Flusser, 1996/2001; 김성재, 2005; 김성민 · 박영욱, 2004)이 그것이다. 이를 도식화하면 다음 〈표 4-1〉과 같다.

표 4-1. 플루서의 역사적 코드화 단계 및 특징

구 분	그림시대	문자시대	기술적 형상시대
세계 차원	2차원적	1차원적	0차원적
사회 특징	주술사회	산업사회	정보(디지털)사회
사유 형식	면-순환적(신화)	선-선형적(이성)	점-점형적(모자이크)
미디어 유형	그림	문자	기술적 형상(전자 · 디지털 미디어)
미디어 리터러시 유형	상상력	개념 해독	기술적 상상(해독, 창작)

이러한 변화는 4차원적 자연의 세계에서 벗어나 3차원의 조각, 2차원의 그림, 1차원의 문자 그리고 0차원의 기술적 형상의 시대로 이행하는 세계 차원의 변화 과정에서 나타난다. 플루서는 여기서 자연세계를 그대로 모방하는 3차원의 조각을 제외하고, 2차원에서 0차원으로까지 이어지는 코드화의 변화 과정을 추적하고 있다. 주지했듯이 인간의 커뮤니케이션은 죽음이라는 생물학적 한계를 극복하기 위해 자연세계에서 벗어나 또 다른 모든 것이 가능한 인위적 세계로 향하는 방법이기 때문이다. 플루서가 제1의 자연에서 점차 제2의 인위적 자연으로 넘어가는 커뮤니케이션 과정을 주시한 것도 바로 이와 맥을 같이한다.

그러면, 인위적인 2차원의 세계는 어떠한 코드화 방식을 사용했는가? 이에 대해 그 흐름을 중심으로 살펴보면 다음과 같다(강진숙, 2006, 18-20쪽 참조). 우선 선사시대(기원전 4000～1500년대)는 동굴벽화와 같은 2차원적인 세계로서 마법적인 신화가 통용되는 주술사회의 특징을 지닌다. 즉, 동굴벽화 등의 그림 등이 주요한 소통 및 미디어 유형으로 이용되었고, 이 시기는 가장 자연에 가까운 그림 이미지를 통해 이용자의 상상력이 중요한 읽기와 쓰기의 능력에 포함된다. 이처럼 미디어를 통해 읽고 쓰기의 행위가 이루어지는 이용자 능력을 '미디어 리터러시'로 정의할 때, 상상력은 그림시대의 핵심적인 이용자 능력인 것이다. 예컨대, 알파벳 문자 이전에 존재했던 그림시대의 상상력은 대상을 간단히 모사한 '그림문자(Piktogramme)'[4], 근심을 의미하는 '눈물 맺힌 눈'과 같이 대상에 관련된 상황을 표현하는 '표의문자(Ideogramme)', 그리고 강인함을 상징하는 '발가락'은 대상 자체가 아닌 상징적 의미를 표현하는 '상형문자(Hieroglyphen)'로서 이 그림시대의 대표적인 미디어 유형들이다. 이러한 알파벳 자모 이전의 문자들의 공통된 특징은 2차원적 그림을 통해 상상의 관계들을 만들어 내고 소통했다는 점에 있다.

---

4) 픽토그램은 현재에도 통용되는 그림문자로서, 문자의 한계를 극복하고, 방문객들에게 흐름과 소통의 사유를 경험할 수 있는 기회를 준다. 예컨대, 식물원 픽토그램은 방문객이 미리 식물원을 상상해보고 식물원의 역사, 환경, 지리적 특성 등에 대해 인식할 수 있게 한다. 이때, 픽토그램의 식물원은 단순한 지시 기능을 넘어서 도로표지판 역할과, 방문객의 갈 길, 사유 방식을 규정한다. 이에 대해서는 다음 문헌을 참조함. 김종대(2008). 말터와 디자인 수사학. 〈독일어문학〉, 52집, 1-33.

이러한 그림시대에 이어 문자시대(기원전 1500~서기 1900년대)가 도래한다. 이 시대는 1차원의 '선형적인' 이미지가 중시되고, 이성 중심의 산업사회의 특징을 띠게 된다. 이전 그림시대의 미디어 리터러시인 상상력은 이제 개념 해독능력으로 변화한다. 이 단계에서 주로 사용된 문자는 무역상과 상인들의 계산과 숫자, 무게와 양을 측정하기 위해 고안된 것이다. 그러나 이러한 세속적 기능은 15세기 중엽 구텐베르크의 인쇄술 발명 이후 '합리성'과 '근대성'의 의식으로 변화된다. 즉 그림에서 문자로 코드화 방식이 변화되면서 기존의 신화는 역사로 기록되고, 종교와 철학, 논리학과 수학, 시와 문학, 법과 정치적 프로그램들이 다양한 논쟁과 반론들 속에서 쏟아져 나오게 된다. 여기서 주목할 점은 이러한 일련의 변화 과정에는 '상업적 코드' 대 '비상업적 코드' 간의 투쟁이 작용했다는 점이다. 예컨대, 그림에서 문자로 이행하는 과도기에 '민중의 코드(그림)'와 '엘리트 코드(문자)' 간의 대립, 즉 상상적 의식과 계산적 의식 간의 대립 및 갈등이 분출했다는 점이다. 전자가 코드의 마술적, 주술적 효과를 중시하는 민중의 입장을 대변한다면, 후자는 코드의 이성적, 계몽적 입장을 대변하는 것으로 파악된다. 요컨대, 여기서 알 수 있는바 어떠한 코드화의 과정이든지 특정한 주체들의 입장을 담지하고 있고, 나아가 코드화의 변화 과정에는 각 입장들의 대립과 충돌이 발생해 왔다는 것이다.

마지막으로, 질적 비약이 이루어진 기술적 형상시대(1900년 이후)는 인간의 정보가 어떤 깊이와 공간도 결여한 0차원, 즉 점의 세계이다. 이 공간의 깊이가 사라진 시대에서 점의 세계는 '기술적 형상(technisches Bild)'을 통해 펼쳐진다. 여기서 0차원적 이미지로서의 기술적 형상이란 사진, 영화, TV 그리고 컴퓨터 등을 포함하는 기술적 영상들을 의미한다. 그 특성은 실재대상의 존재 여부나 공간적 제약에서 자유로운 특성을 지닌다. 그 이유는 현실에 존재하지 않는 가공의 인물을 창조하고 타임머신처럼 과거의 역사적 시점으로 돌아가거나 혹은 미래의 가상세계를 눈앞에 보여주는 것이 가능하기 때문이다. 이 점은 앞의 문자시대와 다른 특성이다. 왜냐하면, 문자시대의 경우 상상적 관계들이 개념으로 해독되고 문자 수용자의 위치가 제작자(저자, 작가)와 다른 쪽에 고정되는 반면, 탈문자시대의 경우 ‘어떤 공간에도 침투할 수 있을 만큼’ 공간적 제약과 미디어 이용자의 위치는 고정되어 있지 않기 때문이다.

이와 같은 코드화의 역사적 변화 과정은 다양한 상징들의 체계화 방식을 나타내면서 동시에 서로 다른 계급, 계층적 입장들이 어떻게 대립, 충돌하는 역사적 과도기를 거쳤는지에 대한 유추를 가능케 한다.

2

담론형과 대화형 매체, 대중적 기반

1) 담론형과 대화형 매체[5)]

플루서가 전망한 텔레마틱 사회는 대중적 기술 형상에 속하는 다양한 미디어들이 균형을 이룬 사회이다. 즉, 담론형과 대화형 미디어가 서로 균형을 이루고 상호보완 관계를 유지해 나가는 것이 텔레마틱 사회의 지향점이다. 여기서는 텔레마틱 사회의 미디어 균형성에 대한 관점과 쟁점들을 중심으로 살펴보고자 한다.

우선, 텔레마틱 사회의 미디어 균형성에 대해 구체적으로 논의하자면, 일단 커뮤니케이션의 두 가지 유형인 담론(diskursiv)형과 대화(dialogisch)형 매체에 대한 이해가 전제되어야 한다(강진숙, 2010, 6-7쪽)(〈표 4-2〉 참조). 여기서 '담론형 매체'는 자연의 무질서한 엔트로피(entropy) 특성에 기초하여 정보를 보존하기 위한 구조이다. 이 구조의 지향점은 자연에 존재하는 수많은 형상과 대상들을 일정한 방식으로 코드화하는 과정에서 개입될 수 있는 요소들을 제거하는 "폐쇄적 특성에 기초"한다(Flusser, 1996/2001, 22쪽). 이 때문에 사회적 차원에서 인위적으로 만들어진 코드가 담론형 매체의 형태로 전달되면, 수용자는 처음에 송신된 코드

5) 이에 대한 논의는 다음 문헌을 재구성함. 강진숙 (2012). 텔레마틱 사회의 이용자와 기술적 상상. 한국언론정보학회 (편), 〈디지털, 테크놀로지, 문화〉. (134-137쪽). 서울: 한울.

의 정보를 큰 손실 없이 수용할 수 있다. 단, 채널상의 잡음(noise)과 조작이 개입될 때는 상황이 달라진다.

표 4-2. 담론형과 대화형 매체의 비교

구 분	담론형 매체 (diskursive Medien)	대화형 매체 (dialogische Medien)
정 의	메시지를 송신자에서 수용자 기억으로 흐르게 하는 매체들	메시지가 다양한 이용자 기억들 간에 교환되게 하는 매체들
사 례	포스터, 영화관	증권시장, 마을 공터
매체 변화	가격판을 읽는 증권시장, 정치가 연설을 듣는 공터	긁어놓은 포스터, 스크린 위에 달걀이 투척된 영화관
수용자 위치	전도될 수 없음(단, 인터넷 신문의 댓글 등 다중 매체 이용은 예외)	전도될 수 있음
답변 가능성	간접적 답변 가능성	직접적 답변 가능성
목 적	기존의 정보 분배	새로운 정보 창조

이러한 담론형 매체는 다음과 같이 네 가지 매체 유형으로 구분할 수 있다(〈표 4-3〉 참조). 여기에는 피라미드형, 나무형, 극장형, 그리고 원형극장형 매체 등이 포함된다. 예컨대, 피라미드형은 전체주의적 정당이나 기업 조직과 같이 모든 단계에서 수용자의 숫자가 증가하는 방식으로 정보 분배가 이루어진다. 나무형 매체는 정보가 일정량씩 분배되도록 가지치기식으로 정보를 분할한다. 과학적 연구기관이나 공공기관이 여기에 포함된다. 극장형 매체는 송신자를 둘러싸고 반원을 형성하는 수용자들에게 정보를 분배하는 소통형식을 지닌다. 초등학교와 영화관 등이 대표적인 사례이다. 마지막으로, 원형극장형 매체는 송신자의 전 주위에서 정보를 분배하는 소통 형식이다. 이것은 TV, 신문, 서커스 등의 사례들에서 나타난다.

표 4-3. 담론형 매체의 네 가지 유형

매체 유형	정 의	목 적	특 징	사 례
피라미드형	모든 단계에서 수용자의 숫자가 증가하는 방식으로 정보 분배	원래 분배되어야 할 정보의 '충실함' 유지	권위적, 위계적, 전통과 종교를 통한 정보 분배	기업조직(로마 공화국 행정), 은행, 정당(전체주의), 산업 재벌 등
나무형	정보가 일정량씩 분배되도록 가지치기식 정보 분할	정보의 분해와 새로운 처리 의심	비판과 분석을 통한 정보 중계: 기술지배주의, 전문화	과학적 연구기관, 공공기관(연구기관, 출판물, 기술 및 테크놀로지 실험실)
극장형	송신자를 둘러싸고 반원을 형성하는 수용자들에게 정보 분배	개방형 정보전달, 수용자들의 능동적 참여	송수신자 구분: 가정교육의 어머니와 어린이, 극장의 벽(벽난로)과 관객	초등학교, 영화관(모닥불 옆 신화를 얘기하는 노인, 알타미라 동굴 벽화)
원형극장형	송신자의 전 주위에서 정보 분배	메시지들을 주소 없이 송출, 도달 가능한 모든 기억과 송신자를 획일화(전체주의적 커뮤니케이션)	불특정 다수인 TV 시청자, 신문 독자, 서커스 관객: 마술적 폭력, 미학적 · 명령적 관계	서커스, TV, 신문

한편, '대화형 매체'는 다양한 정보의 흐름과 변형, 그리고 "새로운 정보 창출이 자유로운 구조"에 기초한다(Flusser, 1996/2001, 31쪽). 여기에는 원형 대화와 망형대화형 매체들이 포함된다(〈표 4-4〉 참조). 원형대화형 매체가 의회나 실험실 등 중앙을 둘러싼 소통 구조로서 합의나 가설 논의 등 폐쇄된 대화체계에 기초한다면, 망형 매체는 잡담, 수다, 욕설, 소문의 확산 등과 같이 여론 형성이 가능한 개방된 대화체계에서 작동한다는 점에서 차이가 나타난다.

이러한 대화형 매체는 코드화된 정보가 형성되고 유통되는 과정에서 반복적으로 변형되고 단순화되기 때문에 정보의 유익함이나 유해함을 자율적으로 통제할 수 있는 자정능력이 발생하게 된다. 물론 역으로 유익함보다 오히려 유해함이 선별 기준이 될 경우도 있지만, 대화형 구조에서 소통의 흐름은 고정되어 있지 않기 때문에 또 다른 변형의 가능성은 열려 있다. 이러한 대화형 매체 중에서도 가장 이상적인 것은 '망형 대화'의 소통이다. 망형 대화는 촘촘한 연결망을 통해 코드가 한곳으로 모일 수 있는 '댐'의 특성뿐 아니라 자유로운 정보의 흐름을 가능케 하기 때문이다(Flusser, 1996/2001). 이러한 구조는 수직적, 권위적 소통 행위에서 벗어나 다양한 개인들 간의 접촉과 수평적 의사소통을 가능케 하는 것이다.

표 4-4. 원형 대화와 망형 대화 매체의 비교

매체 유형	정 의	목 적	특 징	사 례
원형 대화	중앙을 둘러싼 소통 구조: 합의나 가설 등을 위한 폐쇄된 대화 체계	정보의 공통분모 발견, 새로운 정보 순위로 채택	• 엘리트적 커뮤니케이션 형식: 참가자의 수와 기준 전제 • 성공률이 낮고 새로운 정보 유도	시장, 원형탁자, 의회, 실험실, 위원회
망형 대화	여론형성이 가능한 개방된 대화체계 예 잡담, 수다, 욕설, 소문의 확산	인간의 모든 정보를 수용하는 기본 네트워크 형성	• 민주적이고 성공률이 높은 새로운 정보 주도 • 잡음의 개입으로 정보 변형: '여론' • '집단적 기억' 형성 • 정보의 세속화, 대중화: 정보의 단순화, 변형 • 잡음에 대한 개방성: 인간은 세계 속에 존재하거나 저항함	• 체신, 전화, 비디오, 케이블 TV, 컴퓨터, 채팅 등 • 프로그램화된 교육, 예술 테라피 등

이러한 매체의 두 가지 유형은 서로 다른 차별성을 지닌다. 우선, 커뮤니케이션의 흐름에서 볼 때, 담론형 매체가 일방향적이라면, 대화형은 쌍방향의 커뮤니케이션 흐름을 지닌다. 둘째, 정보의 내용과 가치 측면에서 전자가 정보손실을 제어할 수 있지만 엘리트주의적 의도의 관철과 조작적 개입의 가능성이 크다면, 후자의 경우 송-수신자 간의 경계 없이 누구나 능동적인 정보의 해석과 개입이 가능하지만 대중적 기만에 노출되어 있다는 점에서 각각의 차별적 특성을 지닌다.

이러한 맥락에서 플루서가 제기하는 것이 텔레마틱 사회의 미디어 균형성이다. 이는 각각의 커뮤니케이션 특성을 지닌 미디어들이 상호보완적 관계에서 균형을 이룰 때, 각각의 문제들을 해결할 수 있다는 낙관적 시각이다. 플루서가 본 텔레마틱 사회의 문제점은 우선, 접두어 'tele-'에서 비롯된다(Flusser, 1993/2004). 즉 먼 것을 가깝게 가져오는 일은 곧, 우리가 몸을 움직여 스스로 먼 곳으로 가는 직접적 체험을 최소화하는 것이다. 비유적으로 갈릴레이가 등받이 의자에 앉아 망원경으로 보면, 천문학적 거리의 목성도 바로 그의 눈앞에 다가온다. 하지만, 이때 갈릴레이는 '위험 없이'도 경험할 수 있다. '위험이 없다'는 것은 안전성에 있어 우수한 것처럼 보이지만, 실제로 그것은 공통의 표준에 입각한 안전성이지 나만의 경험에서 비롯된 것은 아니다. 칸트가 강조했던 '공통감각'의 유의미성은 플루서에게 허용되지 않는다. 중요한 것은 상호주관적 입장에서 어떻게 서로 다르게 미디어를 유희하는가 하는 문제에 있기 때문이다.

실제로 근대사회의 과학적 발명과 산업사회의 발전은 위험에 대한 예측과 대비를 위한 과학적 표준과 통계를 중시함으로써 개인의 주관성과 유희와 놀이 감각들을 소비적이고 무가치한 것으로 만들어 왔다. 그 속에 숨은 뜻은 노동의 신성함에 대한 사회적 인식을 부각시킴으로써 산업사회의 노동력을 확보하고자 하는 것이었다. 이와 관련해 호르크하이머와 아도르노가 비판하듯이, 문화산업의 대량생산체제는 계량화와 표준화를 통해 대중의 퇴행을 초래했다. "오늘날 대중의 퇴행은 들을 수 없는 것을 자신의 귀로 듣고, 붙잡을 수 없는 것을 자신의 손으로 만질 수 있는 능력의 결핍을 의미"(Horkheimer & Adorno, 1969/2001, 71쪽)한다는 그들의 지적은 디지털 시대의 기술적 형상시대에서도 여전히 유효하다. 물론 유희하고 놀이하는 인간, 즉 '호모 루덴스(Homo Ludens)'로서의 대중의 가능성에 대해서는 인색하지만, 대중의 퇴행성에 대한 우려는 이용자 스스로 대중적 기만에 대응하기 위한 날카로운 성찰성을 자극하기 때문이다.

텔레마틱 사회의 이용자들은 '그곳'에 가는 직접적 체험보다는 안방이나 거실 혹은 폐쇄된 '이곳'에서 TV와 컴퓨터 모니터를 응시한 채 먼(tele-) 것들을 바로 앞에 가져오는 데 익숙해 있다. 특히 TV는 전화와 같이 서로를 연결시키기보다 오히려 차단시킨다. 플루서에 따르면, 이 도구는 "거실 속에서 하나의 광선 다발

내에 있는 광선의 종착점이고, 한 '터미널', 한 종착역, 하나의 죽은 승강장"(Flusser, 1993/2004, 231쪽)이다. 중요한 것은 이용자가 "아무 책임감 없이 그 앞에 앉아 있고, 수신하는 것 외에 아무것도 할 수 없다"(Flusser, 1993/2004, 231쪽)는 점을 자각하는 데 있다. 텔레마틱 사회의 미디어 균형성과 이용자의 태도가 중요한 것은 바로 이 때문이다.

플루서가 제기한 텔레마틱 사회의 전제는 경제적 · 기술적 측면과 정치적 측면으로 구분해서 살펴볼 수 있다. 우선, 텔레마틱 사회의 구축을 위한 경제적 · 기술적 전제는 '다발에서 네트워크로, 무책임성에서 책임성 있는 스위치 전환으로 그리고 모든 채널들을 일방향에서 쌍방향으로 개축하는 일'에서 출발한다. 이를 위해 플루서가 요구하는 것은 "돈과 기술의 문제, TV 모니터를 망각하고, 대신 가역적 터미널 앞에 앉아서 모든 낯선 인간들과 세계 도처에서 정보를 교환하고 공동으로 새로운 정보를 창조"(Flusser, 1993/2004, 232쪽)하는 것이다.

그다음으로 텔레마틱 사회의 정치적 전제는, 상호인정을 위해 자신을 개방하는 것에서 출발한다. 즉 이용자 자신이 다른 이용자를 인정하고, 또한 인정받기 위해 자신을 개방하는 것이 중요한 것이다. 점차 확산되는 자동화로 인해 정작 인간의 손은 할 일이 없다. "'텔레마틱'은 할 일 없는 두 손을 쭉 뻗어 서로 내밀어, 멀리 있는 사람을 가깝게 데려오는 것을 의미한다. 유대-기독교적 이웃사랑이 덜 유토피아적으로 되는 순간이다. 두 손이 하릴없이 매달려 있는 상황에서, 그러나 이 두 손에 적합한 게 없기에 그 어떤 것도 붙잡을 수 없는 상황에서, 다른 사람들을 붙잡을 수 있도록 서로 붙잡는 일 외에는 아무것도 남아 있지 않을 것"이다(Flusser, 1993/2004, 233쪽). 이러한 말을 남기고 본격적인 디지털 시대를 경험하지 못한 채 1991년 비운의 교통사고로 사망했을지라도 플루서의 예지력은 그의 주저 곳곳에서 독특한 힘을 발휘한다.

2) 대중적 기만과 그 이유[6)]

그러면, 다양한 매체들을 통해 어떠한 사회적 문제점이 발생하고 그 이유는 어디에 있는가?

플루서는 대중적 기술 형상을 통해 '대중적 기만'이 발생한다고 주장한다. 대중적 기술 형상은 플루서가 구분한 두 가지 형상 중의 하나이다. 즉 '엘리트적 기술 형상'과 '대중적 기술 형상'이 여기에 포함된다(Flusser, 1996/2001; 강진숙, 2006, 2010). 우선, '엘리트적 기술 형상'은 엘리트로 대변되는 전문가들의 해독능력을 요하는 것으로서, 전자 현미경을 통한 사진, 통계표, X-레이(ray) 사진, 설계도면 등이 대표적인 사례이다. 한편, '대중적 기술 형상'은 전문적 용어나 해독능력이 없어도 수용될 수 있는 것으로서, 포스터, 사진, TV, 비디오 그리고 영화관 등이 여기에 포함된다. 이처럼 두 가지 기술적 형상으로 구분되는 이유는 코드화 과정에서 전문적 코드가 작동했는지, 그리고 수용자의 해독 행위에 어떠한 영향을 미치는가 하는 점에 근거한다. 즉 엘리트적 코드가 X-레이나 현미경 사진과 같이 코드를 제작, 해독하기 위한 전문성을 습득하고 훈련했을 때에만 접근이 가능한 전문가들의 코드라면, 대중적 코드는 전문적 해독능력을 필요로 하지 않을 뿐 아니라 별도의 교육을 받지 않고도 해독이 용이한 "대중의 코드"(Flusser, 1996/2001, 159쪽)인 것이다. 이 두 기술적 형상을 비교하면 다음과 같다(〈표 4-5〉 참조).

표 4-5. 엘리트적 기술 형상과 대중적 기술 형상의 비교

매 체	엘리트적 기술 형상	대중적 기술 형상
정 의	엘리트로 대변되는 전문가들의 해독능력을 요구하는 매체	전문적 용어나 해독능력이 없어도 수용 가능한 매체
사 례	전자 현미경 사진, 통계표, X-레이 사진, 설계도면	포스터, 사진, TV, 비디오 그리고 영화관
특 징	전문가들의 코드	대중의 코드

6) 이에 대한 논의는 다음 문헌을 재구성함. 강진숙 (2012). 텔레마틱 사회의 이용자와 기술적 상상. 한국언론정보학회 (편), 〈디지털, 테크놀로지, 문화〉. (129-133쪽). 서울: 한울.

그런데, 여기서 중요한 것은 기술적 형상의 유형을 구분하는 데 있지 않다. 오히려 중요한 것은 기술적 형상의 코드화 방식이 수용자층의 해독행위에도 영향을 미친다는 점이다. 이러한 두 유형의 기술적 형상 중에서도 플루서의 관심대상은 대중적 기술 형상이다(강진숙, 2006). 이것은 대중들의 일상생활 속에 깊이 들어와 있고 이미 친숙한 미디어들이다. 즉, 수용자들은 별도의 해독 훈련이 필요 없는 이 대중적 기술 형상에 쉽게 접할 수 있을 뿐 아니라 그 수용 과정에서도 이미 초등학교에서 대학교 과정까지 이미 학습했던 해독능력만으로도 충분히 이해할 수 있는 것이다.

문제는 여기서 '대중적 기만'이 발생한다는 점에서 출발한다. 대중적 기만이란 TV 시청자가 전자장치, 광학, 음향학의 법칙들에 대한 전문적 지식이 없기 때문에 특별히 동영상 화면의 그림들을 해독하기보다는 전문가의 손을 거쳤다는 이유로 "객관적이고 옳다고 믿는" 경향성을 의미한다(Flusser, 1993/2004, 144쪽). 즉 사진, 영화, 비디오 그리고 모든 기술적인 형상들은 객관적인 인식들을 프로그램에 맞게 코드화하는 기구들에 의해 제작되고, 이 코드를 아는 자만이 그 그림들을 실제로 해독할 수 있다는 인식이 대중적 기만이다. 이러한 인식이 문제시되는 이유는 코드의 의미를 오해하거나 이미 알고 있다고 해석함에 따라 무비판적인 정보의 수용 경향을 가져올 수 있기 때문이다. 여기서 '이미 안다'는 것은 전문가나 엘리트들의 미디어 생산행위를 이해한다는 것이지, 그 제작 메커니즘이나 의미를 모두 이해했다는 것은 아니다(강진숙, 2010). 요컨대 대중적 코드에는 기구 작동자의 '의도'가 개입됨에도 불구하고, 일상적으로 친숙한 영상문법을 접하는 이용자는 눈앞의 영상이 '객관적으로' 구성된다고 믿고 해독의 필요성을 느끼지 못하는 것이다.

이러한 대중적 기만은 TV나 인터넷과 같은 대중적 기술 형상들에 일상적으로 작용하고 있다. 마치 전통적·마술적 그림인 것처럼 자연스럽게 기능함으로써, 수용자로 하여금 특별한 해독 과정이 필요 없는 익숙한 전통적 그림으로서 받아들이게 만드는 것이다. 따라서 플루서에게 대중적 기술 형상이 문제가 되는 이유는 이데올로기적 의도 때문이 아니라 이용자들이 "아직 해독하지 않은" 상태에 있기 때문이다(강진숙, 2006, 21쪽). 더 정확히 말하자면, 일반 대중은 해독능력이 있음에도 해독의 필요성을 느끼지 못할 뿐 아니라 무관심한 경향을 나타낸다. 대중의 비판적 해독능력에 대해 비관적인 아도르노의 시각과 달리 플루서가 대중의 해독능력에 신뢰를 보내는 이유는 따로 있다. 주지했듯이 수용자들은 제도적 교육과정을 거치면서 미학적, 도덕적, 정치적 판단능력을 발현하기 위한 표준들을 익히고 훈육과정을 거치기 때문이다. 예컨대, 교양교육을 의미하는 고대 그리스어의 '파이데이아(παιδεία)' 사례가 그것이다. 파이데이아는 희랍어 παιδεία를 차용한 용어로서 어린이 보육(rearing of child), 훈육(training), 교육(education) 등의 의미를 지닌다. 이른바 교양교육의 의미로 포괄되는 파이데이아는 플루서가 대중적 기만의 연원을 파악하기 위해 사용하는 개념이다.

이러한 파이데이아 과정을 추적해 보면(Flusser, 1996/2001, 328-330쪽 참조), 우선 유치원과 초등학교 1학년까지 배우는 교육과정은 'A는 B여야 한다!'는 '명령법의 커뮤니케이션'이다. 여기서는 태도 연관 정보들을 학습하고 훈련하게 되는데, 이를 통해 윤리적, 도덕적, 정치적 가치의 판별능력을 배양하도록 교육받는다. 예컨대, '너는 도둑질해서는 안 된다!'는 명령법이 그것이다. 또한 웃으며 이 닦는 한 여성의 TV 치약광고는 유치원생이나 성인 할 것 없이 그 광고의 명령법을 쉽게 전달한다.

두 번째 교육과정은 'A는 B일 수 있다'는 '원망법의 커뮤니케이션'을 통해 수용자들을 훈육시킨다. 여기에는 초등학교에서 중등학교 교육과정, 그 밖에 영화나 대중문화 등이 여기에 포함된다. 이 교육과정에서 습득하는 것은 체험 연관 정보들의 해독방법인데, 이것은 미학적, 예술적, 종교적 가치 판별을 위한 공통의 기준을 학습하는 데 초점이 있다. 영화나 비디오, 그리고 TV 등의 대중적 기술 형상이 제시하는 여성과 남성의 표준체격과 몸매, 그리고 얼굴과 피부의 미적 기준이 낯설지 않게 수용되는 것은 바로 이 원망법의 커뮤니케이션이 작동한 결과이다. 미와 추, 선과 악, 예술과 쓰레기 사이의 경계와 판별 기준을 이 교육과정에서 공통적으로 습득하고 훈련하기 때문이다.

마지막으로 'A이면 B이다'는 '직설법의 커뮤니케이션'이 작동한다. 이것은 대학교 교육과정의 과학, 철학적 세미나와 교과과정을 통해 나타나는데, 주로 인식론적, 종교적 가치 영역에서 인식 연관 정보들에 대한 판별능력을 습득하는 것이 주요 목적이다. 이 교육과정에서 직설법은 '도둑질한 자는 감옥에 간다'는 인식을 자명한 이치로 만든다. 참과 거짓, 숭고와 타락, 정의와 불의의 판별기준은 이 과정에서 습득되고, TV 토론이나 뉴스 그리고 연예인에 대한 수용자들의 비평능력은 주로 이 과정을 통해 발현된다. SNS의 트윗과 리트윗 과정에서 전문적 지식과 판단을 요구하는 사회적 이슈보다 상식과 종교적 가치, 그리고 정의의 문제에 연관된 사안에 더 여론이 집중되는 이유도 이와 무관하지 않다. 이미 SNS 이용자와 TV 시청자들은 제도적 교육과정을 거치면서 세 단계의 커뮤니케이션 훈육과정을 체험, 학습하기 때문이다. 이상의 파이데이아 과정을 도식화하면 아래 〈표 4-6〉과 같다.

표 4-6. 세 단계 파이데이아 교육과정

단 계 유 형	1단계	2단계	3단계
커뮤니케이션 유형	명령법	원망법	직설법
정보유형 (판별기준)	태도 연관 정보 (윤리적, 도덕적, 정치적 가치)	체험 연관 정보 (미학적, 예술적, 종교적 가치)	인식 연관 정보 (인식론적, 종교적 가치)
교육과정	보호소, 유치원, 초등학교 1학년	초등학교(2학년 이상), 중등학교	대학교(과학 실험, 철학적 세미나 등)

그러면, 대중적 기만은 왜 작동하는가? 이 물음을 다시 풀자면, 이용자들은 해독능력이 있음에도 불구하고 왜 대중적 기만에 현혹되는가? 대중적 기만은 수용자들의 해독 가능성을 차단하는 기술적 조작방식을 통해서도 나타나기 때문이다. 여기서 '차단'이라고 한 이유는 다양한 기술적 조작을 통해 대중들이 해독의 다양한 시도를 하지 못하도록 한다는 점에서 그렇다. 여기서 문제시되는 것은, 기술적 코드들이 합의된 상징의 동일한 절차를 거치면서 우리 자신의 입장과 상황에 근

거한 창조적 해석을 어렵게 한다는 데 있다. 이러한 대중적 기만 현상은 두 가지 측면에서 두드러지게 나타난다. 즉 한편으로, TV나 인터넷의 기술적 형상들이 자연의 세계(제1자연)와 먼 인공 직물, 즉 기술적으로 가공된 영상을 통해 현실의 사안들을 왜곡하거나 배제할 수 있다는 점(Flusser, 1996/2001), 다른 한편으로 대중적 기술 형상이 미학적으로 대중화된 선정주의와 스테레오 타입에 기초한 태도 모델, 그리고 제도적 교육과정에서 체득한 공통의 판별기준에 부합하는 전체주의를 파생시킬 수 있다는 점이 그것이다.

그러면, 이러한 대중적 기만은 어떻게 극복 가능한가? 플루서는 이러한 물음에 낙관적 시각으로 대처한다. 호르크하이머와 아도르노의 〈계몽의 변증법〉에서 충분히 설명해주지 않았던 수용자의 능동적 행위는 플루서의 코무니콜로기를 통해 긍정적 가치를 획득하기 때문이다. 물론 수용자의 의지나 자발적 행위에 토대를 두지 않는다. 중요한 것은 이용자가 미디어를 어떻게 이용하며 유희하는가에 달려 있는 것이다.

3 기술적 상상

1) 기술적 상상의 정의[7)]

텔레마틱 사회는 TV, 전화기, 컴퓨터 등을 통해 전개되는 새로운 인간 문명을 의미한다(Flusser, 1993/2004). 하지만, 이러한 문명은 직접 커뮤니케이션의 척도로서는 올바로 평가될 수 없다. TV 시청 이전에 전화기를 사용하던 시기부터 이미 인간은 면대면 대신 '원격현전(Telepräsenz)'의 체험을 익혀왔고, 역으로 원격현전의 교육을 위해 전화기는 교육적 의미를 담지해 왔기 때문이다. 텔레마틱 사회 이전에 이미 제2의 인위적 자연, 즉 가공의 세계, 다른 현실 속에서 살아온 것이다. 그러면, 텔레마틱 사회에서 이용자가 할 수 있는 것은 '멀리 있는 것을 가까이 가져오는' 일밖에 없는 것인가?

물론 그렇다고 단정할 수는 없다. 텔레마틱 사회에 대한 플루서의 시선은 담론형과 대화형 커뮤니케이션의 균형점을 향해 있기 때문이다. 텔레마틱 사회는 대화로 작동하는 망형 커뮤니케이션의 새로운 가능성을 지니고 있는 네트워크 사회(Flusser, 1995/2004)이다. 여기서는 정보혁명에 의한 도시공간의 변화와 접속 방식의 변혁, 즉 정보 전달의 대화적 회로체계라는 커뮤니케이션의 구조 변혁이 이루어질 수 있기 때문이다. 이 변혁의 추동력은 기술 자체가 아니라 이용자들의

7) 이에 대한 논의는 다음 문헌을 재구성함. 강진숙 (2012). 텔레마틱 사회의 이용자와 기술적 상상. 한국언론정보학회 (편), 〈디지털, 테크놀로지, 문화〉. (137-140쪽). 서울: 한울.

'기술적 상상'이다(강진숙, 2010). 이러한 상상은 "개념을 그림으로 만든 후, 다시 그 그림들을 개념의 상징으로 해독할 수 있는 능력"(Flusser, 1996/2001, 226쪽)이다. 예컨대, 블로그 이용자는 시와 소설, 철학과 에세이에서부터 만화와 요리, 여행 사진에 이르는 다양한 기술적 형상들을 제작하거나 배치할 수 있고, 트위터와 페이스북 등의 SNS 이용자들은 다양한 기술적 형상과 그림들, 그리고 사건들에 대한 자신의 생각과 비판들을 140자나 500자 내에 함축적으로 제시할 수 있다. 요컨대, 기술적 상상은 그림과 문자 혹은 개념으로 새로운 것들을 창조하는 작업이면서 동시에 이미 제작된 기술적 형상들을 비평하고 감상하는 수용의 이중적 과정이다. 이러한 가능성은 인터넷과 태블릿 PC 기반 기술적 형상에서 확대된다. 그 이유는 플루서가 예견한 텔레마틱 사회는 망형 대화와 담론의 흐름이 균형성을 지닌 사회이지만 궁극적으로는 컴퓨터를 매개로 한 망형 대화가 담론형 커뮤니케이션의 폐쇄적 구조에 균열을 가할 수 있기 때문이다.

그러면, 기술적 형상이 왜 텔레마틱 사회의 기술적 상상을 발현하는 데 중요하게 작용하는가? 새로운 코드로서 등장한 기술적 형상은 인간들이 현실에 대한 효과적인 상상을 도달할 수 있도록, 그리고 새로운 상상력을 보장하기 위해 만들어진 것이다(Flusser, 1993/2004). 기술적 형상은 실제 현상을 매우 단순화시킨 기술(記述)이며, 상상력을 작동시킨 하나의 '그림'이기 때문이다. 예컨대, 사진, 비디오, TV 등을 비롯하여 디지털 기술 형상인 컴퓨터 미디어 등이 여기에 포함된다. 이러한 기술적 형상이 중요한 이유는 여기에 전통적으로 논의되었던 그림의 인식론적, 윤리적, 그리고 미학적 관점이 투영되었을 뿐 아니라 문자 코드로 이루어진 개념들이 그림의 의미들을 특정한 방향으로 지시하고 있기(Flusser, 1996/2001) 때문이다. 특히 대중적 코드로서 기술적 형상에 주목해야 하는 이유는 친숙한 영상 이미지와 쉬운 설명을 통해 이용자들에게 친숙함을 준다는 데 있다. 때문에 플루서가 강조하는 것은 일반 이용자도 대중매체의 기술적 형상이 제작된 코드화의 원리와 구조를 파악할 수 있어야 한다는 것이다(강진숙, 2010).

이러한 맥락에서 이용자의 기술적 상상은 직접 민주주의의 실현 가능성을 높여준다. 기술적 이미지의 제작자인 인간은 '창조적 상상가(Einbildner)'로서의 위상을 지닐 수 있게 되었기 때문이다(Kloock & Spahr, 2000; 강진숙, 2006). 즉 이용자들은 자신의 기술적 상상을 통해 미디어나 기구에 대한 수동적 저항이 아니라 창조적 상상을 텔레마틱 사회의 세부 공간에서 실현할 수 있는 것이다. 텔레마틱 사회의 대화망에 능동적으로 참여하여 다양한 이미지들의 개념적 전환이나 개념의 이미지 전환을 통해 기술적 상상들을 직접 구현하는 방법들이 여기에 포함된다. 이러한 창조적 상상가는 그림이나 문자시대와 달리 기계적 작동과 코드화의 메커니즘을 해독하고 상상할 수 있는 '기술적 상상'을 작동시킨다(강진숙, 2010). 이를 통해 노동을 통한 생산의 가치를 강요받는 게 아니라 놀이의 창조와 유희를 통해 생산과 소비의 경계를 허무는 새로운 이용자상이 등장하게 된다. 창조적 상상가의 새로운 역할은 "매스미디어의 은밀한 메커니즘을 기술적 차원에서 능가하고, 또한 현대사회에서 문제시된 연대성을 다시 복원할 것"(Hartmann, 2000/2008, 393쪽)으로 기대되기 때문이다.

그러면, 플루서는 진보적 낙관주의의 대변자인가 아니면 사회변화의 양가성을 주시하고 성찰하는 미디어 사상가인가?

2) 플루서 사유의 함의점[8)]

플루서에 대한 평가는 다양하다. '옛 유럽에서 온 사자(使者)'(프리드리히 키틀러), '잔혹한 옛 세계와 용감한 새로운 인간'(페터 바이벨), '새로운 것의 변호자'(플로리안 뢰처), '율리시스 플루서'(노르베르트 볼츠) 그리고 '사고의 선동자'(하랄트 브란트) 등의 표현은 대표적인 예이다. 이러한 다양한 찬사와 수식어의 근저에는 플루서의 다양한 학문적 시도들과 미디어와 기술의 발전에 대한 관심사가 관류(貫流)하고 있다.

---

8) 이에 대한 논의는 다음 문헌을 재구성함. 강진숙 (2012). 텔레마틱 사회의 이용자와 기술적 상상. 한국언론정보학회 (편), 〈디지털, 테크놀로지, 문화〉. (140-142쪽). 서울: 한울.

그것은 우선, 유럽적 학문의 기저인 변증법적 논리에서 벗어나 대신 인공지능학과 기술을 통해 새로운 미디어 환경을 분석하고 있다는 점이다. 이는 노르베르트 볼츠(Norbert Bolz) 역시 지적한 바로서, “옛 유럽 전통의 해석학으로 유인되지 않고 새로운 매체와 테크놀로지의 무인 지대를 향한 탐험”(Flusser, 1995/2004, 243쪽)을 감행하고 있다는 점에서 플루서의 사유가 디지털 환경에서도 유의미한 시사점을 제공하고 있다. 이러한 사유의 근거는 코드화의 역사적 과정이 제1자연의 세계에서 점차 인위적으로 가공된 제2의 가상세계로 이행함으로써 실재 세계를 망각하고 있다는 플루서의 문제의식에서 비롯된다. 즉 플루서에 따르면, “기본적으로 코드는 일종의 제2의 자연(zweite Natur)이 되고 있고 우리가 살고 있는 코드화된 세계, 이를테면 고개를 끄덕거림, 교통신호, 가구와 같이 눈에 띄는 현상의 세계는 제1자연의 세계(die Welt der ‘ersten Natur’)를 망각하게 만든다. 코드화된 세계는 본래의 자연이 아니라 인조 직물(ein künstliches Gewebe)”이라는 것을 잊게 만드는 것이다(Flusser, 1996, p. 10).

두 번째로, 플루서의 사유에는 엘리트주의와 파시즘에 대한 비판이 전제되어 있다는 점이다. 즉 플루서는 기구작동자의 주요한 특성인 엘리트주의가 어떻게 대중의 무의식을 파고드는지, 그리고 대중적 기만을 작동시키는지에 대한 문제들을 탐구하고 있다. 엘리트주의의 문제는 특정 전문가가 대중의 의식을 선동하고 교란하는 데 있지 않다. 중요한 것은 대중의 감각과 의식을 표준화하고 집단화하는 데 있다. 텔레마틱 사회에서 기구작동자는 특정한 이해와 이익을 관철시키기 위해 이 파시즘의 효과를 만들어 내기에 용이하다. 그 이유는 기술적인 ‘테크노코드’의 조작을 통해 외관상 기계 오작동의 오류로써 사회적 문제의 발생에 대한 왜곡된 진단을 내릴 수도 있고, 또 다른 한편 기술적 작동을 통해 여론몰이나 특정인에 대한 집단적 이지매 현상을 만들어 낼 수도 있기 때문이다. 이와 관련하여 하르트만은 플루서가 진보적 낙관주의가 아니라 양가적 시각을 견지하고 있다고 평가한다(Hartmann, 2000/2008). 즉 견고한 파시즘적 지배형태인 중앙집권적 기술지배의 가능성을 비판하는 동시에 네트워크형 대화의 가능성도 제시하고 있다는 것이다. 이러한 의미에서 플루서에게 커뮤니케이션을 한다는 것은 단순히 ‘서로 대화를 하는 것'만을 뜻하는 게 아니라 완벽하게 계산하는 것을 의미한다.

마지막으로 이용자의 기술적 상상에 대한 독특한 사유를 들 수 있다. 이용자에 대한 플루서의 시선은 주체가 아니라 '기획'으로 향해 있다. 즉 이용자는 자신의 이성에 따라 미디어를 도구적으로 사용하는 근대적 주체가 아니라 문자로 설명된 개념들을 눈에 보이는 그림으로 만들기 위해 상상을 작동시키는 기획자인 것이다. 이러한 맥락에서 플루서는, "우리는 더 이상 주어진 객관적 세계의 주체가 아니라, 대안적 세계들의 기획(Projekt)이다"라고 말하면서, "예속적인 주체적 위상에서 빠져나와" 이제 "스스로 꿈꾸고 있는 것을 알게 되었다"(Flusser, 1993/2004, 301쪽)고 주장하고 있다. 여기서 중요한 것은 기술적 상상의 결과로 나타나는 컴퓨터 그림들의 창조 작업이다. "전통적인 그림의 차원과 다른 차원에서 탄생한 컴퓨터 그림들 속에서는 완전히 새로운 종류의 상상이 나타나고"(Flusser, 1993/2004, 278쪽) 있기 때문이다. 즉 비판적 사고의 기능을 뒤집는 혁명적 사고방식이 나타난 것이다. 근대적 사유에서 상상을 분석하는 이유는 주로 마술의 미혹에서 인간을 해방시키는 데 있었고, 상상의 비판의 대상이 되었다. 하지만, 이제 비판한다는 것은 개념을 가시적인 그림으로 만들거나 그 역이 가능하도록 상상을 종합하는 과정에서 작용한다. 기술적 상상의 두 차원에서 새로운 것을 만들어 내는 '창조' 작업과 함께 '수용' 활동이 필요한 이유는 바로 이 때문이다.

이상에서 제시한 세 가지 흐름의 진단은 핵심적인 플루서의 사유를 성찰하기 위한 가장 기본적 골격에 불과할 수 있지만, 플루서를 이해하는 데 빼놓을 수 없는 중요한 기반이다. 즉 새로운 기술과 미디어 환경에 대한 인식론적 전환, 텔레마틱 사회의 파시즘적 경향에 대한 비판과 네트워크형 대화의 가능성에 대한 낙관론적 시각 그리고 주체가 아닌 '기획'으로서의 이용자에 대한 사유와 기술적 상상의 가능성에 대한 시각은 그의 거의 모든 저술들을 관통하는 문제들이기 때문이다. 따라서 플루서의 사상과 학술적 업적에 대한 평가는 기획자로서의 이용자 실천과 기술적 상상을 통한 미디어 리터러시 역량의 개발이라는 측면에서 재조명될 필요가 있다.

4 플루서 사유의 적용

1) 선행연구의 사례

플루서의 이론과 사유들을 미디어 커뮤니케이션 연구 분야로 한정하여 살펴보면 그 사상적 함의와 현실 적용의 방향성들을 성찰할 수 있다. 선행연구들 가운데 2010년부터 2018년까지 직접적인 연관성이 있는 학술논문들을 선별한 결과, 총 6건의 사례들이 추출되었다. 이것을 정리하면 〈표 4-7〉과 같다.

이 분석결과에서 나타나듯이, 플루서 이론은 1인 미디어 이용문화, 애니메이션의 가상공간, SNS 이용자의 정치참여 현상, 디지털 영상의 기술적 원리, 뉴미디어 시대의 소통과 글쓰기, 그리고 상호작용적 영화의 대화형 기술적 형상의 사례 등 다양한 미디어와 이용자 문화 및 소통 양태들을 분석하는 데 적용되었음을 알 수 있다. 특히 미디어들은 영화와 영상, SNS, 교육적 디지털 수사법과 글쓰기 등 플루서의 기술적 형상 매체들을 대상으로 코무니콜로기의 이론들과 개념들을 적용하여 이루어지고 있다.

표 4-7. 플루서 이론의 적용 사례들

사 례	연구자	제 목	주제어	학문 분야
1	강진숙 (2010)	1인 미디어로서의 블로그 이용문화와 기술적 상상: 플루서의 코무니콜로기론을 중심으로	플루서, 기술적 형상, 1인 미디어, 블로그	미디어
2	김은주 · 김재웅 (2012)	애니메이션 〈썸머 워즈〉의 가상공간 분석: 빌렘 플루서와 폴 비릴리오를 중심으로	썸머 워즈, 폴 비릴리오, 빌렘 플루서, 소셜 네트워크, 가상공간	영상/애니메이션
3	강진숙 · 김지연 (2013)	SNS 이용자의 정치참여에 대한 현상학적 연구: 10 · 26 서울시장 보궐선거를 중심으로	기술적 상상, 창조적 상상가, 집단지성, SNS 투표 인증샷, 현상학	미디어
4	김무규 (2014)	디지털 영상의 기술적 원리와 구성주의적 특성: 빌렘 플루서의 기술적 형상 개념을 중심으로	디지털 영상, 기술적 형상, 지각적 리얼리즘, 하이퍼리얼리즘, 구성주의, 빌렘 플루서	영상/영화
5	민춘기 (2015)	뉴미디어 시대의 소통과 글쓰기에 대하여	뉴미디어 시대, 디지털 리터러시, 디지털 커뮤니케이션, 뉴미디어 글쓰기, 디지털 수사법	교육
6	김무규 (2018)	대화의 기술적 형상으로서 상호작용적 영화	상호작용적 영화, 바두츠 신세라, 빌렘 플루서, 대화적 커뮤니케이션, 기술적 형상, 텔레마틱 사회	영상/영화

2) 선행연구의 공통점과 쟁점

그러면, 선행연구들을 분석한 결과 어떠한 특징들과 쟁점들이 도출되는가? 여기서는 플루서 이론을 적용한 선행연구들에 나타난 공통점과 차이점들을 살펴보며 각 연구들의 함의와 쟁점들을 정리하고자 한다.

우선, 각 연구들의 공통점은 플루서의 미디어와 이용자 실천에 대한 낙관적 관점과 대중적 기만의 시각을 투영시키고 있다는 점이다. 김은주와 김재웅(2012)은 〈애니메이션 〈썸머 워즈〉의 가상공간 분석〉을 행하며 플루서와 비릴리오의 이론을 복합적으로 적용하고 있다. 분석결과, 'OZ(편집자 주: 사이버 가상세계)'의 공간은 플루서가 중요하게 생각하는 네트워크망을 통한 커뮤니케이션을 가능하게 한다. 다자간의 대화에서 오는 언어의 장벽은 컴퓨터의 실시간 번역을 통해 커뮤니케이션이 가능하게 되고 세계화되어 국가는 오로지 지엽적인 틀로서 존립하게 된다는 것이다. 이 측면에서 비관적인 관점이 도출되는 한편, 플루서의 텔레마틱 사회의 가능성에 의거해 낙관적 전망을 도출하고 있다. 소셜 네트워크의 특성은 상호작용의 대화망을 통해 자정작용을 거치고, 거대 여론을 만들어 문제점에 대응할 수 있기 때문이다.

또한 강진숙과 김지연(2013)은 〈SNS 이용자의 정치참여에 대한 현상학적 연구〉를 시도하며 10 · 26 서울시장 보궐선거를 분석하고 있다. FGI 분석결과, 낙관적 측면에서 연구참여자들의 긍정적 실천행위가 발견된다. 예컨대, 투표 인증샷을 위해 SNS의 단문 글쓰기, 하이퍼링크, 단순한 UI, 공유 및 커뮤니케이션 기능, Open API(Application Programming Interface)를 통한 개방형 접근 등을 활용하며 자유롭게 유희하고 창조적으로 이용하였다. 스마트폰 인증샷으로 자신의 트위터나 페이스북에 올리거나, 다양한 영상까지도 제작하여 유튜브, 블로그, 카페, 또 다른 대안매체에 올려놓고 하이퍼링크를 걸어 SNS를 연동시키는 등 플루서의 기술적 상상을 통한 창조적 이용 사례가 이 점에서 발견된다. 그러나 플루서의 우려처럼 정보의 왜곡과 집단주의라는 대중적 기만의 부정적 상황들도 분석된다. 즉 '투표 인증사진'이 '대중적 기만'을 통해 수용자들의 해독을 막고 현실 문제를 왜곡할 수 있다는 것이다.

두 번째로, 플루서의 이론에 대한 확장을 제기하는 사례들을 볼 수 있다. 강진숙(2010)은 초창기의 〈1인 미디어로서의 블로그 이용문화와 기술적 상상〉을 연구하며 플루서의 코무니콜로기를 적용하고 있다. 이 연구의 목적은 1인 미디어의 문화적 특성을 탐구함으로써 1인 미디어와 이용자 간의 관계, 그리고 새로운 미디어 이용문화를 진단하는 데 있다. FGI 분석결과에 의하면, 연구참여자들의 1인 미디어에 대한 가치평가는 플루서가 중시한 커뮤니케이션의 목적에 대한 수정이 요구된다. 커뮤니케이션의 목적이 죽음의 고독에 대한 저항이라고 플루서는 강조했지만, 기술적 형상 시대의 이용자는 단지 저항의 차원이 아닌 유희의 목적을 위해 기술적 상상을 작동하고 있기 때문이다. 즉 자신의 창조적 상상을 다양한 이미지들과 개념들을 활용한 기술적 상상들을 통해 실제로 구현하는 창조적 상상가인 것이다. 1인 미디어가 기존의 대중매체와 달리 개인의 자유로운 정보접근과 능동적 이용을 가능케 한다지만, 현실의 이용 환경에서는 블로거의 과도한 엘리트주의와 상업적 의도에 따른 '대중적 기만'의 환경에 노출되어 있음을 알 수 있다. 그럼에도 불구하고, 담론형과 대화형 매체의 균형성은 여전히 중요하게 제기된다. 1인 미디어의 담론적 이용과 창조적 상상가로서 이용자의 대화형 매체 참여는 여전히 중요한 실천적 함의를 지니기 때문이다.

한편, 민춘기(2015)는 〈뉴미디어 시대의 소통과 글쓰기에 대하여〉에서 뉴미디어 시대의 고등교육에서 고려해야 할 소통 방식과 글쓰기 방향을 검토한 후, 글쓰기 교육의 새로운 방향을 모색하고자 한다. 이를 위해 플루서의 소통과 글쓰기에 대한 사상에 근거해 디지털 글쓰기의 담론 형성과 상호 소통 가능성을 위한 글쓰기 교육의 필요성을 설파하고 있다. 결론적으로, 이 연구의 함의는 대학생들을 위한 새로운 글쓰기 교육 방향을 수립하여 뉴미디어의 특성을 이해하고 망형 대화를 통해, 원형극장식 담론을 통해 민주적인 사회를 형성하도록 해야 한다는 주장에서 목도된다.

마지막으로, 매체미학적 측면에서 플루서의 이론을 적용한 사례이다. 김무규(2014)는 〈디지털 영상의 기술적 원리와 구성주의적 특성〉을 분석하며 플루서의 기술적 형상 개념을 적용하였다. 이 연구의 목적은 디지털 영상의 의미를 고찰하는 데 있으며, 이를 위해 미학적인 측면, 즉 미디어론과 기술론의 통합적 관점에서 접근한다. 이 연구의 함의는 영화 분야에 디지털 기술이 도입된 상황을 플루서의 기술적 형상과 테크노 코드의 사유를 적용해 분석하고 있다는 점에서 발견된다. 특히 디지털 영상의 변화를 구성주의적 관점에서 조명하며 플루서가 제기한 기구작동자(Apparat-Operator)의 상호주관성의 입장이 미디어 구성에 작용하는 방식들을 탐구하고 있다는 점에서 그 의미를 찾아볼 수 있다. 이러한 입장은 김무규의 후속 연구인 〈대화의 기술적 형상으로서 상호작용적 영화〉(2018)에서도 유사하게 적용된다. 여기서도 플루서의 기술적 형상 개념과 사유들에 근거해 대화적 기술 형상의 사례로서 상호작용적 영화를 분석하고 있다. 특히 주목할 것은 상호작용적 영화의 테크노 코드가 이해보다는 유희하는 관객들에게 기술적 상상의 작용을 가능하게 한다는 점이다.

이상에서 볼 수 있듯이, 플루서의 기술적 형상과 대중적 기만에 대한 사유는 디지털 시대의 다양한 현상들에도 적용되는 현재 진행형 시점의 통찰력 있는 이론에 근거한다. 특히 이용자에 대한 낙관적 시각을 견지하되, 균형성을 유지하며 디지털 시대의 대중적 기만을 비판적으로 해석하고 대안을 도출할 수 있도록 한다는 점에서 시사점을 제공한다.

비릴리오 :
드로몰로지와 감각의 마비,
피크노렙시

제 5 장

토론주제

1. 비릴리오의 드로몰로지는 어떠한 특징을 지니는가?
2. 시각기계의 발전에 따라 어떻게 모순의 논리와 감각의 마비가 발생하는가?
3. 피크노렙시는 어떠한 대안적 함의를 지니는가?
4. 비릴리오의 사유는 선행연구에서 어떻게 적용되며, 그 특징은 무엇인가?

주요 용어 드로몰로지 • 시각기계 • 모순의 논리 • 감각의 마비 • 인공감각 • 피크노렙시

1
비릴리오의 드로몰로지 사유

1) 비릴리오의 이력 및 저술 소개

파리 태생의 폴 비릴리오(Paul Virilio)(1932~2018)는 속도의 경쟁논리를 날카롭게 분석한 디지털 사상가이다. 그의 이력은 스테인드글라스 예술가, 건축가, 도시계획가, 문화비평가, 철학자 등 다양한 직함에서 알 수 있듯이 학문과 비평의 경계를 넘나든다.

1932년 파리의 이탈리아계 이주민 가정에서 태어난 비릴리오는 파리 예술공예학교와 소르본 대학에서 철학을 전공하였다. 1968년에서 1998년까지 파리 건축대학(École Spéciale d'Architecture)의 교수 및 학장을 역임하였다. 68년 5월 혁명에도 참여한 그는 1975년 파리의 응용 미술관(Musée des Arts Décoratifs)에서 대서양 방벽과 관련된 텍스트와 이미지들을 모아놓은 벙커 고고학 전시회를 공동 개최하였다. 1989년 자크 데리다(Jacques Derrida)의 추천으로 파리의 국제철학대학(College International de Philosophie de Paris) 학과장을 역임하였다. 1998년 이후 86세를 일기로 타계하기 전까지, 그는 유럽 대학원(Eruopean Graduate School, EGS)에서 세미나 수업을 진행하였다.

그림 5-1. 강의 중인 비릴리오

출처: URL: https://www.versobooks.com/blogs/4042-paul-virilio-1932-2018

비릴리오의 저서들은 국내에도 다수가 번역 출간되었다. 국내에 소개된 저서들을 중심으로 살펴보면, 기술의 발전에 따른 속도 경쟁의 논리와 정치학적 시각을 보여주는 〈속도와 정치(*Vitesse et politique*)〉(1977/2004), 속도의 조율자로서 주체적인 시간을 어떻게 가져야 하는지 영화와 제작자들의 사례들을 통해 설명하는 〈소멸의 미학(*Esthétique de la disparition*)〉(1989/2004), 제2차 세계대전 시기에 유년기를 보낸 기억으로부터 전쟁과 영화의 관계를 탐색하는 〈전쟁과 영화(*Guerre et Cinéma-Logistique de la perception*)〉(1984/2004), 컴퓨터와 사이버네틱스 기술을 통해 빠른 속도의 정보와 영상이 전달되는 디지털 환경에 관한 〈동력의 기술(*L'Art du Moteur*)〉(1993/2007), 〈정보과학의 폭탄(*La Bombe informatique*)〉(1998/2002) 등이 있다. 또한 앞의 〈소멸의 미학〉과 유사한 맥락에서 속도 경쟁의 논리로부터 벗어나기 위한 매체미학적 시각들을 보여주는 〈탈출 속도(*La Vitesse de libération*)〉(1995/2006)와 〈시각 저 끝 너머의 예술(*L'Art à perte de vue*)〉(2005/2008) 등의 저서들은 흥미로운 현대 디지털 사회의 방향성들을 고민하는 데 시사점을 제공한다.

2) 사상적 배경

그림 5-2. 불운의 예언자 카산드라

출처: URL: http://bitly.kr/15gUk4n

비릴리오는 그의 독특한 사유 방식으로 인해 평론가들의 극단적 평가를 받았다. 프랑스의 유력 일간지인 ≪리베라시옹≫은 그를 가리켜 "우리 시대의 가장 독창적인 사상가"라고 극찬하는 시각이 있는 한편, '서구 지성계의 카산드라'라고 부르는 웹진 ≪비판이론(*CTheory*)≫의 시각은 그의 주장이 '지적 스캔들'로서 무시된 학계의 분위기들을 반영한다(Virilio, 1977/2004). 그리스 신화 속의 카산드라는 트로이의 마지막 왕인 프리아모스의 딸로서 트로이의 멸망을 예언하였지만, 아무도 믿지 않았던 불운의 예언자였다. 아폴론이 구애의 조건으로 예언 능력을 주었으나 이를 배신한 카산드라의 운명을 그렇게 만든 것이다.

그러면, 비릴리오는 어떻게 이러한 극단적인 평가들을 받게 되었는가? 그것은 그의 독특한 사유와 글쓰기 방식에서 찾아볼 수 있다. 우선, 속도를 둘러싼 경쟁 논리와 정치학적 시각들을 보여주는 드로몰로지(Dromologie)의 사유를 전개하고 있다는 점이다. 희랍어인 드로모스(Dromos, δρόμος)와 로고스(Logos, λόγος)의 합성어인 드로몰로지는 '속도의 논리'가 아니라 "경쟁의 논리"이다(Virilio & Lotringer, 1997, p. 47). 비릴리오의 고유한 개념인 이 속도 경쟁의 논리는 고대의 공성전(攻城戰)에서 지상전의 장갑차, 현존함대의 해전, 그리고 핵억지력과 사이버 전쟁까지 적용된다. 이러한 전쟁 형태의 변화는 운송장치의 발명과 속도 경쟁의 권력화에 기인한 것이다.

두 번째로, 시각기계의 발전과 디지털화 과정이 원격현전(telepresence)과 모순의 논리를 증폭시킨다는 시각이다. 드로몰로지의 사유에서 제기된 대립항은 생체속도와 기계속도에서 나타난다. 즉 달리기와 같은 인간의 운동 속도가 생체속도라면, 산업혁명 이후 증기기관이나 엔진 같은 기계적 운송장치는 생체속도나 동물속도를 능가하는 기계속도를 획득하게 된 것이다. 이 과정에서 시각기계의 발전과 디지털화는 인간의 시야를 카메라의 눈에 '흡착'시키면서 더 빠른 속도의 인공감각을 구현하게 한다. 하지만, 이러한 인공감각은 곧 생체감각의 마비를 의미한다. 실시간 뉴스 생방송을 시청할 경우, 시청자는 원격현전의 상황에서 지구 반대편의 전쟁이나 각종 재난들을 목격할 수 있지만, 그 영상들을 반복 시청할 경우 그 참사들에 대한 참혹함과 비판적 감각들은 희석될 수 있기 때문이다. 이른바 시각기계의 빠른 속도와 속보 경쟁의 논리들은 시청자들의 눈을 멀게 하는 감각의 마비 현상을 초래할 수 있는 것이다.

마지막으로, 소멸의 미학을 통해 제시한 피크노렙시(picnolepsie)의 사유이다. 비릴리오는 기술발전에 대한 비관주의적 사유로 인해 일부 이론가들로부터 테크노포비아(technophobia), 즉 기술 공포증의 혐의까지 받은 적 있다(Virilio, 1977/2004). 예컨대, 영국의 사회학자 닉 스티븐슨(Nick Stevenson)은 "그가 공공연하게 드러내는 기술 공포증이야말로 비릴리오의 접근법에서 두드러진 한계"이고, "기술의 전체주의적 야망에 저항할 수 있는 유일한 방법은 기술에 대한 금욕밖에 없다"는 식으로 비판한 바 있다(Stevenson, 2002, p. 207). 하지만, 비릴리오는 기술과 미디어에 대한 비판뿐 아니라 긍정적인 측면도 고려하고 있다. 자신의 작업을 "저항자"의 작업(Virilio & Petit, 1999, p. 80)으로 간주하고 있는 비릴리오는 '기억부재증'으로 번역되는 '피크노렙시'의 매체미학적 사유도 보여주고 있기 때문이다(Virilio, 1989/2004). 즉 속도 경쟁의 논리를 극복하기 위해서는 비상사태를 직시하고, 어떻게 미디어를 활용하여 주체적인 시간과 속도를 전유할 것인지 성찰해야 하는 것이다. 이러한 피크노렙시의 사유를 적용할 때, 빠른 속도 경쟁의 논리가 작용하는 디지털 환경에서 미디어 리터러시 역량의 개발은 중요한 과제이다. 미디어 리터러시는 디지털 사회의 이용자들이 겸비해야 하는 비판적 해독과 문제해결력에 기초한 제작 능력을 포함하는 현재뿐 아니라 미래의 역량이기 때문이다.

2

시각기계의 발전: 모순의 논리와 감각의 마비

1) 드로몰로지(dromologie)

비릴리오의 속도 경쟁의 논리는 드로몰로지 사유에서 집약적으로 나타난다. 그는 비관주의 사유 전략을 설정하여 속도 경쟁의 가속화가 초래하게 될 비상사태에 대해 경고하고 있다. 이것은 주로 앞에서 소개한 두 저서들인 〈속도와 정치〉(1977/2004) 및 〈정보과학의 폭탄〉(1998/2002)을 통해 살펴볼 수 있다. 이 저서들에서 비릴리오는 디지털 기술의 발전이 시공간의 경계를 넘어서는 원격 통신과 빠른 속도의 정보과학 혁명을 일으켰지만, 속도의 가속화는 군산복합체의 위력과 영향력을 증대시켰고 이용자 감각의 마비를 초래하게 되었다는 비관주의를 피력하고 있다.

그러면, 비릴리오는 어떠한 드로몰로지의 사유 속에서 속도 경쟁의 논리와 권력화를 비판하고 있는가? 주지했듯이, 비릴리오의 논점은 속도 자체가 아니라 속도의 가속화와 감각의 마비를 야기하는 속도 경쟁의 정치에 있다. 이러한 의견은 〈속도와 정치〉에서 본격적으로 제기된 '드로몰로지(dromologie)'의 사유에서 발견된다. 드로몰로지는 희랍어인 '드로모스(δρόμος)'와 '로고스(λόγος)'의 합성어이다. 희랍어 사전(〈*Middle Liddell*〉)을 보면, 전자가 "코스(a course), 질주(running), 경주(race); 질주장소(a place for running), 경주코스(a race-coruse)"를 의미한다면, 후자는 "말(a word, speech), 담론(discourse), 이성(reason)" 등을 뜻하는 단어이다. 요컨대, 드로몰로지는 속도를 둘러싼 경쟁과 질주의 논리(Virilio & Lotringer, 1997)를 탐색하기 위해 비릴리오가 고안한 개념이다.

이러한 드로몰로지의 사유는 유년기에 제2차 세계대전의 상황들을 목격한 비릴리오의 기억과 전쟁의 논리를 배경으로 한다. 그 대표적인 전쟁의 논리가 손자의 〈손자병법〉에 수록된 전술론과 클라우제비츠의 〈전쟁론〉이다. 특히 비릴리오가 주로 참조한 사람은 손자이다(Virilio & Lotringer, 1997, p. 45). 손자가 주장한 전쟁의 역사와 병법의 핵심은 피를 흘리지 않고 승리를 거두는 기술을 강조한 데 있다(Virilio, 1977/2004). 즉, 적의 약점과 불화를 어떻게 이용할 수 있고, 자신의 이익을 위해 적의 힘을 어떻게 이용할지를 간파했기 때문이다. 이를 통해 비릴리오는 전쟁의 문제가 곧 속도의 문제라는 점에서 드로몰로지의 사유는 궁극적으로 속도를 어떻게 조직화하고 창출할 것인지 그 방안을 모색해야 한다는 주장에까지 이른다.

이러한 드로몰로지의 사유에는 속도에 대한 비릴리오의 독자적인 시각이 관통한다. 속도는 '하나의 현상이 아닌 현상들 간의 관계'(Virilio, 1993/2007)이기 때문에 동시대의 정치적 발전과 기술의 혁신 과정을 비판적으로 성찰하여 미래의 유해한 결과이자 파국을 예방할 방도를 찾아야 하는 것이다. 이러한 맥락에서 드로몰로지의 사유에는 지리의 종말과 비상사태에 대한 비관주의적 시각(Virilio, 1977/2004, 1998/2002)뿐 아니라 또 다른 한편, 속도의 조직화와 창출 방법을 추구하는 시각(Virilio, 1977/2004, 1989/2004)이 중첩되어 있다. 즉 장갑차가 발명되어 지상전의 운송장치로 사용될 때, 중요한 전술은 '도로와 장소를 누가 선점하는가' 하는 지리 조건에 초점을 두었다. 하지만, 공간의 전쟁에서 시간의 전쟁으로 이행한 후 세계 경제의 속도는 변화한다. 이제 중요한 것은 '시간을 누가 더 빨리 전유하는가'의 문제가 전쟁의 승패를 좌우하게 된 것이다. "세계 경제가 공간의 단위에서 시간의 단위로 변했다는 것, 즉 시간의 전쟁"(Virilio, 1977/2004, 117쪽)이 부와 권력의 획득을 위한 속도 경쟁의 논리가 된 것이다.

그림 5-3. 공성전(攻城戰)

출처: URL: https://namu.wiki/w/%EA%B3%B5%EC%84%B1%EC%A0%84

그림 5-4. 제2차 세계대전 당시 장갑차

출처: URL: https://wallhere.com/ko/wallpaper/196604

그림 5-5. 현존함대

출처: URL: https://nakedtree.tistory.com/159

이처럼 드로몰로지가 '흥미롭고 문제적인' 이유는 손자의 전쟁과 전술론이 긴장감을 배가하기 때문이다(Virilio, 1977/2004). 나아가 이 속도 경쟁의 논리가 중요한 이유는 과거와 현재뿐 아니라 '미래에 속도의 가속화가 어디에서 발생할 것인지'를 식별할 수 있는 방법들을 제시하고 있기 때문이다.

2) 모순의 논리와 감각의 마비

그러면, 지리의 종말 이후 전개되는 시간 전쟁은 어떠한 문제들을 야기하고 있는가? 그것은 시각기계의 발전이 가속화되면서 논리적 모순이 발생한다는 점이다. 모순의 논리란 비디오, 컴퓨터, 홀로그래피의 발명에 따라 인간이 직접적인 현장 체험을 하지 않아도 가상의 이미지를 통해 원격 체험할 수 있는 모순적 상황을 의미한다. 예컨대, TV 중계방송의 시청자는 경기장 내에 없더라도 안방에서 원격 시청이 가능한 현실이 모순적 상황에 포함된다(강진숙, 2007, 17쪽). 이러한 모순의 논리가 발생하는 이유는 시각기계의 기술적 발전에 따른 원격현전의 상황과 운송장치의 혁명에 기인한다.

비릴리오가 언급하는 '시각기계'는 영상매체의 기술적 특성을 강조한 표현이다. 즉, TV와 영화, 컴퓨터 동영상 등의 '시각기계(vision machine)'의 발전은 매클루언의 주장처럼 눈의 확장이 아니라 오히려 "눈을 멀게 만든다"(Virilio, 1998/2002, 147쪽)는 것이다. 즉 '원격현전(telepresence)'의 상황이 감각의 마비를 초래하는 원인이 될 수 있다. 원격현전이란 가상의 이미지를 통해 원거리에서도 물리적 현실을 실시간으로 조작할 수 있는 능력이면서 동시에 실시간으로 다른 장소로 이동해서 느끼고 체험할 수 있도록 하는 가상의 존재방식이다(Virilio, 1998/2002; 강진숙·장유정, 2012). 즉 나는 '여기'에 있지만 마치 '지금 거기에' 존재하는 것처럼 느끼고, 원격 체험하지만 실제로 생체 체험하는 것처럼 보이는 현상이다.

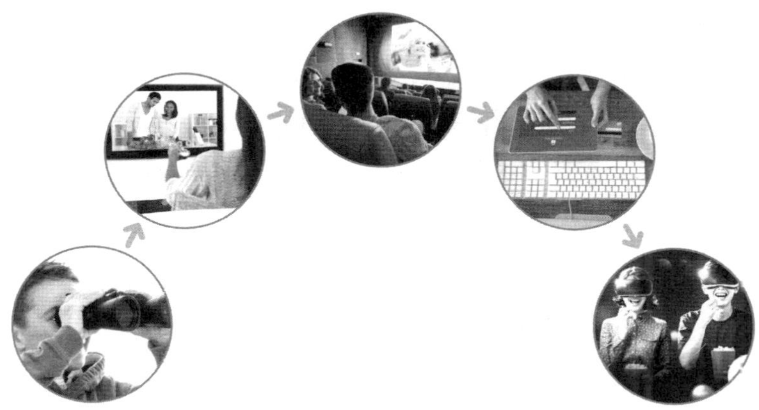

그림 5-6. 시각기계의 발전

이러한 원격현전은 운송장치의 가속화 경향과도 연관된다. 유년기에 경험한 아버지의 등과 같은 느린 운반체가 점차 TV와 영화, 디지털 매체 등의 광속 매체로 대체되면서 기계속도가 생체속도를 압도하게 된 것이다. 이에 따라 카메라의 눈은 빠른 속도로 실시간 뉴스와 정보들을 전하면서 시청자들의 생체 시각을 원격화한다. 카메라와 눈의 간격은 사라지고 실시간 작동하는 동영상의 빠른 속도는 생각할 틈을 허용하지 않고 비판의 감각들까지도 마비시킨다. 예컨대, 실시간 TV 생중계와 반복적으로 제공되는 원격 영상자료들은 전쟁의 대량 살상이나 난민들의 탈출 장면, 아프리카 및 저개발 국가들의 기아와 질병, 그리고 중국과 인도네시아 등의 천재지변으로 인한 대량참사 등의 현실을 게임의 가상 이미지로 오인할 수 있다(강진숙, 2012). 왜냐하면, 디지털 시각기계의 발전은 속보경쟁의 논리로 인해 시청자들의 생체감각과 비판적 인식을 마비시키는 탈정치화를 초래하거나 문제의 원인을 망각하도록 만들기 때문이다(강진숙, 2007).

이처럼 모순의 논리는 디지털 환경의 도래와 그로 인한 감각의 마비 현상을 초래한다. 인터넷과 컴퓨터, SNS가 주를 이루는 디지털 환경에서 모순의 논리는 디지털 이미지나 가상현실을 '사실인 것'으로 오인하여 가상과 현실의 경계를 혼동하는 상황에서도 두드러지게 나타난다(강진숙, 2006). 특히 가짜 뉴스(fake news)나 딥페이크(deepfake)는 주목할 사례들이다. 가짜 뉴스는 사실성에 입각한 저널리즘의 형식을 띠지만 정보의 진실성이 훼손된 것이다. 딥페이크는 'deepfakes'라는 ID의 미국 네티즌이 한 할리우드 배우의 얼굴과 포르노 영상을 합성해 올리면서 사회적 이슈로 떠올랐다(금준경, 2018). 미국 워싱턴 대학교 연구팀이 만든 딥페이크 영상은 버락 오바마(Barack Obama) 전 미국 대통령이 분할된 화면에 여러 명 등장해 말을 하는데, 실제 오바마 대통령은 단 한 명뿐이고 나머지는 인공지능 기술을 통해 만든 딥페이크 영상이었다. 이처럼 인공지능 음성합성은 실제 사람 목소리를 차용하지만, 허위 정보로 악용되어 디지털 이용자들의 감각과 인식의 마비를 급격히 확산시킨다는 점에서 문제가 심각하다.

그러면, 속도는 어떠한 방법으로 조직화하고 창출할 수 있는가? 주지했듯이, 비릴리오는 속도의 조직화와 창출 방법을 구축할 필요성(Virilio & Lotringer, 1997)을 강조한다. 드로몰로지의 사유에서 보았듯이, 전쟁의 관건은 손자의 병법처럼 '적을 알면 백전백승'이듯이, 속도를 조율하여 전략적 우위를 선점하는 것에 달려 있기 때문이다. 예컨대, 방어 전술에 집중했던 고대의 공성전이나 더 빠른 공간 장악을 위해 투입되었던 장갑차의 발명은 속도 조직화와 창출 방법을 현실화한 사례이다. 비릴리오가 지적하듯이, "장갑차의 등장과 함께" 육지는 더이상 존재하지 않고 지리의 종말을 고하게 된 것이다(Virilio, 1977/2004, 133쪽). 이와 관련하여 들뢰즈와 과타리(1980/2001)가 부연하듯이, 영국 현존함대가 바다를 장악한 사례처럼 장소의 이동 없이도 한 장소에서 모든 주변 상황을 정찰하고 지배력을 갖게 된 것도 속도의 조직화 및 창출 방법을 구현한 것이다.

3) 창조적 저항: 피크노렙시(picnolepsie)

그러면, 속도의 조직화 및 창출을 위해 어떠한 창조적 저항이 가능한가? 비릴리오는 앞에서 살펴본 전쟁의 속도 조직화를 위해 발명된 운송장치의 발전 과정들을 탐색하며, "교전 없이도 상대를 굴복시킬 수 있는" 순수권력에 대한 창조적 저항의 가능성(Virilio, 1977/2004, 24쪽)을 모색하고 있다.

그의 비관주의 사유의 전략은 결국 비상사태임을 알리는 경고음의 차원이며, 궁극적으로 그의 문제의식은 시간 전쟁에 어떻게 능동적으로 참여할 것인가 하는 방향으로 나아간다. 비릴리오가 〈순수전쟁〉(1997)에서 설파한 것처럼, 인터넷과 미디어가 군산복합체의 이익을 위한 도구가 되는 도시 공간의 군사화에 맞서기 위해서는 과학기술의 논리를 역이용하는 창조적 저항이 필요하다(강진숙, 2012). 그 방법은 시간의 전쟁에 능동적으로 참여하는 다양한 과학기술과 미디어의 활용 방법을 찾아내는 데 있다.

이와 유사한 맥락에서 비릴리오는 〈소멸의 미학〉(1989/2004)을 통해 창조적 저항으로서의 '피크노렙시(picnolepsie)'에 대한 매체미학적 사유를 전개한다. 피크노렙시는 '빈번한, 자주'를 의미하는 희랍어 '피크노스(picnos)'와 '발작'을 뜻하는 '렙시스(lépsis)'의 합성어로 '빈번히 일어나는 신경발작'을 가리킨다(Virilio, 1989/2004, 28쪽, 주[2]). 비릴리오는 '뇌신경 발작'을 지칭하는 이 의학 용어를 미학적 개념으로 새롭게 재구성하여 '기억부재증'의 상황들을 사회적 차원으로 복원하고자 한다. 피크노렙시는 유년기에 자주 나타나는 상황인 반면, 성인이 되면서 점차 사라지는 개인의식의 차원이기 때문이다. 즉 개인의식 차원에서 '필름이 끊기는' 기억 부재의 상황이지만, 사회적 차원으로 복원시킬 때 또 다른 속도의 조직화 및 창출 방법이 될 수 있는 것이다. 이러한 맥락에서 비릴리오는 피크노렙시를 사회적 차원으로 확장하여 '빈번한 중단, 사고, 장애, 시스템 오류' 등의 의미로 해석하고 있다(Virilio, 1989/2004). 예컨대, 노동자의 파업 행위는 사회적 차원의 피크노렙시의 사례로서 노동 속도의 조직화를 꾀하는 사례이다. 또한 영화 〈시민 케인〉의 하워드 휴즈처럼 펜트하우스 모처에서 모든 부와 권력을 뒤로 한 채 칩거하며 자신의 시간을 전유한 사례도 독특한 피크노렙시 사례로서 평가된다. 즉, 기계와 사람의 행동이 사회적 차원에서 정지하는 순간은 시간전쟁의 속도 경쟁의 논리와 권력 구도 속에서 주체적인 개인과 집단의 시간을 전유할 수 있는 계기를 창출하는 것이다. 이처럼 피크노렙시는 빠른 속도의 연속적이고 선형적인 시간의 경쟁 속도에서 벗어나 "나만의 시간을 살 수 있도록" 하는 창조적 저항의 의미를 지닌다(Virilio, 1989/2004, 52쪽).

이처럼 피크노렙시가 중요한 이유는 생체감각을 되살리기 위한 주체적 시간의 전유를 가능하게 하기 때문이다. 각자 자기 고유의 방식으로 시간과 관계하는 실천 행위들이 감각의 마비를 극복할 수 있는 길을 열어주는 것이다. 이와 관련하여 비릴리오는 "각자의 정신을 위한 의지와 힘을 창출할 수 있는 자유"로서 피크노렙시의 중요성을 강조하고 있다(Virilio & Lotringer, 1997, p. 22). 이러한 문제의식의 배경에는 속도-권력의 사회에서 자유 가치가 축소될 뿐 아니라 소멸되고 있다는 위기의식이 작용한다. 즉 감각의 마비의 측면에서 과도하게 빨라진 속도가 눈을 멀게 할 뿐 아니라 가속화된 기계-광학이 인간의 지각을 직관에만 머물게 하기 때문이다. 비릴리오에 의하면, 직관이란 "과속을 하고 있는 지능"인 것이다(Virilio & Lotringer, 1997, p. 115).

따라서 피크노렙시 사유의 핵심은 속도 경쟁의 논리를 비판하는 데서 나아가 디지털 기술을 능동적으로 활용하여 속도의 조직화와 창출 방법을 다각화하는 데 있다. 즉, 피크노렙시는 한편으로 의식의 흐름에서 발생하는 부재, 공백, 중단의 의미를 지니지만, 궁극적으로 '인간 해방'을 위한 사유와 실천을 모색하는 방법인 것이다.

3
비릴리오 사유의 적용

1) 선행연구의 사례

비릴리오의 드로몰로지 이론과 피크노렙시의 사유들을 미디어 커뮤니케이션 연구 분야로 한정하여 살펴보면 시각기계의 발전에 따른 다양한 현상들과 접근 경향들을 이해할 수 있다. 선행연구들을 조사한 결과, 2010년부터 2018년까지 직접적인 연관성이 있는 학술논문들을 선별하여 총 12건의 사례들을 추출하였다. 이것을 정리하면 〈표 5-1〉과 같다.

이 표의 분석결과에서 알 수 있듯이, 비릴리오의 이론과 사유는 미디어 현상들(SNS, 스마트폰, 드라마)을 분석하거나 애니메이션과 영화들에 대한 비평적 분석에 주로 적용되었다. 또한 비릴리오의 이론들은 주로 드로몰로지, 기술 공포증/테크노 디스토피아, 전쟁론, 시각적 주체성, 감시와 역감시 등 드로몰로지와 이용자 감각에 중심을 두는 한편, 피크노렙시의 경우는 상대적으로 저조한 적용 결과를 나타내고 있다. 따라서 피크노렙시의 사유 적용은 아직까지 국내 미디어 분야의 연구에서 활발히 이루어지지 않고 있음을 알 수 있다.

표 5-1. 비릴리오 이론의 적용 사례들

사 례	연구자	제 목	주제어	학문 분야
1	김은주 · 김재웅 (2010)	애니메이션 〈월-E〉에 나타난 시공간 분석: 폴 비릴리오의 '질주학'을 중심으로	폴 비릴리오, 월-E, 드로몰로지	애니메이션
2	강진숙 (2012)	SNS 속도문화와 창조적 저항: 비릴리오와 키틀러의 속도와 주체에 대한 사유를 중심으로	SNS, 트위터, 페이스북, 속도문화, 비릴리오, 키틀러	미디어 (SNS)
3	강진숙 · 장유정 (2012)	스마트폰 이용자들의 원격현전 경험에 대한 현상학적 연구: 비릴리오의 속도론과 '감각의 마비'를 중심으로	스마트폰, 원격현전, 감각마비, 현상학	미디어 (스마트폰)
4	김은주 · 김재웅 (2012)	애니메이션 〈썸머 워즈〉의 가상공간 분석: 빌렘 플루서와 폴 비릴리오를 중심으로	썸머 워즈, 폴 비릴리오, 빌렘 플루서, 소셜 네트워크, 가상공간	애니메이션
5	박상현 (2012)	드라마 〈블랙 미러〉에 나타난 폴 비릴리오의 기술 공포증	블랙 미러, 폴 비릴리오, 기술 공포증(테크노포비아)	미디어 (드라마)
6	신성환 (2012b)	폴 비릴리오(Paul Virilio)의 전쟁론과 시각 테크놀로지의 상관성: 영화 〈허트 로커(The Hurt Locker)〉를 중심으로	폴 비릴리오, 전쟁론, 시각기계, 전쟁 테크놀로지, 테크노 전쟁, 보기의 실패, 허트 로커	영화
7	신성환 (2012a)	폴 비릴리오의 지각이론을 통해 본 시각적 주체성 회복: 영화 〈파이널 컷〉과 드라마 〈블랙 미러〉를 중심으로	폴 비릴리오, 질주학, 속도, 시각적 주체성, 파이널 컷, 블랙 미러	영화/ 드라마
8	박상현 · 최승원 (2014)	영화 〈트랜센더스〉와 폴 비릴리오의 담론에 나타난 테크노 디스토피아	트랜센더스, 폴 비릴리오, 테크노 디스토피아	영화
9	정승은 (2016)	스낵컬처 영상에 관한 연구: 72초 대표 웹드라마를 중심으로	스낵컬처, 폴 비릴리오, 영상의 형식, 72초, 웹드라마	미디어 (드라마)
10	정승은 (2017)	속도감을 높이는 영상 기법 연구: 에드가 라이트의 3부작 영화를 중심으로	영화의 속도감, 데이비드 보드웰, 에드가 라이트, 폴 비릴리오, 강화된 연속성, 피크노렙시	영화
11	송대섭 · 이은영 (2018)	폴 비릴리오(Paul Virilio)의 '피크노렙시(Picnolepsie)'에 나타난 움직임에 관한 연구	드로몰로지, 피크노렙시, 움직임, 느림(徐行)	영화
12	신성환 (2018)	디지털 환경의 감시와 역감시 현상에 대한 고찰: 영화 〈감시자들〉과 〈아이 인 더 스카이〉를 중심으로	감시, 역감시, 폴 비릴리오, 감시자들, 아이 인 더 스카이	영화

2) 선행연구의 공통점과 쟁점

그러면, 선행연구들을 분석한 결과 어떠한 특징들과 쟁점들이 도출되는가? 여기서는 비릴리오 이론을 적용한 선행연구들에 나타난 공통점과 차이점들을 바탕으로 각 연구들의 함의와 쟁점들을 살펴보고자 한다. 우선, 공통점은 각 연구들이 대부분 비릴리오의 시각기계의 기술적 속성과 연관시켜 속도와 이용자 문제를 비판적으로 분석하고 있다는 점이다.

미디어 현상에 주목한 분야를 먼저 살펴보면, 강진숙(2012)은 〈SNS 속도문화와 창조적 저항: 비릴리오와 키틀러의 속도와 주체에 대한 사유를 중심으로〉에서 SNS 이용자들과의 인터뷰 분석을 통해 비릴리오의 드로몰로지와 피크노렙시의 창조적 저항 가능성을 탐색하고 있다. FGI 분석결과, SNS 정보를 실시간으로 파악하는 과정에서 정보의 가치 판단척도가 '속도' 그 자체가 되었고, 기업들에게 SNS는 물신주의를 조장하는 '인격화의 도구'로 사용되고 있는 것으로 평가되었다. 즉, 마치 자본이나 물건이 숭배의 대상이 되는 물신주의 경향처럼 SNS를 통한 기업의 이미지가 희로애락을 겸비한 인격체로 오인되고 있다는 것이다. 비릴리오에 따르면, 도시공간의 군사화는 직접적인 물리력이 아니라 과학기술의 논리를 활용하는 데서 출발한다. 직접적인 교전 없이도 상대를 굴복시킬 수 있는 것이 "순수권력"의 강점이기 때문이다(Virilio, 1977/2004, 24쪽). 요컨대, 연구참여자들은 SNS 속도문화에서 자본과 권력의 문제를 긍정적으로 보기보다는 비판적 시각을 견지하고 있는 것으로 분석된다. 피크노렙시의 창조적 저항의 측면에서는 SNS가 힘을 발휘할 수 있는 것으로 긍정적인 평가가 내려졌다. 그 이유는 다양한 사회적, 정치적 국면과 사건들 속에서 이용자들 간의 연대를 통해 인적, 물적, 지적 자원의 즉각적 교류를 가능케 하기 때문이다. 특히 제도권 TV나 신문매체 등에서 배제되었던 사건과 의견들이 SNS를 통해서는 상식과 규범, 보편적 가치의 기준에 따라 새롭게 재평가될 수 있다는 점에서 창조적 저항의 가능성을 진단하고 있다.

또한, 강진숙과 장유정(2012)은 〈스마트폰 이용자들의 원격현전 경험에 대한

현상학적 연구: 비릴리오의 속도론과 '감각의 마비'를 중심으로〉에서 비릴리오의 원격현전과 감각의 마비 사유를 스마트폰 이용자들의 사례에 적용하고 있다. 이 연구는 현상학적 접근을 통해 스마트폰 이용자들이 원격현전과 감각의 마비를 경험하였고, 과도한 몰입으로 인해 부정적 현상들을 지각하고 있는 현상들을 분석하였다. 하지만, 스마트폰 이용에 따른 인간 감각의 쇠퇴는 문제가 되지만, 스마트폰 기반 개인 블로그나 소셜 미디어의 이용, 제작, 토론을 통해 날카로운 사회비평까지 이어질 수 있다는 긍정적인 인식 역시 도출되었다. 이러한 두 건의 사례들에서 볼 때, SNS과 스마트폰의 이용자들은 공통적으로 원격현전과 감각의 마비 현상을 경험했지만, 또 다른 연대의 실천과 사회 비평의 가능성들을 열어두는 창조적 저항으로서 피크노렙시 실천의 의미들을 보여주고 있음을 알 수 있다.

두 번째로, 매체미학적 비평 분석을 행한 사례들이다. 김은주와 김재웅(2010)은 〈애니메이션 〈월-E〉에 나타난 시공간 분석〉을 통해 비릴리오의 '질주학'을 적용하고 있다. 분석결과, 〈월-E〉의 공간은 비릴리오가 제기한 시각기술의 발달과 시공간의 소멸이 일어나는 곳으로, '젤형 인간'은 인공보철물에 의존하는 인간-육체의 식민화가 이루어진 사례로서 분석된다. 이 측면에서 비릴리오의 비관주의적 시각이 투영되지만, 피크노렙시는 극복되어야 할 시각적 재현방식의 하나로 평가하고 있다는 점에서 비릴리오의 〈소멸의 미학〉적 시각과 차이점을 보인다. 이 저서에서 비릴리오는 피크노렙시를 시각기계를 통해 주체적 시간의 전유와 속도경쟁의 논리에서 벗어날 수 있는 가능성을 열어두고 있기 때문이다.

또한 박상현(2012)은 〈드라마 〈블랙 미러〉에 나타난 폴 비릴리오의 기술 공포증〉을 분석하며 비릴리오의 속도와 정치권력의 전체주의적 폭력에 대해 비평적 분석을 행하였다. 이 연구가 주장하는바 〈블랙 미러〉는 철학이 없는 기술의 남용이 인간성의 상실을 가져온다고 경고하며, 기술과 과학의 발전을 거부하거나 배척할 수 없지만 기술에 대한 진지한 반성과 성찰을 반복해야 한다는 것이다. 신성환(2012b)은 〈폴 비릴리오(Paul Virilio)의 전쟁론과 시각 테크놀로지의 상관성〉을 주제로 영화 〈허트 로커(The Hurt Locker)〉를 비평하고 있다. 분석결과에 의하면, 이 영화의 인간폭탄과 전쟁기계의 형상들은 비릴리오가 언급한 이식혁명의 최종 판본이며, 관객을 원격현전의 상황에서 참전의 경험을 이끈다. 결국 이 연구의 핵심은 전쟁과 영화 사이에서 관객들이 '보기'의 윤리를 성찰하는 데 있다. 이와 유사한 맥락에서 시각기계를 이용하는 관객들의 시각적 주체성 회복에 대한 관점, 혹은 디지털 환경의 감시 및 역감시에 대한 관점은 또 다른 매체미학적 영화 분석들(신성환, 2012a, 2012b, 2018; 박상현 · 최승원, 2014)에서도 유사한 함의를 보여준다.

마지막으로, 피크노렙시의 사유를 적용한 사례들이다. 정승은의 경우, 〈스낵컬처 영상에 관한 연구: 72초 대표 웹드라마를 중심으로〉(2016)와 〈속도감을 높이는 영상 기법 연구: 에드가 라이트의 3부작 영화를 중심으로〉(2017)에서 원격현전과 피크노렙시의 사유를 적용하여 비평적 분석을 행하고 있다. 전자의 경우, 2~4분 안팎 길이의 웹드라마들을 분석하며 원격현전의 디지털 노마드들이 빠른 속도로 콘텐츠들을 소비하는 스낵컬처 경향을 분석하고 있다. 후자의 경우에는 에드가 라이트(Edgar Wright) 감독의 3부작 영화들인 〈새벽의 황당한 저주〉, 〈뜨거운 녀석들〉, 〈세상의 끝〉 등을 분석하며 영화의 속도감을 높이는 기법들이 관객의 자발적 사유와 즐거움을 위한 것임을 주장하고 있다. 이와 유사한 맥락에서 송대섭과 이은영(2018)은 〈폴 비릴리오(Paul Virilio)의 '피크노렙시(Picnolepsie)'에 나타난 움직임에 관한 연구〉를 통해 느림의 속도로서 피크노렙시 사유를 영화에 적용하여 분석하고 있다. 예컨대, 모리 준이치(森淳一) 감독의 〈리틀 포레스트〉(Little Forest, 2018), 오기가미 나오코(荻上直子) 감독의 작품들인 〈카모메 식당〉(かもめ食堂, 2006)과 〈안경〉(めがね, 2007) 등이 힐링과 치유의 영상들을 보이는 대표적인 사례들로서 제시된다. 이러한 분석결과는 비릴리오가 제기한 피크노렙시의 사유를 '느림의 미학'으로 조명한 시각으로서 생체감각을 복원하고 성찰하기 위한 하나의 방법적 함의를 지닌다.

이상에서 볼 수 있듯이, 비릴리오의 드로몰로지와 피크노렙시의 사유는 디지털 환경에서 다양한 미디어 현상과 이용자 지각 경험들, 그리고 매체미학적 영화 비평의 차원에서 적용되었다. 특히 비릴리오의 비관주의적 사유를 비판적 해석에 차용하되, 피크노렙시 차원의 긍정적 대안의 방향성에 대해서도 탐색하고 있다는 점에서 시사점을 발견할 수 있다. 다만, 피크노렙시의 사유를 적용한 연구들은 아직까지 본격적으로 이루어지지 못하고 있고, 나아가 추상적인 개념의 특성으로 인해 비릴리오의 의도에서 벗어나는 해석이 있을 수 있다는 점에서 성찰적 접근이 필요할 것으로 보인다.

키틀러:
기록시스템과 글쓰기

제 6 장

토론주제

1. 키틀러의 기록시스템은 어떠한 특징을 지니는가?
2. 미디어 기술의 발전에 따라 기록시스템 1800은 어떻게 1900으로 변화하는가?
3. 키틀러는 광학적 미디어와 글쓰기를 어떻게 사유하는가?
4. 키틀러의 사유는 선행연구에서 어떻게 적용되며, 그 특징은 무엇인가?

주요 용어 기록시스템 • 정보기계 • 시간 축 조작 • 광학적 미디어 • 타자기 • 글쓰기

1 키틀러의 기록시스템 사유

1) 키틀러의 이력 및 저술 소개

독일 작센주 로흘리츠 태생의 프리드리히 키틀러(Friedrich Kittler)(1943~2011)는 벤야민과 푸코의 사유를 발전시켜 미디어 기술의 발전과 기록시스템의 차원으로 확장시킨 디지털 사상가이자 미디어 고고학자이다.

그림 6-1. 독일의 문학비평가 · 미디어 사상가 키틀러

출처: URL: http://www.bookpot.net/news/articleView.html?idxno=610

1963년 독일 남서부에 위치한 프라이부르크 대학에서 독일어문학과 로망어문헌학(Romanistik), 하이데거, 그리고 프랑스 사상(니체, 라캉, 데리다, 푸코)을 연구하였고, 1976년 스위스 작가와 관련한 논문으로 박사학위를 받았다. 1982년 교수 자격논문으로 〈기록시스템 1800 · 1900〉을 제출했고 2년간 13명의 심사위원들에 의해 심사가 이루어졌다. 1986년 보쿰 대학에서 현대독일문학 교수로 부임한 키틀러는 1999년에 이 논문을 영문판 책으로 출간하여 국제적 명성을 획득하게 된다. 1993년 베를린 훔볼트 대학 문화학 및 미학과 교수로 재직하였고, 2005년부터 스위스 유럽 대학원에서 교편을 잡았다.

키틀러의 저서들은 국내에 계속해서 번역 출간되고 있다. 2019년 5월 현재까지 국내에 소개된 저서들을 살펴보면 다음과 같다. 키틀러의 미디어 기술 발전과 시스템에 대한 사유의 핵심은 기록시스템과 속도 그리고 기계-주체에 대한 저술들에서 발견된다. 예컨대, 그의 대표적 주저인 〈기록시스템 1800 · 1900(*Aufschreibesysteme 1800 · 1900*)〉(1985/2015)은 1800년대 괴테 시대의 낭만주의 문화와 시인 및 작가들의 역할과 함께 '어머니의 입'을 중심으로 한 교양교육의 원천과 체계들을 보여주는 한편, 1900년대에 타자기의 발명으로 인한 여성들의 사회 진출을 비롯해 축음기와 영화의 발명으로 인한 기록시스템의 변화 양상들을 다양한 문학, 철학, 기술 용어들을 횡단하며 설파한다.

또한 〈축음기, 영화, 타자기(*Grammophon, Film, Typewriter*)〉(1986/2019)는 기록시스템 1900 시대의 미디어 발명으로 인한 시지각 감각의 변화와 시간 축 조작의 메커니즘을 보여준다. 즉, 아날로그 기술 매체들이 어떻게 정보의 조작 가능성과 함께 소리와 이미지들을 가공, 저장하는지를 규명하고 있다는 점에서 미디어 연구의 유물론적 사유와 미디어의 물질적 토대를 탐구하는 데 도움을 준다.

마지막으로, 〈광학적 미디어: 1999년 베를린 강의(*Optische Medien: Berliner Vorlesung 1999*)〉(2002/2011)는 광학적 미디어들인 사진, 영화, TV의 저장 방식의 차이점과 사례들로부터 컴퓨터와 가상현실의 특징까지 분석하고 있다.

이상의 저서들은 미디어의 발명이 단지 인간 사회에 미치는 영향만이 아니라 인간-기계 환경의 변화 양상들을 매체사의 측면에서 조명할 수 있게 한다는 점에서 의미가 있다.

2) 사상적 배경

키틀러에 대한 세간의 평가는 주로 두 가지 갈래로 나뉜다. 하나는 그가 이룬 업적의 독창성과 통찰력에 대한 긍정적 평가이다. 예컨대, "독일 정신사에서 가장 독창성을 지닌 학자"(≪디 차이트≫), "동시대 학자 중 미디어에 대한 통찰력이 뛰어난 인물"(≪가디언≫), "미디어 이론의 고전"(≪프랑크푸르터 알게마이네 차이퉁, *FAZ*≫) 등의 호평 사례가 대표적이다. 반면, 기술결정론의 혐의와 여성의 사회적 역할에 대한 깊이 없음에 대한 비판적 지적들도 여러 연구자들에 의해 지적되었다. 이를 고려할 때, 키틀러의 사상적 배경은 크게 다음과 같이 세 가지 맥락에서 살펴볼 수 있다.

우선, 기존의 인간 중심주의나 이분법적 사유에서 벗어나 미디어 기술과 인간 지각 기술의 물질성에 관심을 기울인다는 점이다. 이것은 키틀러의 모든 저서들을 관통하는 관심사이다. 여기서 인간 중심주의에서 벗어난 시각은 인간의 지각 자체가 아니라 그 "물리 · 기술적 조건을 우선시하는" 접근을 행하고 있다는 점에서 알 수 있다(Kittler, 2002/2011, 13쪽). 또한 이분법적 사유에서 벗어나는 방식은 〈광학적 미디어〉의 해제를 쓴 존 더럼 피터스(John Durham Peters)의 지적에서 알 수 있다(Kittler, 2002/2011, 11쪽). 즉 영어권의 과학-인문학이 표방하는 "두 문화(two cultures)" 혹은 독일어권의 전통적 사상의 토대인 "정신과 자연(Geist und Natur)" 등과 같이 이분법의 긴장관계를 적대시하는 태도에서 나타나는 것이다.

두 번째로, 미디어 기술의 발전에 따른 기록시스템의 변화와 기계-주체를 상정한다는 점이다. 키틀러는 사회변혁의 주체로 언급되는 마르크스적 의미의 '인민'이나 대중문화의 한 요소인 '대중'이라는 용어에 관심을 두는 대신 '정보기계'라는 용어를 사용한다. 즉 인간은 기록시스템을 구성하는 하나의 요소이며, 인간의 상황은 오히려 미디어에 의해 규정된다는 관점까지 피력된다. 이 때문에 키틀러에 대한 기술결정론의 혐의가 제기되고 있고, 여성의 문제를 "기술과 분리해 사고할 수 없다"(Kittler, 2002/2011, 21쪽)는 점에서 젠더 논쟁을 야기하기도 한다.

마지막으로, 미디어를 통한 읽기와 글쓰기의 중요성을 견지하는 사유이다. 기록시스템 1800의 주요한 읽기가 '어머니의 입'을 통해 나타나는 반면 '아버지의 손'을 통한 남성 중심의 문자 독점은 국가권력의 형성과 법제도의 지속을 가능하게 하는 원동력이다. 이러한 문자 독점은 기록시스템 1900의 주요한 미디어들인 축음기와 영화가 발명되고 사회적으로 이용되며 파괴된다. 즉, 새로운 미디어의 발명은 입과 손에 육화되었던 읽기와 쓰기의 행위를 탈신체화하며 새로운 읽기 및 쓰기의 미디어 시스템을 작동시키게 된 주 요인인 것이다. 이러한 키틀러의 읽기와 쓰기의 사유는 미디어 리터러시 역량의 개발과 관련하여 이론과 사유의 자원을 제공한다. 특히 기록시스템 1900에서 디지털 시대인 2000으로 이행하면서 기록시스템과 미디어 리터러시의 변화 사례들을 분석하는 것도 향후 후속 연구의 주요한 연구 분야이다.

요컨대, 키틀러의 미디어와 주체에 대한 사유는 우선, 인간 중심주의와 이분법적 사유로부터 벗어나 미디어 기술과 인간 지각 기술의 물질적 토대로, 단수의 미디어가 아닌 복수의 미디어들과 행위자들의 체계인 기록시스템과 기계-주체의 사유로 그 관심사의 이행을 보여주고 있다. 이러한 시각을 바탕으로 미디어 발명에 따른 읽기와 쓰기, 권력의 변화 양상들을 규명하고 있다는 점에서 미디어와 커뮤니케이션 연구의 지평을 확장할 수 있는 사유의 영감과 시사점을 제기한다.

2

기록시스템과 기계-주체의 사유

1) 기록시스템의 정의 및 특징

(1) 기록시스템의 정의

키틀러의 기록시스템은 그의 주저인 〈기록시스템 1800 · 1900(*Aufschreibesysteme 1800 · 1900*)〉(1985/2015)과 〈축음기, 영화, 타자기(*Grammophon, Film, Typewriter*)〉(1986/2019) 등에서 다양한 미디어들과 이용자 사례들을 통해 나타난다. 이 저서들의 공통된 논점은 기록시스템이 문자시대에서 전자매체 시대로 이행하면서 이성과 음성 중심의 근대적 인간관이 점차 해체되고 새로운 미디어의 저장 방식과 주체의 형성이 이루어지고 있다는 점에 있다(강진숙, 2012).

여기서 키틀러가 정의하는 기록시스템이란 당대 문화의 자료들을 기록(Adressierung), 저장, 가공하는 기술과 제도의 네트워크이다(Kittler, 1985). 이러한 기록시스템의 사유는 앞에서 살펴보았던 키틀러의 세 가지 사유 특징을 환기시킨다. 왜냐하면, 키틀러는 개별 미디어나 인간 주체보다는 미디어들의 체계와 물질적 조건, 그리고 미디어 기술의 기록, 가공, 저장 방식의 변화에 더 관심을 두고 있기 때문이다. 즉 "미디어가 우리의 상황을 결정"할 정도로 중요한 역할을 하기 때문에 오히려 그 기술과 제도의 네트워크인 기록시스템을 분석함으로써 "그 상황을 자세히 설명할 필요"가 있는 것이다(Kittler, 1986/2019, 7쪽).

이에 대한 이해는 기록시스템 1800에서 1900으로 이행하는 과정에서 나타나는 미디어 기술과 기계-주체들의 변화 양상들을 통해 더 명료해질 수 있다. 키틀러가 주목하는 것은 미디어의 발명으로 인해 어떻게 새로운 방식의 기록, 가공, 저장 방식이 등장했는지 하는 점에 집중되어 있기 때문이다. 이 과정에서 성별에 따른 읽기와 쓰기의 권력관계가 어떻게 변화했는지 목도된다.

(2) 기록시스템 1800

그러면, 기록시스템 1800은 어떠한 특징을 지니는가? '기록시스템 1800'은 괴테의 〈파우스트〉를 중심으로 한 낭만주의의 시대이다. 낭만주의는 18세기 계몽주의의 이성 만능적 태도에 반감을 표명하며 감정의 가치를 중시하는 사조로서 충동 · 본능 · 감정 · 상상 · 직관 등을 신과 인간의 가교로서 간주하는 입장을 지닌다(다음백과).[1] 즉, 인간 내면의 목소리와 감정이 중요하게 작용하며 특히 '어머니의 입(Muttermund)'은 자연의 힘을 지닌 '읽기'와 교양교육의 사례이다.

이러한 맥락에서, 키틀러에 따르면 〈파우스트〉(1790-1831 집필, 1808-1부, 1832-2부 저술)의 등장인물인 그레첸이나 어머니와 같은 여성들은 이야기와 음성(입)을 통해 아이들과 남성들을 주도하지만, 저자와 창작자가 되기 어려운 시대적 한계를 지닌 존재들이다(강진숙, 2012). 여성의 음성은 서적과 문자의 읽기를 통해 교육을 주도하지만, 이 시대의 문자 독점과 저자의 권력은 여성이 아닌 남성들의 전형적 특징이었기 때문이다. 예컨대, 기록시스템 1800에서 언어가 담고 있는 "초월적 기의"는 '어머니'(혹은 여성)이며, 괴테의 낭만주의 문학은 이 시기의 기록시스템을 대변한다(박영욱, 2009, 381쪽).

이처럼 어머니의 입(Muttermund)은 기록시스템의 구성요소로서 교육자의 역할을 수행한다. 어머니의 입은 다음과 같이 몇 가지 특징을 지닌다. 우선, 기계의 소리가 아니라 자연으로서의 어머니 신체에서 발생하는 숨결과 목소리이다. 1800년대

1) 다음백과. URL: http://100.daum.net/encyclopedia/view/b05d0891b

이후 서유럽의 핵가족 제도의 확산은 가정교육과 교사로서의 어머니 위상을 중요하게 제기하였다. 물론 이 경우 어머니는 가정 영역에서 신체화된 육성을 사용하여 읽기 교육을 행했지만, 쓰기의 권한은 철저히 제한되었다. 요컨대, '어머니 자연(입)'이 알파벳 교육의 행위자를 의미한다면, '아버지 국가(손)'는 익힌 언어를 손으로 숙련시키는 사법적, 관료적, 정치적 권력을 함축하는 사회 제도의 조건들을 보여준다. 또한 이 시대의 또 다른 교육공무원의 역할은 아버지와 어머니 외에도 시인들이 담당하였다. '말-문자'의 긴장관계 속에서 시인들은 학생들을 문학정신의 세계로 이끌고 지도하는 교육공무원의 역할을 수행한 것이다(Kittler, 1985/2015). 예컨대 괴테, 슐레겔, 헤겔 등은 1800년 기록시스템의 개체였던 것이다.

기록시스템 1800의 특징과 문제점을 정리하면 다음과 같다. 한편으로, 서적이나 문자 등은 여성의 음성을 통해 교육되고 전파되었다는 점이다. 또 다른 한편, 남성 중심의 문자 독점과 저자 권력이 형성되면서 남성 중심주의와 여성의 타자화가 초래되었다는 점이다. 자연적 존재로서 여성은 가정교육에 제한된 음성 교육만을 할 수 있는 반면, 남성은 사회적, 정치적 존재로서 국가 권력과 제도적 절차에 참여할 수 있는 중심적 역할을 수행했기 때문이다.

그런데, 기록시스템 1800에서 1900으로 이행하는 과정에서 이러한 상황들이 변화한다. 이에 대해 키틀러는 다음과 같이 언급한다.

> 1800년식 기록시스템은 오로지 이상화된 '인간'의 내면성과 목소리만 있을 뿐 기록시스템 따위는 존재하지 않는 듯이 행세했지만, 1900년 무렵에는 문자화된 글이 힘을 얻는다. 그런데 이 힘은 단순히 기존의 글쓰기 시스템으로 흡수되는 것이 아니라 글이라는 기술을 바탕으로 다른 모든 결론을 새롭게 도출한다. (Kittler, 1985/2015, 368쪽)

요컨대, 기록시스템 1800의 경우 어머니의 입을 통한 인간의 목소리가 읽기 교육의 중요한 역할을 하였지만, 1900년대로 이행하면서 읽기와 쓰기는 미디어 기술의 혁신을 통해 인간의 신체를 떠나 새로운 기록시스템을 형성하게 되는 것이다.

(3) 기록시스템 1900

미디어 기술의 발전과 새로운 미디어들이 등장함에 따라 '기록시스템 1900'의 시대가 도래한다. 새로운 미디어들인 축음기, 영화, 타자기의 발명을 통한 새로운 기술혁신은 기존의 음성 중심주의나 문자 독점의 권력 관계들에 균열을 일으키게 된 것이다.

이에 따라 15세기 중엽에 발화된 구텐베르크의 인쇄술의 사회적 기능은 약화되고 대신 전자 미디어들의 역할이 부상하게 된다. 소리와 이미지 그리고 시간을 저장하는 새로운 기술적·제도적 조건, 즉 기록시스템 1900의 사회문화적 조건이 형성된 것이다(강진숙, 2012). 예컨대 사진, 영화, TV 등 아날로그 미디어의 혁신은 새로운 저장 방식들을 만들어 냈다. 이와 관련하여 키틀러는 다음과 같이 1900년 전후의 변화 양상들을 설명하고 있다.

> 1900년 전후로 감각 데이터를 기술적으로 기록할 수 있게 되면서 기록시스템은 전면적으로 변화한다. 문자가 생긴 이래 처음으로 글쓰기가 곧 데이터의 연쇄적 저장이라는 등식이 깨어진다. 책의 독점체제가 무너지고 그 잔재 위에서 여러 저장시스템이 활개 친다. 실재적인 것을 기술적으로 기록하는 방식이 상징적인 것을 상징적으로 고정하는 방식에 도전장을 내민다. 이제 더이상 [시간 속에서] 흘러가는 것들이 [대상화되어] 존재하기 위해 헤아릴 수 있는 기호들의 집합(문자, 부호, 음표)으로 치환될 필요가 없다. 아날로그 미디어로 실재적 수치 자체를 연속적으로 기록할 수 있기 때문이다. (Kittler, 1985/2015, 401쪽)

이처럼 기록시스템 1900의 시대는 이미지의 연쇄를 저장, 전달하는 뉴미디어 시스템의 출현으로 특징된다. 기존의 '어머니 자연'은 다수의 여성들로 이동성을 지니게 되었고, 신체화된 알파벳 교육에서 벗어나 축음기, 타자기, 영화 등의 기술 미디어가 교육과 문화적 역할을 수행하게 된 것이다. 특히 기록시스템 1800에서 타자화되었던 여성의 사회적 위상은 제한적이나마 여성 타자수 직업의 출현으로 변화한다. 제한적이나마 여성의 사회진출의 기회가 열렸다는 것은 곧 정보 전달과 문학 저술의 1차 작업자로서 여성의 역할이 새롭게 조명되기 시작했음을 보여준다는 점에서 의미가 있다.

이러한 기술혁신은 여성의 사회적 참여를 활성화시키는 한편, 미학에 대한 사유에도 영향을 미친다. 키틀러에 의하면, 미학이란 희랍어에 어원을 둔 '아이스테시스(αΐσθησις)', 즉 감각으로 이해된다. 미학 연구는 추상적인 미의 가치 자체가 아니라 지각기관의 물질적 조건들을 탐구하는 것이다(Kittler, 2002/2011). 이처럼 물질성에 기반한 미학의 인식은 키틀러의 기술관이 투영된 결과임을 알 수 있다. 다시 말해 "미학적 특성은 언제나 기술적 실현 가능성에 의존하는 변수"(Kittler, 2002/2011, 13쪽)인 것이다.

이러한 시각은 미학의 대상이나 이미지 자체보다는 그 저장 방식과 기술적 조건에 관심을 갖는 키틀러의 사유에 근거한다. 마치 푸코가 담론의 물질성을 역사적·제도적 조건에서 찾고자 했듯이, 키틀러 또한 기록시스템 그 자체를 넘어서서 기술공학적 조건과 제도의 물질적 토대를 통합적으로 탐구하고자 했기 때문이다. 따라서 푸코가 지식의 고고학자라면, 키틀러는 "기술주의의 고고학"으로 평가되는 것이다(Hartmann, 2000/2008, 229쪽). 기록시스템이 단지 단일한 미디어가 아니라 다양한 미디어들과 이용자, 그리고 기술과 문화제도들을 포함하는 방대한 체계인 것도 바로 이러한 맥락에서 연유한다.

2) 시간 축 조작과 글쓰기 기계

그러면, 키틀러는 기록시스템의 특징을 어떻게 파악하고 있는가? 이러한 물음을 규명하기 위해서는 '시간 축 조작'에 대한 키틀러의 입장을 이해할 필요가 있다. 비릴리오의 드로몰로지에서 제기된 속도의 경쟁논리는 키틀러의 사유에서도 일견 포착되기 때문이다.

우선, 시간 축 조작(Time Axis Manipulation, TAM)은 키틀러의 기록시스템에 대한 사유를 이해하는 데 중요한 개념이다. 키틀러는 이에 대해 〈축음기, 영화, 타자기〉(1986/2019)에서 자주 언급하고 있다. 기록시스템 1900으로부터 시작된 사진, 영화, 텔레비전 등과 같은 아날로그 미디어의 가장 큰 혁신은 "시간적 과정을 저장, 조작할 수 있게 되었다"(Kittler, 2002/2011, 27쪽)는 점에 있다. 왜냐하면, 모든 기술적 미디어는 "신호를 저장, 전송, 처리하는 것"이기 때문이다(Kittler, 2002/2011, 46쪽). 크레머(Krämer, 2006)에 의하면, 키틀러의 핵심 업적은 이러한 시간 축 조작에 있다. 시간 기반 미디어에 대해 탁월한 분석을 시도할 뿐 아니라 기술을 이용해 시간의 흐름을 편집하는 방식과 의미를 명확히 진단하고 있기 때문이다. 키틀러에 따르면, 시간은 "모든 예술의 한계를 결정짓는" 요소이다(Kittler, 1986/2019, 17쪽). 예술의 스타일은 일상의 데이터 흐름을 정지시켜 이미지나 기호를 선택하고 접속하는 과정에서 형성되기 때문이다. 예컨대, 문학은 담화와 이야기들을 저장하기 위해 특정한 문자체계로 그 시퀀스들의 흐름을 정지시켜 주변의 소음들을 처음부터 배제한다.

그러면, 타자기와 같은 글쓰기 기계는 어떠한 특징을 지니는가? 우선, 새로운 기술적 기계장치는 '타이프라이터(typewriter)'를 통해 새로운 미디어 상황을 창출하게 된다. 이 새로운 글쓰기 기계는 타자기와 타자수의 복합적 의미를 지니고 있고, 이 기계의 등장은 글쓰기를 변화시켰다. 즉, 타이프라이터(글쓰기 기계)의 이중적 속성은 기계와 인간 구성체, 즉 몸과 기계의 연결체를 통해 발견할 수 있다. 예컨대, 새로운 기록체계인 타자기를 통해 이상적 여성은 소멸하는 한편, 실제(reale) 여성이 등장하게 된다. 그러나 이 경우 신체성이 삭제된 매체의 작동 안에서 여성은 지워지기 위해 호명되며, 타자기의 결과물에는 성별 구분을 가능케 하는 목소리는 사라진다. 이와 관련하여 키틀러는 다음과 같이 언급하고 있다.

> 글쓰기 기계만이 글쓰기의 젠더를 전도시킨다. 동시에 문학/문화의 물질적 토대를 변화시킨다. (Kittler, 1986, p. 275)

두 번째로, 글쓰기의 기계화와 탈성별화 경향이다. 사적 관계에서의 글쓰기 표현의 내밀성은 타자기의 등장으로 상실된다. 또한 서구 상징체계의 핵심이었던 "남성의 정신적 창조의 본래적 상징물"인 펜의 사회적 위상은 퇴색하게 된다.

마지막으로, 타자기의 등장은 음성 중심주의의 붕괴를 초래하게 되었다. 기술적 기록매체들은 데이터의 흐름을 물질로 저장, 전달, 조작하기 때문이다. 결국, 음성과 비음성의 차이는 소멸된다. 예컨대 축음기의 경우, 의미를 함축하는 음성과 소음이 동시에 저장됨으로써 음성과 비음성의 경계는 사라지게 된다.

하지만, 여전히 기록시스템 1900의 문제는 "서로 다른 미디어 시스템 간의 호환성이 떨어진다는 것"(Kittler, 2002/2011, 27쪽)이다. 또한 이 경우 기록시스템 1800의 근간인 '담론의 소유권'이라는 개념은 용해되고 희석된다. 왜냐하면, 기록시스템 1800의 경우 남성이라는 문자독점의 주체가 명확했다면, 기록시스템 1900은 신체를 벗어나 소리와 이미지가 기계의 계산과 조작에 따라 구성되기 때문이다. 이에 대해 키틀러는 다음과 같이 지적한다. "기계식 저장장치는 너무 정밀해서 의견을 말하는 것과 인용하는 것, 독자적인 생각을 표명하는 것과 남을 따라 말하는 것을 구별하는 고전적 능력이 없다"(Kittler, 1985/2015, 524쪽). 이 때문에 키틀러는 이후 1999년 베를린 강의를 담고 있는 〈광학적 미디어〉에서 "저장, 전송, 처리 기능을 전자동으로 결합하는 유일한 미디어"로서 컴퓨터를 명시하고 있다(Kittler, 2002/2011, 46쪽).

그런데 이러한 기술혁신에 따른 시대적 이행과 변화는 점진적이거나 축적된 모순의 폭발에 의한 것이 아니다(강진숙, 2012). 푸코의 고고학적 사유를 계승하고 있는 키틀러는 인과론적 사회발전의 연속성이 아니라 역사적 불연속성에 사유의 축을 두고 있기 때문이다. 즉 느린 속도의 행보가 아니라 갑자기 펄쩍 뛰어오르는 행위, 극의 연장보다 새로운 전환점의 역할들에 더 관심을 기울인다. 따라서 인간 중심주의에서 인간을 탐구하는 데는 무관심하며, 오히려 추상적인 사건이나 세계대전 같은 전쟁을 행위자의 위상에 올려놓는 경향이 있다. 이와 관련하여 〈광학적 미디어〉의 서문에서 존 더럼 피터스(John Durham Peters)가 말하듯이,

"그(키틀러)에게는 언제나 꼭 설명해야 하는(또는 폭로해야 하는) 더 거대한 현안이"(Kittler, 2002/2011, 17쪽) 돌발적으로 발생하게 되는 것이다.

이처럼 불연속적 이행에 관심을 갖는 키틀러의 거대한 현안 중 하나가 기술혁신과 속도에 대한 관심이다. 1900년대에 출현한 축음기, 영화, 타자기는 낭만주의 시대에 절대적인 가치를 확보했던 문자의 위상을 붕괴시켰고, 음성, 이미지, 소리 등으로 구성된 정보형식들은 각기 분리되어 기록, 가공, 저장이 이루어지게 되었다(천현순, 2010). 이에 따라 인간은 더이상 내면의 목소리를 지닌 감성적 존재자가 아니라 기계로서 새로운 인식의 변화를 가져왔다.

3) 정보기계의 사유

그러면, 키틀러는 인간과 기계의 관계를 어떻게 조명하고 있는가? 이를 규명하기 위해 여기서는 '정보기계'의 사유를 살펴보고자 한다(강진숙, 2012, 37-38쪽 참조).

키틀러는 기계-주체의 사유를 전개하며 새로운 주체의 존재론적 위상 변화를 주시하고 있다. 즉, 새로운 기록시스템의 특성과 변화가 기술적 문제에 그친 게 아니라 주체의 존재론적 위상까지도 변화시켰다는 것이다. 예컨대, "소위 인간(der sogenannte Mensch)"이나 "정보기계(Informationsmaschine)"(Kittler, 1986, p. 29, p. 281)라는 표현은 그의 독창적인 기계-주체의 사유를 보여준다. 구체적으로 살펴보면, '소위 인간'은 키틀러의 반(反)휴머니즘적 사유를 반영하는 독특한 표현이다. 이 용어의 등장 배경은 1880년경 광학, 음향학 그리고 글쓰기 분야의 기술적 분화와 함께 구텐베르크의 인쇄술의 독점적 지위(Speichermonopol)가 붕괴되는 상황에 기인한다. 이 '소위 인간'의 본질은 기계장치들 위에서 작동하는데, 이 기계들은 중앙신경체계의 기능들을 대신하고, 근육의 기능은 더이상 필요하지 않게 된다(강진숙, 2012). 그 결과 물질과 정보 사이에 명확한 분리 현상이 생겨났고, 축음기와 영화를 발명하던 인간의 오래된 꿈들은 이 기계들에 의해 잠식되었다.

요컨대, 새로운 기술혁신과 기록시스템의 변화에 따라 주체는 재구성되고 새로운 기계-주체들이 형성되는 것이다.

이러한 맥락에서 '소위 인간'은 생리학과 정보기술 내에서 분리된 이중적 존재의 위상을 지니게 된다. 예컨대, 인간 신체의 부분들, 즉 눈, 귀, 뇌는 생리학 분야의 연구대상이 되었다. 또한 글쓰기는 더이상 개인의 의사소통의 표현이나 신체의 흔적이 아니라 기계적 글쓰기의 최적화 수단으로 간주된다. 왜냐하면, 문자의 형태, 차이 그리고 빈도는 최적화를 위한 일정한 공식들로써 계산되어야 하기 때문이다. 한 일화를 보면, 니체가 타자기를 구입하기 8년 전인 1874년, 스스로 질문을 던진다. "이것들은 인간인가, 아니면 생각하고 글을 쓰고 계산하는 기계인가?"(Kittler, 1986, p. 30). 그의 물음은 새로운 미디어와 인간 간의 관계설정에 대한 혼란에서 시작된다. 타자기는 기존 글쓰기의 방식을 바꾸어 놓은 기술적 혁신의 산물이었을 뿐 아니라 '타자수(typewriter)'라는 기계-주체를 형성한 것이다.

이러한 맥락과 연관된 인간에 대한 키틀러의 독특한 개념이 '정보기계'(Kittler, 1986, p. 281)이다. 정보기계란 기록시스템 속에서 정보를 처리하는 역할을 하는 기계를 의미한다. 즉 인간의 주체성은 물질과 기술 그리고 이를 통해 구성된 문화의 산물인 것이다. 이러한 키틀러의 인간관은 푸코의 사유에 근거한다. 다시 말해, 주체성의 형식들이 시대적으로 생산되며 구성된 주체성은 다시 그 형식들을 구성하고 있는 담론 영역 안에서 재구성된다는 관점이다(도기숙, 2008b). 이러한 정보기계 개념에서 주목할 것은, 인간 신체의 장애, 즉 시각 장애와 청각 장애는 읽기와 쓰기에 문제가 생긴 것을 의미하며, 이 경우 인간 정보기계에 대한 정보를 요구하게 된다. 이로써 기술을 통한 치유가 시작될 수 있다는 것이다.

> 에디슨은 (기차 안내원으로 일했던 젊은 시절 모험의 결과로) 반쯤 소리가 들리지 않았다. 신체적 결함이 기계의 사운드 기록의 출발점에 있었던 것이다. 최초의 타자기가 시각장애인에 의해 시각장애인을 위해 만들어졌고 (……) 신체적 장애는 감각 데이터 흐름을 서로 구분하고 그를 주체화시킨다. (Kittler, 1986/2019, 51-52쪽)

이러한 사유의 근거는 인간이 역사의 실천주체나 이성적 존재가 아니라 기록시스템과 정보기계의 한 구성체라는 점에 있다. 그러면, 소위 인간이나 정보기계는 어떠한 특징을 지니는가? 이에 대해 키틀러는 '소위 인간'을 모델로 한 광학 미디어를 언급하고 있다(Kittler, 2002/2011). 광학 미디어 혹은 기술 미디어는 인간의 감각을 능가하는 수준에서 개발되었기 때문에 소위 인간을 모델로 하였지만, 전략적으로 인간의 감각을 능가한다. 예컨대, 영화나 TV의 이미지 생성 원리는 소위 인간의 생리적 감각을 대상으로 발명되지만, 눈꺼풀을 깜빡거리는 생리적 감각과 달리 영화의 프레임은 거의 자동적 작용을 수행한다. 또한, TV의 이미지 생성 원리는 망막의 구조 자체에 부합하며, 영화의 경우 초당 24프레임은 생체감각의 눈이나 눈꺼풀이 따라잡을 수 없는 속도라는 점에서 인간 능력을 넘어선다.

> 기술적 미디어는 전략적으로 인간의 감각을 능가하도록 개발됐기 때문에 소위 인간의 모델이 된다. 실제로 영화나 TV의 이미지 생성 원리와 똑같은 생리적 등가물이 존재하지만, 이런 등가물 자체는 의식적으로 통제할 수 없다. 영화에서 프레임이 넘어가는 것은 눈꺼풀을 깜빡거리는 것에 해당하는데, 이 움직임은 거의 자동적인 작용이다. (Kittler, 2002/2011, 60쪽).

그러면, 미디어와 정보기계 사이에 어떠한 부정적 측면이 나타나는가? 키틀러가 주목한 것은 광학 미디어의 발명 배경에 대한 것과 통제 메커니즘에 대한 것이다. 우선, '광학 미디어'로 표현되는 키틀러의 기술관은 지난 100여 년 간 광학적 미디어가 폭발적으로 성장한 요인에 대한 분석에서 포착된다(강진숙, 2012). 즉, 사진과 영화 등의 광학적 미디어의 발전 배경에는 군사적 목적과 산업적 이윤 획득의 목적이 자리하고 있는 것이다. 예컨대, 더 빠른 정보의 전략적 요구, 즉 아군의 지휘 통제, 적군의 감시 통제, 특히 적군의 군사 행동에 대한 가능한 빠른 지휘 통제의 요구(Kittler, 2002/2011) 등이 여기에 포함된다. 이를테면, 두 차례의 세계대전 사이에 나타난 오락영화 역시 군산복합체에 기반한 것이다. 이에 대해 키틀러는 다음과 같이 의견을 피력한다.

> 아인슈타인이 묘사한 두 가지 위험은 아마도 역사적이고 체계적으로 이루어질 것이다. 예를 들어, 현재 유행하는 이데올로기 중 하나는 인터넷과 같은 새로운 정보 기술이 빠르고 효율적이며 글로벌 통신에 적합하다는 것이다. 그러나 진실은 컴퓨터와 원자탄 모두 제2차 세계대전의 결과라는 것이다. 아무도 요구하지 않았다. 제2차 세계대전의 전략적, 군사적 상황이 만들어 낸 것이다. 따라서 그들은 의사소통 수단으로 고안된 것이 아니라 전체 전쟁을 계획하고 수행하는 수단으로 고안되었다. (Virilio, Kittler, & Armitage, 1999, p. 82)

이러한 맥락에서 키틀러는 기술혁신에 대한 맹신보다는 독점화 경향을 우려하는 비판적 시각을 나타낸다(강진숙, 2012). 예컨대, 마이크로소프트사와 인텔의 동맹 관계, 즉 통합적인 마이크로프로세서와 그것의 보호모드 기능(protected mode-Funktion)에 의해 인간의 마지막 남은 주권이 박탈되었다는 비판이다(Kittler, 1997; Hartmann, 2000/2008). 소수의 전문적 이용자들은 기계 내부, 즉 현실모드의 진행 상황들을 파악하는 반면, 다수 이용자 대중은 '이해할 수 없는 시뮬레이션'에 종속되어 있다는 것이다. 이러한 키틀러의 시각은 기술의 통제 메커니즘을 비판하는 데서 나아가 새로운 계층구조의 변화를 예측하고 있다.

> 우리는 모두 기계를 통해 통제되고 있으며, 이러한 기계가 더 많이 네트워크화될수록 통제 메커니즘이 더욱 엄격해지고, 보호 장치가 마련될 것이다. 그리고 이것은 또한 그 시스템에 내장된 체계에 대해서도 마찬가지이다. 인터넷은 1~2년 동안 자유의 공간으로 남아있을 것이지만, 몇 년 안에, 그것은 아마도 대자본의 손에 넘어갔을 것이고, 그다음에 통제가 자리 잡게 될 것이다. (Virilio, Kittler, & Armitage, 1999, p. 84)

또 다른 위험은 통제 메커니즘과 함께 정보 체계 또한 확대될 것이라는 점입니다. 따라서, 대자본과 정보 체계는 정보의 자유화를 방해할 수 있습니다. 즉, 시스템 붕괴의 위험에 대응하기 위해 새로운 계층구조가 만들어질 가능성이 높으며, 현재 컴퓨터를 잘 다루는 사람과 아닌 사람 사이에 존재하는 구조와 구조적으로 동일합니다. (Virilio, Kittler, & Armitage, 1999, pp. 81-90)

이상에서 볼 수 있듯이, 키틀러는 세간의 평가처럼 기술결정론자가 아닌 것으로 파악된다. 그는 미디어 기술과 이용자의 결합이라는 '미디어 상황'을 세심하게 분석하는 데서 나아가 기술발전의 위험성까지도 성찰하고 있기 때문이다. 특히 미디어 발명의 의도, 군산복합체의 작용, 통제 메커니즘, 그리고 새로운 계층구조의 변화 양상까지도 진단하고 있다는 점에서 키틀러의 사유는 시사점을 제시한다.

4) 키틀러 사유의 평가

그러면, 키틀러의 사유는 어떻게 평가할 수 있는가? 그는 미디어 상황을 과장하는 기술결정론자인가? 이러한 물음은 키틀러에 대한 국내외 연구자들의 평가를 통해 탐색이 가능하다. 여기서는 강진숙이 선행연구에서 정리한 내용에 기초해 살펴보고자 한다(2012, 38-39쪽). 우선, 독일의 미디어 철학자인 하르트만은 키틀러의 사상을 사회적 효과와 기술적 효과 간의 상호작용을 연구하는 "기술주의적 고고학"으로 지칭한다(Hartmann, 2000/2008, 229쪽). 그의 평가에 따르면, 키틀러는 하드웨어 구조의 은폐된 관점들에 관심을 기울이고 있다는 점에서 매우 흥미롭지만, 인터넷의 '도구적 이성'을 넘어서서 발생하는 것들은 제대로 설명하지 못하고 있다(Hartmann, 2000/2008). 인터넷에는 생산자와 이용자 사이에, 집단과 도구 사이에 새로운 인터페이스 구조를 만들 수 있는 가능성이 실제로 나타나고 있기 때문이다.

두 번째로 키틀러 저서의 해제를 기술한 피터스는 두 가지 전통에 대한 차별화 노력으로서 키틀러의 사유를 평가한다(Kittler, 2002/2011). 즉 해석학의 엄격한 텍스트 분석에 대한 차별화가 그 하나라면, 다른 하나는 독일의 대표적 사상가들인 프랑크푸르트 학파와의 차별화이다. 전자의 이유는 해석학이 망자의 정신과 교감하려는 기대에 천착함으로써 읽기의 물질적, 매개적 조건을 인식하지 못하기 때문이다. 후자의 근거는 아도르노의 문화산업론을 필두로 이 학파가 현대사회의 표준척도, 특히 계량화에 대한 비판을 행하고 있다는 점에 있다. 하지만, 이러한 키틀러의 입장이 프랑크푸르트 학파와 상반된 입장에서 계량화의 긍정성을 옹호한다고 보기는 어렵다. 오히려 수의 문제는 기록시스템과 미디어 체계들의 변화를 이끄는 물질적 조건들의 한 부분으로 해석된다. 그 이유는 다음과 같은 그의 언급에 기초한다.

> 컴퓨터에서는 모든 것이 수가 된다. 즉 이미지도, 소리도, 단어도 없는 양(量, Quantität)이 되는 것이다. 만일 광섬유 네트워크가 지금까지 분리되었던 모든 데이터의 흐름들을 디지털로 표준화된 수열로 융합시킨다면, 어떤 미디어든지 다르게 변형될 수 있다. 수(Zahlen)에는 불가능한 것이 없다. 변조(Modulation), 변형, 동기화; 슬로우 모드, 메모리, 전이; 스크램블링, 스캐닝, 매핑 등이 대표적인 예이다. (Kittler, 1986, pp. 7-8)

요컨대, 디지털 기반 위에서 모든 미디어들이 연결된 결과 미디어 개념 자체는 폐기될 것이라는 게 키틀러의 예측이다. 즉, 계량화를 위한 표준척도와 물신주의를 옹호하는 차원이 아니라 미디어 시스템의 변형과 속도 조절 등 다양한 기술적 혁신 및 작동방식에서 수의 역할이 중요하게 작동한다는 인식이다. 이에 대해서는 보다 심층적 근거의 제시를 통해 면밀한 논의가 필요하지만, 이 논문의 주제에서 벗어날 수 있기에 후속 연구의 기회를 빌리고자 한다.

마지막으로 국내 키틀러 연구자인 도기숙(2008a, 2008b)의 경우, 두 가지 측면에서 평가를 내리고 있다. 한편으로 키틀러의 기술전문용어와 후기구조주의적 개념들에 기초한 분석틀이 독일 관념론의 휴머니즘적 전통에 반기를 들고, 나아가 푸코의 분석을 미디어 관점에서 재해석해 인간, 정신, 주체 등 인문학의 핵심 개념들을 완전 해체시키는 작업에 몰두하고 있다는 점이다. 다른 한편으로, 기술결정론적 문제가 있지만, 여성해방 담론에 대한 기여는 인정해야 한다는 입장이다. 즉 매체와 여성해방의 관계를 기술결정론적 차원에서 접근하는 한계가 있지만, 여성과 사이보그 담론의 지평을 확대했고 매체의 효과를 통한 사회구조의 변화 가능성을 주장하고 있다는 것이다. 요컨대, 기술매체에 대한 여성의 참여가 여성해방의 정치적 관건임을 강조하는 키틀러의 입장을 높게 평가하고 있다.

3

키틀러 사유의 적용

1) 선행연구의 사례

키틀러의 기록시스템에 관한 이론들을 미디어 커뮤니케이션 연구 분야로 한정하여 살펴보면 미디어와 젠더, 예술 분야 등에서 적용되고 있음을 알 수 있다. 선행연구들을 조사한 결과, 2012년부터 2016년까지 직접적인 연관성이 있는 학술논문들을 선별하여 총 6건의 사례들을 추출하였다. 이것을 정리하면 〈표 6-1〉과 같다.

이 표에서 볼 수 있듯이, 키틀러의 이론은 SNS 속도문화를 분석하거나 예술 및 영화 비평, 그리고 젠더 분석 등에서 이론적 자원으로 차용되었다. 키틀러 이론의 초점은 주로 기술/속도관과 주체를 비롯하여 축음기, 영화, 글쓰기 기계 등에 집중되었다. 하지만, 대부분 기록시스템과 미디어에 편중되면서 정보기계에 대한 폭넓은 접근은 아직까지 미미한 연구가 이루어지고 있음을 알 수 있었다.

표 6-1. 키틀러 이론의 적용 사례들

사 례	연구자	제 목	주제어	학문 분야
1	강진숙 (2012)	SNS 속도문화와 창조적 저항: 비릴리오와 키틀러의 속도와 주체에 대한 사유를 중심으로	SNS, 트위터, 페이스북, 속도문화, 비릴리오, 키틀러	미디어
2	김애령 (2015)	글쓰기 기계와 젠더: 키틀러의 '기록체계' 다시 읽기	프리드리히 키틀러, 타자기, 매체, 음성중심주의, 젠더	젠더
3	유현주 (2015)	축음기와 실재의 소리: 프리드리히 A. 키틀러의 이론을 중심으로	축음기, 키틀러, 실재의 소리, 소음, 기록체계, 영화, 타자기	예술
4	김소영 (2016)	미디어아트와 문화콘텐츠의 상호연관성 연구: 라캉의 '범주'와 키틀러의 '기록체계'를 중심으로	미디어아트, 문화콘텐츠, 라캉, 키틀러, 상호주관성, 상호작용, 회귀본능, 주체, 변용, 향유	예술/문화
5	박현수 · 박상현 (2016)	F. 키틀러의 매체 개념으로 본 스텔락 퍼포먼스의 신체성	신체, 키틀러, 스텔락, 사이보그 퍼포먼스	예술
6	유현주 (2016)	영화라는 상상계, 그리고 실재의 귀환: 키틀러의 이론을 통한 〈마리아 브라운의 결혼〉 분석	영화, 상상계, 키틀러, 영화사운드, 파스빈더, 마리아 브라운의 결혼	영화

2) 선행연구의 공통점과 쟁점

그러면, 선행연구들을 분석한 결과 어떠한 특징들과 쟁점들이 도출되는가? 여기서는 키틀러 이론을 적용한 선행연구들에 나타난 공통점과 차이점들을 바탕으로 각 연구들의 함의와 쟁점들을 살펴보고자 한다.

우선, 공통점은 각 연구들이 대부분 키틀러의 '기록시스템 1900' 시기에 초점을 둔 분석이 이루어지고 있다는 점이다. 첫 번째, 강진숙(2012)은 〈SNS 속도문화와 창조적 저항: 비릴리오와 키틀러의 속도와 주체에 대한 사유를 중심으로〉에서 SNS 이용자들과의 인터뷰 분석을 통해 비릴리오의 드로몰로지와 비교하며 키틀러의 기록시스템과 정보기계에 대한 사유들을 탐색하고 있다. 특히 SNS가 어떠한 '기술적 네트워크' 속성을 지니고 있는지 분석한 결과, 의견은 크게 세 가지 흐름으로 구분되었다. 즉 기술을 통한 네트워크의 속성은 관계 맺기, 기록 그리고 정보가치의 변화 방식을 중심으로 두드러지게 표출되는 것으로 나타났다. 이를 통해 새로운 기록시스템 2000의 시대가 전개되고 있음을 유추하며, 이용자들의 보다 능동적인 창조적 저항이 필요함을 설파하고 있다.

두 번째로, 영화와 예술의 측면에서 비평 작업에 적용되었다. 유현주(2015)가 예술적 측면에서 키틀러의 〈축음기, 영화, 타자기〉에 근거하여 〈축음기와 실재의 소리〉를 분석하고 있다면, 김소영(2016)은 〈미디어아트와 문화콘텐츠의 상호연관성 연구〉에 적용하고 있다. 전자의 경우, 기록과 재생이 동일한 바늘 하나로 이루어지는 최초의 기계였던 축음기가 그 당시까지 서구의 유일한 시간 저장 수단이었던 문자와 악보를 대체하고, 저장과 조작을 동시에 가능하게 하면서 현대의 매체기술 시대를 새롭게 구성하기 시작했다는 점을 분석하였다. 후자는 미디어아트가 더이상 존재하지 않는 이미지를 재현한 상상력의 표현물이 아니라, 가상현실을 현실로 인식하게 하는 기술적 도구의 하나로 활용되고 있다는 점을 도출하고 있다. 또한 박현수와 박상현(2016)은 키틀러의 매체 개념을 바탕으로 호주의 행위예술가 스텔락(Stelarc)의 퍼포먼스의 신체성을 분석하고 있다. 스텔락 퍼포먼스는 뉴미디어 아트에서 신체가 기계와 섞이는(이불, 스텔락) 퍼포먼스를 의미한다. 이 연구는 스텔락의 사이보그 퍼포먼스가 표현하는 신체성의 특징을 탐색하고, 이것이 기술결정론적 관점을 지니고 있는 키틀러의 매체 개념과 의미 있는 상관관계가 있음을 보여주었다는 점에서 시사점을 준다.

마지막으로, 키틀러의 글쓰기 기계에 대한 사유와 젠더 분석 사례이다. 김애령(2015)은 키틀러의 기록시스템 사유를 적용하여 〈글쓰기 기계와 젠더〉의 측면을 분석하고 있다. 즉 키틀러는 그 타자수들의 존재를, 성별을 의식한다는 점, 그는 타이프라이터라는 새로운 기술적 매체를 통해 글쓰기의 성별이 전환되고, 문학적 글쓰기가 달라졌다고 분석한다. 또한 유현주(2016)는 키틀러의 이론을 적용하여 영화 〈마리아 브라운의 결혼〉을 비평 분석하고 있다. 분석결과, 영화 매체가 구현할 수 있는 미학적 효과는 관객이 몰입하여 빠져나올 길 없는 공간의 창출만은 아니며, 오히려 매체의 본질에 대해 성찰하게 만들어 주는 각성의 계기로도 작용할 수 있다는 점을 환기시킨다.

요컨대, 키틀러의 기록시스템 이론과 축음기, 영화, 타자기 등의 미디어들에 대한 사유가 미디어와 예술 분야에 적용되었다. 예컨대, SNS 속도문화와 실천적 측면, 기록시스템으로서 축음기, 영화, 타자기 등의 '미디어 상황'이 어떻게 우리의 현실을 규정하는지 등에 대한 분석적, 비평적 접근은 키틀러의 사유에 현실성을 부여할 기회를 제공한다는 점에서 의미가 있다. 다만, 기계-주체의 측면, 즉 정보기계나 통제 메커니즘 등의 주제들에 대해서는 거의 다루어지지 않고 있다는 점에서 키틀러 이론을 적용한 후속 연구의 지평이 확대되길 기대해 본다.

푸코:
장치, 권력, 주체구성

제 7 장

토론주제

1. 푸코의 장치는 어떠한 특징을 지니는가?
2. 장치를 통해 어떻게 권력이 작용하는가?
3. 푸코의 장치론은 어떻게 아감벤을 통해 확장되는가?
4. 푸코의 사유는 선행연구에서 어떻게 적용되며, 그 특징은 무엇인가?

주요 용어 • 푸코 • 장치 • 생체권력 • 지식권력 • 주체 • 아감벤 • 세속화

1 푸코의 장치와 주체구성의 사유

1) 푸코의 이력 및 저술 소개[1)]

프랑스 푸아티에(Poitiers)에서 출생한 미셸 푸코(Michel Foucault)(1926~1984)는 후기구조주의 사상가로서 제2차 세계대전 이후 가장 영향력 있고 논쟁의 학술 지평을 확대한 것으로 평가된다. 1946년에 파리 고등사범학교(École Normale Supérieure, ENS)에 입학하여 심리학과 철학을 공부하며 사상의 입구에 들어선다. 1952년 졸업 후 푸코는 전문성과 지성을 겸비한 실천 활동을 지속하며 자신의 경력을 쌓아나가기 시작하였고, 릴(Lille) 대학에서 첫 강의를 시작했다. 그 후 1955년부터 1960년까지 5년 동안 그는 스웨덴 웁살라, 폴란드 바르샤바, 독일 함부르크 등에서 문화담당관(cultural attaché)으로 활동하였다. 1961년에 그는 소르본대학교에서 〈광기와 비이성: 고전주의 시대 광기의 역사(*Folie et déraison: histoire de la folie à l'âge classique*)〉라는 주제로 박사학위 논문을 제출했고, 그 후 1965년에 영어본인 〈광기와 문명(*Madness and Civilization*)〉으로 출간되었다. 하지만, 평단의 찬사에도 불구하고 당시에는 대중적 관심을 받지 못했다. 정신병리학 박사를 취득한 그는 1960년에 끌레르몽페랑 대학교 교수에 재직한 데 이어 1971년에서 1984년까지 콜레주 드 프랑스 교수를 역임하며 다양한 저술들과 강연들을 통해 고유한 학문과 실천의 이력들을 채워나갔다.

---

1) 이에 대해서는 다음을 참조함. URL: https://www.britannica.com/biography/Michel-Foucault

그림 7-1. 프랑스 철학자 푸코

출처: URL: https://en.wikipedia.org/wiki/Michel_Foucault

푸코의 저서들은 국내에 다수 번역되어 출간되고 있다. 푸코의 저술들은 담론, 장치, 권력, 주체구성 등 사회 제도의 물질적 토대와 주체구성의 원리들을 파악하는 데 일조한다. 예컨대, 17세기 고전주의 시대의 광기와 광인, 정신병원의 탄생 등을 다루고 있는 〈광기와 비이성〉(1961), 〈병원의 탄생〉(1963), 서구 유럽의 에피스테메를 분석하고 있는 〈말과 사물(*Les Mots et les choses*)〉(1966), 〈사물의 질서: 인문학의 고고학(*Une Archéologie des sciences humaines*)〉(1966), 〈지식의 고고학(*L'Archéologie du savoir*)〉(1969), 한 시대의 광인들이 어떻게 사회적 장치인 정신병원과 감옥 등을 통해 만들어지며 권력이 행사되는지를 분석하고 있는 〈감시와 처벌: 감옥의 탄생(*Surveiller et punir: Naissance de la prison*)〉(1975), 〈성(性)의 역사(*Histoire de la sexualité*)〉(전 3권, 1976-1984) 등이 있다.

2) 사상적 배경

푸코의 사상은 방대하고 많은 논쟁의 장을 형성해 왔다. 이 때문에 그의 사상적 배경을 간략히 압축하는 것은 어려운 일이다. 여기서는 이 책의 기조를 바탕으로 크게 두 가지 측면에서 살펴보고자 한다. 즉 담론구성체의 형성과 시대적 인식틀에 초점을 둔 고고학적 방법이 있다면, 또 다른 한편으로는 담론구성체와 비담론구성체의 상호작용 방식을 분석한 계보학적 방법이 여기에 포함된다.

우선, 고고학적 방법은 "언표들의 규칙성"을 밝히는 데 사용되는 방법이다(Foucault, 1966/2012, 538쪽). 이것은 주로 〈말과 사물〉(1966)과 〈지식의 고고학〉(1969)에서 정식화된다. 푸코는 〈말과 사물〉에서 특정한 방식으로 사물들에 질서를 부여하는 인식의 조건으로서 에피스테메(episteme)를 제기한다. 에피스테메란 어느 특정한 시대의 학문 분야나 지식을 대상으로 추출할 수 있는 "담론의 질서" 또는 "사상사나 과학사의 선험적 여건"을 의미한다(Foucault, 1966/2012, 17쪽, 주16)). 즉, 푸코의 에피스테메는 전통적 의미에서 바라보는 역사가 아닌 고고학이다. 이러한 고고학적 탐구를 통해 푸코는 서구 유럽의 역사를 세 가지 에피스테메로 구분한다. 우선, 16세기부터 17세기 초엽까지의 르네상스 시대는 유사성에 근거하는데, "동물과 인간이 살고 있는 대지 사이의 유비"에서도 발견된다(Foucault, 1966/2012, 53쪽). 예컨대, 인간의 살, 뼈, 혈관, 방광은 자연의 흙, 암석, 강, 바다 등에 비유된다. 하지만, 17세기 고전주의 시대에는 재현(representation)의 에피스테메가 이전의 유사성에 기반한 인식소(認識素)를 대체한다. 여기서 중요한 것은 언어가 사물에서 멀어지고 대신 "투명성과 중립성의 시대"로 접어들게 했다는 점이다(Foucault, 1966/2012, 98쪽). 즉, 분석과 비교를 통해 사물을 식별하고 동일성의 원리를 찾아내는 데 언어의 재현 기능이 중요하게 작용하는 것이다. 마지막으로, 18세기 말 이후 근대시대에는 언어의 재현 작용에서 벗어나 인간 존재를 중심에 둔 실체성의 에피스테메가 출현한다. 이 시대의 고고학적 사건은 "단일한 공간에서 언어의 광범위한 작용을 재발견"하는 것이며, "이전 세기에 구성된 지식의 방식", 즉 재현 담론의 소멸을 의미한다(Foucault, 1966/2012, 422쪽). 다시 말해 이 시대의 실체성을 중시하는 에피스테메는 인간이 "노동, 생명, 언어의 지배"를 받는다는 인식에 근거한다(Foucault, 1966/2012, 430쪽).

그런데, 고고학적 방법이 체계화된 것은 〈지식의 고고학〉(1969/1992)이다. 이 저서에는 언표(言表, énoncé)의 개념을 중심으로 고고학적 방법이 적용되고 있다(Foucault, 1966/2012, 538쪽). 푸코에 의하면, 언표란 주체의 의지나 기원이 아닌 발화행위를 가능하게 하는 조건이다. 언표행위의 초점은 '누가 말하는가'가 아니라 '어디에서 말하는가'를 분석하는 데 있기 때문이다(Foucault, 1969/1992). 즉 언어의 주술관계나 형식이 아니라 언표와 연관된 장들의 규칙성을 파악하고자 하는 것이다. 예컨대, 의사와 환자의 관계라는 서로 상이한 위치에서 어떠한 금지와 배제의 원리가 작동하는지를 포착할 수 있다. 이처럼 의학담론은 언표들을 특정한 방식으로 계열화하고 조직화한 결과로서 고고학적 분석 대상이 된다. 왜냐하면, 동일한 언표(노동자, 근로자)는 말하는 주체의 위치에 따라 서로 다르게 배치될 수 있기 때문이다. 따라서 언표는 특정한 제도적 환경에 따라 "언표들의 장소에 나타날 대상"과 "이 위치에서 말하는 주체"를 새롭게 구성할 수 있다(Deleuze, 1986/1995, 31쪽). 예컨대, 한 사회의 작가 위치, 어떤 시대의 병원 및 진료소에서 의사의 위치는 그 시대의 새로운 대상의 출현(예 광인)을 가져온다. 이는 19세기 광기담론과 언표들이 의학분야만이 아닌 다양한 복수의 제도들에 의해 특정한 광인이라는 대상들을 만들어 내었고(Foucault, 1969/1992), 광기의 형법적 의미는 유죄판결에서 감형요인, 치정사건 및 상속권, 사회적 위험의 인식들과 함께 다루어진다(김혜영, 2006). 종교적 권위는 병리적인 것과 신성한 것의 분리, 비정상과 초자연적인 것을 구분하는 선택과 배제의 원리들을 적용한다.

표 7-1. 푸코의 고고학과 계보학 방법

방 법	고고학	계보학
초 점	언표들의 규칙성	장치(들뢰즈의 '배치')의 유래와 출현방식
분석대상	에피스테메	권력 장치, 성생활 장치
사 례	의학담론	형벌의 담론 – 감옥장치
저 서	• 〈말과 사물〉(1966) • 〈지식의 고고학〉(1969)	• 〈담론의 질서〉(1971) • 〈감시와 처벌〉(1975)

두 번째로, 계보학적 방법은 주로 〈담론의 질서〉(1971)와 〈감시와 처벌〉(1975)에서 발견된다. 〈지식의 고고학〉이 담론구성체와 비담론구성체를 구분하고 있지만, 언표행위의 규칙성을 분석하는 데 초점을 두고 있다. 때문에 "비담론적"인 것은 부차적인 분석대상으로 설정되었다(Deleuze, 1986/1995, 61쪽). 그런데, 〈감시와 처벌〉은 언표들의 규칙성이 형성되는 구체적인 장치에 초점을 둔다는 점에서 앞의 고고학적 방법과 차별화된다. 여기서 감옥은 그 자체로 "독자적인 언표들과 규칙체계들(réglements)"을 가지고 있는 장치로 분석되기 때문이다(Deleuze, 1986/1995, 63쪽).

여기서 푸코의 권력 개념이 지닌 고유성이 나타난다. 푸코의 권력에 대한 관점은 기존의 사회과학에서 다루는 방식과 차별성을 지닌다. 권력은 한 개인이나 집단에 의한 소유의 결과가 아니라 특정한 관계망 혹은 네트워크를 통해 형성된다는 점이다(조원광, 2012). 즉 권력은 소유물이 아닌 전략이며, "다양한 배치, 조작, 전술, 기술, 기능"의 소산인 것이다(Deleuze, 1986/1995, 51-52쪽). 권력은 지배계급이 소유한 특권이 아니라 행사되는 것이고, 다양한 관계자들이 구성한 전략적 위치들의 총체적인 효과이기 때문이다.

요컨대, 푸코가 계보학적 분석에서 발견하고자 하는 것은 주체의 기원이 아니라 사물들의 질서이다. 즉 감옥이나 권력 장치의 유래를 추적하는 것은 연속성에 기초한 '기원(Origines)'이 아니라 불연속성에 기반한 역사적 '유래(Herkunft)'이다. 여기서 발견되는 것이 사물의 질서, 곧 "부조화(disparité)"이다(Foucault, 1971/1995, 333쪽). 이 부조화는 담론들의 선택과 배제 원리들을 통해 어떻게 특정한 권력효과가 발생하는지를 규명하는 푸코의 문제의식을 보여준다. 여기에는 기원과 유래에 대한 푸코의 구분점이 작용한다. 즉 기원이 사물의 본질과 주체성들을 포획하려는 시도라면, 유래는 사물들이 배제된 형식들로부터 그물망처럼 형성되는 것이다(Foucault, 1971/1995, 332-333쪽). 이러한 맥락에서 푸코는 〈담론의 질서〉에서 계보학적 비판을 수행하며 담론 구성의 방식들을 분석하고 있다. 계보학은 '분산되고 불연속적이며 규칙적'이기도 한 담론의 형성 방식을 탐구하는 것이다

(Foucault, 1971/1993, 49쪽). 이를 위해 푸코는 담론구성의 원리들인 배제의 외부 과정들인 금기, 분할과 배척, 진위의 대립을 비롯하여 내부 과정들인 주석달기, 저자기능, 분과학문들의 제한 원리 등을 면밀하게 분석하고 있다.

이처럼 고고학적 접근이 담론구성체에 초점을 두고 담론들을 특정한 방식으로 구성하는 인식 및 사물의 질서들을 규명하는 것이라면, 계보학적 접근은 담론의 물질성에 집중하여 담론이 형성되는 지식권력과 비담론적 구성체들을 분석하는 데 의미가 있다. 예컨대, 담론을 통해 어떻게 금지, 배제, 억압이 통용되고 강요되는지 지식권력의 작용방식들을 규명하는 것이다.

2 푸코의 장치와 권력, 주체구성

1) 장치의 개념 및 유형

(1) 푸코의 장치 사유

푸코는 계보학적 방법을 통해 담론의 물질적 토대들인 비담론 영역을 분석하고 있다. 이것은 주로 〈감시와 처벌〉, 〈성의 역사〉 등에서 논의되는데, 여기서는 푸코의 장치(dispositif)와 유형들을 비롯해 아감벤의 장치론으로 어떻게 확장되었는지 살펴보고자 한다. 이러한 장치론이 중요한 이유는 미디어 환경에서 이용자를 개별 주체가 아니라 관계의 망과 네트워크를 통해 담론과 비담론 영역들의 상호 조응관계들을 파악할 수 있게 하기 때문이다. 따라서 여기서는 푸코의 장치와 권력의 원리들을 바탕으로 어떻게 주체구성이 이루어지는지에 초점을 두고, 조르조 아감벤(Giorgio Agamben)의 장치와 세속화전략에 대해 조망하고자 한다.

우선, 장치는 어떻게 정의되는가? 장치의 어원은 배열, 배치, 조화로운 구조(構造) 등을 의미하는 라틴어 '디스포지티오(dispŏsítĭo)'에서 유래한다(가톨릭대학교 고전라틴어연구소, 1995). 즉, 장치 개념 속에는 이미 특정한 배열이나 배치 방식이 포함되어 있는 것이다. 예컨대, 감금장치의 예는 감옥에서 찾아볼 수 있다. 이 장치 속에는 신체에 대한 다양한 생체권력이 작용하며, 죄수라는 주체가 새롭게 구성된다. 이러한 사유는 푸코의 〈감시와 처벌〉에서 '권력장치(dispositifs de pouvoir)'를 통해 두드러지게 나타난다. 앞의 고고학적 담론분석과 다른 차별점이 여기에서 도출된다. 고고학적 방법에서는 담론과 비담론 영역의 이원적 형식들이 전제되고 주로 담론의 규칙성을 포착하는 데 초점을 두었다면, 계보학적 방법에서는 양자의 형식들이 권력장치라는 물적 공간 위에서 동시에 사고되며 주체구성의 원리들을 파악하는 데 기여하기 때문이다.

이러한 맥락에서 푸코의 권력장치론은 몇 가지 시사점을 제공한다. 그것은 우선, 푸코의 권력장치에 대한 사유가 아감벤과 들뢰즈의 장치와 배치 이론에 사상적 자원을 제공한다는 점이다(강진숙, 2015). 아감벤에 의하면, 푸코가 1970년대 중반 이후 장치 개념을 사용하게 된 것은 인간의 지배와 통치전략에 대해 관심이 커졌기 때문이다(Agamben, 2006/2010). 즉 푸코의 장치 개념은 단지 특정 지배계급의 소유물이 아니라 다양한 관계망들의 지배와 통치전략을 실현하는 권력장치인 것이다. 이러한 푸코의 권력장치 사유는 아감벤에 의해 일상성의 영역으로 확장되며, 들뢰즈와 과타리에 의해서는 '욕망의 배치'를 분석하는 사상적 자원들을 제공한다는 점에서 의미가 있다.

두 번째로, 미디어와 이용자를 장치론의 사유에서 조망할 때 주체 중심의 사유에서 벗어나 권력이 행사되는 방식을 분석할 수 있다. 특히 기술이 사회변화의 주요 원동력이라는 기술결정론이나 근대적 주체관에 기인한 이성 중심주의에서 벗어나 다양한 권력장치의 관계망과 주체구성 방식들을 파악할 수 있다(강진숙, 2012). 푸코가 장치론에서 주목하는 것은 단일한 지배 권력이나 기계가 아니라 사회적, 역사적 공간에서 사물과 인간이 특정한 방식으로 관계하고 주체화하는 규율권력인 것이다(강진숙, 2015). 〈지식의 고고학〉이 지식에 천착해 지식 속의 언표를 우선시했다면, 〈감시와 처벌〉에서는 감옥의 공간 자체가 아니라 권력의 도구이자 매개체라는 점, 즉 감옥의 물질성이 역사적으로 분석된다. 이에 대해 푸코는 다음과 같이 언급하고 있다.

> 중요한 것은 감옥의 공간이 아주 불결하건 아주 위생적이건, 아주 형편없는 곳이건 아주 완벽한 곳이건, 문제는 그 내용에서가 아니라 감옥이 권력의 도구이

자 매개체인 한에서 감옥의 물질성에서 비롯된다. 더구나 그것은 신체에 대한 권력의 모든 전문기술이다. (Foucault, 1975/1994, 61쪽)

이처럼 푸코의 장치는 신체에 대한 모든 정치적 공격을 포함하는 권력의 기제임을 알 수 있다. 즉 감옥은 죄수의 신체에 대한 감금, 감시, 처벌을 강제하는 규율을 확립하여 자발적 복종과 자기 검열을 가능하게 하는 물질적 제도인 것이다.

(2) 감시장치와 생체권력: 판옵티콘

그러면, 푸코의 감시장치로서 판옵티콘은 어떻게 신체에 대한 규율과 생체권력을 작동시키는가? 푸코의 장치 개념은 1970년대 저술들을 통해 등장한다. 푸코는 〈감시와 처벌〉(1975)에서 제레미 벤담(Jeremy Bentham)의 설계도인 '판옵티콘(panopticon)'을 예시하며 장치의 기능을 설명하고 있다(〈그림 7-2〉 참조).

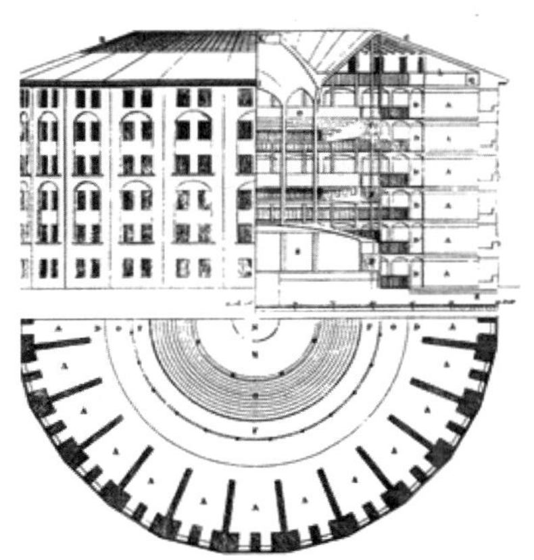

그림 7-2. 벤담의 판옵티콘 설계도

출처: Foucault, M. (1975). *Surveiller et punir: Naissance de la prison*. Paris: Gallimard, 296쪽에서 인용. 오생근 (역) (1994). 〈감시와 처벌: 감옥의 역사〉. 서울: 나남. 원 저작권자의 모든 권리가 보호됨.

〈그림 7-2〉에서 볼 수 있듯이, 판옵티콘은 중앙의 감시탑에서 모든 수감자들을 감시, 감독할 수 있는 형태의 건축물이다. 희랍어에 어원을 둔 이 판옵티콘은

‘πάν(모든, all)’과 ‘ỏπτικὸν(보는, of or for sight)’의 합성어로서 ‘모든 것을 본다’는 의미를 지닌다. ‘원형감옥’으로 번역되는 이 감시장치는 지하감옥의 원리를 전도시킨 것이다(Foucault, 1975/1994). 즉 지하감옥의 세 가지 기능인 감금, 빛의 차단, 숨김 중에서 ‘감금’만 남기고 뒤의 두 기능은 전도시킨다(강진숙, 2015). 예컨대, 중앙의 탑 속에 감시인을 배치하고, 각 독방에는 광인, 병자, 죄수, 노동자, 학생 등 누구나 한 사람씩 감금할 수 있게 한다. 단, 지하감옥과 달리 탑 꼭대기에서는 역광선의 효과를 이용하여 원형 건물 내의 각 방에 감금된 사람들의 윤곽을 빛을 통해 정확히 감시할 수 있게 한다. 이처럼 빛을 이용한 “가시성의 상태”(Foucault, 1975/1994, 295쪽)를 통해 수감자들을 감시하는 것이 바로 판옵티콘이라는 권력장치인 것이다(강진숙, 2015). 이 때문에 이 권력장치에는 감시 주체가 중요하지 않다. 즉, 누가 감시 권력을 소유하고 있는가 하는 점보다는 보다 구체적으로 신체들을 규율 속에서 훈육하는 데 초점이 있다. 예컨대 신체, 표면, 빛, 시선 등의 내적 메커니즘이 만들어 내는 관계들 속에서 권력장치가 “자동적으로”(Foucault, 1975/1994, 298쪽) 작동한다. 따라서, 판옵티콘은 권력을 행사하는 사람이 누군지는 상관없이 특정한 “권력관계를 창출하고, 유지하는 기계장치”(Foucault, 1975/1994, 297쪽)로서 기능한다. 이 때문에 원형감옥이라는 권력장치 속에서 수감자들은 관리책임자의 감시 여부를 확인하는 과정 없이도 자기검열하게 된다. 즉, 자기 자신을 위험한 ‘광인’, ‘범죄자’, ‘교화가 필요한 자’로 규정하고 처벌을 피하고자 자기검열하면서 ‘죄수’로 주체화된다. 요컨대, 감옥은 규율이 작용하는 물질적 공간이며 권력의 행사가 체계적으로 작동하는 제도적 장인 것이다.

그러면, 규율이란 무엇인가? 푸코에 의하면, 규율(discipline)이란 감옥에서 수감자의 “신체 활동에 대한 통제”를 가능하게 하며, “체력에서도 지속적인 복종과 순종-효용성의 관계”를 강제하는 방법이다(Foucault, 1975/1994, 216-217쪽). 규율은 복종하고 규율화된 신체, 즉 순종하는 신체를 만드는데, 그 방법은 효용성의 경제적 관계에서는 수감자의 신체적 힘을 증가시키는 한편, 복종이라는 정치적 관계에서는 그 힘을 감소시켜 규율화된 신체를 만드는 것이다. 이와 관련하여 푸코는 다음과 같이 피력한다.

규율 방식들의 많은 부분은 오래전부터 – 수도원에서, 군대에서, 그리고 작업장에서 있었던 것이다. 그러나 17세기와 18세기를 거치면서 규율은 지배의 일반적인 방식이 되었다. 그것은 신체의 소유관계에 토대를 두고 있지 않다는 점에서 노예제와 다르다. 또한 그처럼 크고 유익한 성과를 거두면서도 값비싸고 폭력적인 노예제의 관계를 벗어날 수 있다는 점이 바로 규율의 세련성이라고 할 수 있다. 그것은 지속적이고 총괄적이고, 집중적이고 비분석적이고, 무제한적이고 주인의 독자적인 의지와 '변덕'의 형태로 확립된 지배관계로서의 주종관계와도 다르다. (Foucault, 1975/1994, 216쪽)

이처럼 규율은 순종하는 주체를 구성하는 방법으로서 감옥이라는 권력장치를 통해 일상적으로 작용한다. 그러면, 판옵티콘은 어떠한 의도로 만들어졌는가? 판옵티콘의 원형은 루이 14세 시대의 베르사유 동물원 구조에서 찾을 수 있다.

그림 7-3. 루이 14세 시대의 베르사유 동물원

출처: Foucault, M. (1975). *Surveiller et punir: Naissance de la prison.* Paris: Gallimard, 300쪽에서 인용. 오생근 (역) (1994). 〈감시와 처벌: 감옥의 역사〉. 서울: 나남. 원 저작권자의 모든 권리가 보호됨.

최초의 동물원인 이 동물원의 구조(〈그림 7-3〉 참조)를 보면 감시장치의 특성을 더 명확히 이해할 수 있다. 이 동물원의 중앙에는 왕의 객실인 팔각형의 별채가 마련되어 있고, 건물의 모든 측면은 커다란 창문을 통해 여러 종류의 동물들이 갇혀 있는 일곱 개의 우리를 향하도록 하였다(Foucault, 1975/1994, 299쪽). 벤담의 시대에는 이미 없어졌던 이 동물원은 다시 판옵티콘을 통해 재현되었는데 양자의 유사점과 차이점을 비교하면 다음과 같다. 즉 양자 모두 개별화한 관찰, 특징 표시와 분류, 공간의 분석적인 계획 배치 등에서 유사점이 발견된다면, 차이점은 동물 대신 인간이, 특유한 무리 대신 개인별 배분이, 그리고 국왕 대신 은밀한 권력장치가 자리한다는 점에서 나타난다(Foucault, 1975/1994, 300쪽).

이상에서 알 수 있듯이, 벤담의 판옵티콘은 역사적으로 존재했던 "왕립 동물원"(Foucault, 1975/1994, 300쪽)의 건축구조를 재현한 것이다. 하지만, 그 기능은 정치적으로 더 확장되어 개인의 훈육, 죄수의 처벌, 노동자들의 기술 훈련, 아이들의 완전 격리수용 교육(l'éducation recluse)을 수행하는 "감시장치"(Foucault, 1975/1994, 301쪽)로서 기능하게 되었다. 요컨대, 감시장치는 어느 한 인격이나 권력자가 아니라 특정 유형의 권력관계에 의해 자동적으로 작동하는 권력장치인 것이다. 그 권력관계는 일방적이기보다 규율에 의해 자기검열과 자발적인 복종관계를 만들어 낸다는 점에서 생체권력의 작동 현장을 보여준다. 감시장치가 생체권력이 작동하는 제도적 공간인 이유는, 영혼이 아닌 신체에 직접적인 규율이 작동하고 있기 때문이다. 따라서 규율은 권력의 한 형태이고 어떤 제도와도, 또한 어떤 기구와도 동일시될 수 없다. 왜냐하면, 규율은 "일체의 도구, 기술, 방식, 적용 범위, 목표를 갖고 있는 권력행사의 한 양식"이기 때문이다(Foucault, 1975/1994, 331쪽). 이러한 규율사회의 단면은 사회적 "검역(quarantaine)과 같은 폐쇄적인 규율"뿐 아니라 "판옵티콘 장치(panoptisme)라는 무한히 일반화할 수 있는 조직"에 이르기까지 다종다양한 형태로 기능하고 있는 것이다(Foucault, 1975/1994, 332쪽).

(3) 담론장치와 지식권력: 성(sexuality) 장치[2)]

이러한 푸코의 장치에 대한 사유는 후속 저서인 〈성의 역사 1: 지식의 의지〉(1976/2010)를 통해 더욱 구체화된다. 이 저서의 제4장 '성적 욕망의 장치'에서 푸

2) 이에 대해서는 다음 문헌에 기초함. 강진숙 (2015). 정동의 장치와 주체화 연구방법－미디어 비오그라피: 푸코, 아감벤, 들뢰즈의 장치와 주체화, 배치에 대한 사유를 중심으로. 〈커뮤니케이션 이론〉, 11권 4호, 4-37.

코는 성 장치(le dispositif de sexualité)의 기능을 '지식의 의지', 즉 담론과 지식권력의 차원으로 확장해 논의하기 때문이다. 성은 억압되거나 금지되는 것이 아니라 오히려 성 장치를 통해 일정한 틀에 따라 생산, 조절되는데, 그 이유는 "성 장치가 제도들, 실천들, 담론들에서 개체의 핵심에 성을 둘러싼 담론들을 증식시키기 때문"(양운덕, 2008, 179쪽)이다. 이러한 성 장치는 성 담론의 영역들을 조직화하면서 성을 일정하게 관리하고 생산한다(Foucault, 1976/2010). 예컨대, 중세 기독교의 고해성사는 성 장치로 기능했고, 이는 14세기 이래 집중적으로 전개되어 온 금욕, 심령수업, 신비주의의 방법이나 라테라노 종교회의에 의해 모든 신도들에게 철저히 강요된 의무적, 주기적 고백을 통해 나타난다. 이 경우, 개인의 은밀한 성 고백은 개인의 (성적) 진리를 검사하는 '성 검열 장치'로 기능했다. 이후 18세기 말에는 새로운 성의 기술체계가 생겨났는데, 세 가지 축의 학문 분야가 그것이다(Foucault, 1976/2010, 130쪽). 즉 어린이의 특수한 성적 욕망을 관리하는 교육, 여성의 성적 생리를 관리하는 의학, 그리고 자연발생적이거나 계획된 출산 조절을 관리하는 인구통계학이 그 축이다. 이러한 세 가지 축은 근대의 어린이와 여성의 신체, 쾌락, 성관계 등을 관리하고 통제하는 성 장치로 작동한다. 즉 죄에 대한 투쟁이 질병에 대한 투쟁으로, 구원이 건강에 대한 배려로, 고해자가 의사로, 양심의 규제장치가 위생의 규제장치로 대체되고 계승되었다(Côte-Jallade et al., 1985/1998). 결국, 역사적 조건의 변화에 따라 신체와 성, 출산 등의 조절장치들은 점차 신체 자체가 아니라 지식권력의 행사를 통해 작동했다는 점을 알 수 있다. 즉 신체에 대한 직접적 훈육과 감시장치는 역사적, 시대적 맥락의 변화에 따라 점차 세련되고 견고한 지식의 권력 효과를 통해 변화한 것이다.

이상과 같이 푸코의 장치와 주체화에 대한 문제설정은 두 가지 맥락 속에서 파악된다. 한편으로는 판옵티콘, 즉 원형감옥과 같은 감금장치가 신체의 규율과 감시를 위한 권력관계를 작동시켰다는 점이다. 장치는 하나의 인격에 의해 작동하는 단일한 실체가 아니라 '이질적 집합'(Agamben, 2006/2010, 17쪽) 혹은 '구성체'의 형태를 띠기 때문이다. 또 다른 한편, 다양한 성 장치들은 초기의 규율과 훈육의 기능을 넘어서서 지식권력과 결합되면서 일정한 방식으로 주체를 관리하고 통제하는 역할을 수행하였다는 점이다. 성 장치들은 다양한 학문 분야, 즉 교육, 의학, 인구통계학, 생물학 등을 통해 성 담론을 만들어 내면서 개인의 신체와 섹스, 쾌락 등까지 사회적 관리와 통제의 대상으로 삼았기 때문이다. 즉 장치는 신체의 규율과 감시뿐만 아니라 지식권력과 결합함으로써 일정한 방식으로 주체를 구성한다.

2) 푸코에서 아감벤의 장치로: 일상영역으로의 확장[3)]

이탈리아의 사상가이자 현대 유럽의 철학자인 아감벤은 푸코의 장치 개념을 일상생활의 영역으로 더욱 확장한다. 이것은 두 가지 측면, 즉 장치의 개념적 정의와 장치의 세속화를 통한 저항의 가능성이다. 여기서는 아감벤의 사유를 이해하기 위해 장치와 세속화 문제를 다루는 그의 주저들인 〈장치란 무엇인가?〉(2006)와 〈세속화 예찬〉(2005)을 중심으로 살펴보고자 한다. 여기에 덧붙여 생명체의 포함/배제 규칙을 이용한 권력의 통치와 주체화 과정을 다루는 〈호모 사케르〉(1995)를 상호 연관시켜 논의하고자 한다.

(1) 장치 개념과 일상생활

우선, 아감벤은 푸코의 장치를 어떻게 일상생활의 영역으로 확장하고 있는가? 이 문제를 해결하기 위해서는 푸코와 아감벤의 장치 개념과 사례의 비교가 필요하다(Agamben, 2006/2010, 33쪽 참조). 즉 푸코의 경우, 장치는 담론과 비담론적 영역을 포함하는 네트워크 혹은 구성체이다(Foucault, 1977; Agamben, 2006/2010). 예컨대 감옥, 정신병원, 학교, 공장, 규율, 법적 조치 등 권력과 명백히 접속된 것들이다. 이러한 장치는 개인의 신체를 규율, 훈육하는 데서 나아가 특정 유형의

3) 이에 대해서는 다음 문헌에 기초함. 강진숙 (2015). 정동의 장치와 주체화 연구방법 – 미디어 비오그라피: 푸코, 아감벤, 들뢰즈의 장치와 주체화, 배치에 대한 사유를 중심으로. 〈커뮤니케이션 이론〉, 11권 4호, 4-37.

권력관계를 형성하여 감시, 관리, 통제의 기능을 수행한다. 한편, 아감벤의 장치는 푸코의 장치를 일상생활의 영역으로 끌어온다. 예컨대 펜, 글쓰기, 문학, 철학, 농업, 담배, 항해(인터넷서핑), 컴퓨터, 휴대전화 등이 여기에 포함된다. 즉 아감벤이 정의하는바, 장치란 "생명체의 몸짓, 행동, 의견, 담론을 포획, 지도, 규정, 차단, 주도, 제어, 보장하는 능력을 지닌 모든 것"(Agamben, 2006/2010, 33쪽)을 의미한다. 푸코와 아감벤의 장치 개념과 사례를 비교하면 〈표 7-2〉와 같다.

표 7-2. 푸코와 아감벤의 장치 개념과 사례 비교

구 분	푸 코	아감벤
장치의 정의	담론과 비담론적 영역을 포함하는 네트워크 혹은 구성체	생명체들의 몸짓, 행동, 의견, 담론을 포획, 지도, 규정, 차단, 주도, 제어, 보장하는 능력을 지닌 모든 것
장치의 사례	감옥, 정신병원, 판옵티콘, 학교, 고해, 공장, 규율, 법적 조치 등	펜, 글쓰기, 문학, 철학, 농업, 담배, 항해(인터넷서핑), 컴퓨터, 휴대전화, 언어 등

출처: 강진숙 (2015). 정동의 장치와 주체화 연구방법 – 미디어 비오그라피: 푸코, 아감벤, 들뢰즈의 장치와 주체화, 배치에 대한 사유를 중심으로. 〈커뮤니케이션 이론〉, 11권 4호, 12쪽에서 인용. 원 저작권자의 모든 권리가 보호됨.

〈표 7-2〉에서 알 수 있듯이, 푸코의 경우 장치를 권력과 명백히 접속되는 사례들에 초점을 두고 살핀다면, 아감벤의 경우 일상적으로 권력과 접속되는 사례들에 집중해 살핀다는 점에서 차이가 있다. 이러한 차이는 양자의 장치와 주체화에 대한 관점의 차이에서 기인한다. 즉 푸코가 역사적으로 형성되어 온 장치의 권력관계와 주체화과정을 중시한다면, 아감벤의 경우 장치의 통치와 지배 전략뿐 아니라 장치들의 가능성인 '열림'과 해방 전략까지 고려하기 때문이다. 즉 장치들의 '열림' 전략이란 각종 "도구, 물품, 각종 보조물, 잡동사니 등 모든 유형의 기술들"(Agamben, 2006/2010, 38쪽)을 활용해 해방의 가능성을 실현할 수 있다는 것을 의미한다. 따라서 장치들의 관건은 이렇게 장치들에 의해 포획되고 분리된 것을 해방시켜 공통으로 사용할 수 있도록 되돌리는 데 있다. 왜냐하면, 모든 장치의 뿌리에는 "행복에 대한 인간적인 욕망이 존재하기"(Agamben, 2006/2010, 38쪽) 때문이다.

그러면, 장치들의 해방 전략은 어떻게 가능한가? 이러한 물음은 두 가지 측면에서 접근할 수 있다. 하나가 장치들이 생명체를 포획하고 분리하는 방식이라면, 다른 하나는 장치들이 포획하고 분리한 것을 해방시키는 방식이다. 이러한 두 접근이 중요한 이유는 장치들이 권력관계에 의해 포획되는 방식을 파악함으로써 역으로 해방의 전략을 수립할 수 있기 때문이다. 단지 장치를 어떻게 '똑바로' 사용하느냐의 문제로는 장치에 각인된 생명체의 포획과 분리의 방식을 제대로 간파할 수 없다. 아감벤이 강조하듯이, "모든 장치에는 각각 정해진 주체화 과정(탈주체화 과정)이 대응"(Agamben, 2006/2010, 44쪽)하기 때문이다. 따라서 장치들의 해방 전략을 위해 가장 "긴급한 사안"은 "장치들을 세속화하는 문제"(Agamben, 2006/2010, 48쪽)에서 포착된다. 즉 장치들 안에 포획되고 분리되었던 것을 공통으로 사용할 수 있게 되돌리는 것이 중요한 과제이다.

(2) 세속화 전략

그러면, 공통의 사용을 위해 어떠한 전략이 필요한가? 이에 대해서는 아감벤의 '세속화(profanazione)' 전략을 통해 살펴볼 수 있다. 아감벤에 의하면, '세속화하다(profanare)'란 "사물을 인간이 자유롭게 사용하도록 돌려주는 것"(Agamben, 2005/2010, 108쪽)이다. 이는 '봉헌하다(sacrare)'와 다르다. 이것은 인간이 만든 법의 영역에서 사물을 떼어내는 것을 가리키기 때문이다. 이러한 세속화에서 중요한 두 가지 행위가 분리와 접촉이다. 한편으로 분리를 통한 성역화의 측면에서 종교는 사물, 동물, 사람, 장소 등을 공통의 사용에서 떼어내어 (다른) 분리된 영역으로 이전한다(Agamben, 2005/2010, 108쪽). 즉 종교는 특정 사물이나 사람을 공통의 사용에서 분리해 성역화하는 것이다. 여기서 중요한 것은 '분리'의 행위에 있는데, 이것은 '희생제의'를 통해 두드러지게 나타난다. 또 다른 한편, 접촉을 통한 세속화의 측면에서 제사나 희생제 동안 내장과 장기, 즉 간, 심장, 담낭, 폐 등 제물의 일부는 신을 위해 비축되는 한편, 제의 참여자들은 고기에 접촉해 세속적이고 식용 가능한 것으로 만들어버린다. 아감벤이 강조하는바, "분리되어 돌처럼 딱딱하게 굳어버린 것을 마법에서 풀어내 사용으로 되돌리는 것이 세속적인 감염이고 접촉이다”(Agamben, 2005/2010, 109쪽).

이와 관련하여 보다 현대적인 세속화의 사례는 근대의 학문과 문화, 놀이, 미디어 장치 등을 들 수 있다. 우선, 근대의 학문과 문화에는 종교와 신학의 흔적이 여전히 “잔재해”(Weigel, 2008, p. 12) 있지만 기본적으로 ‘성스러운’ 영역에서 지식을 분리해 공통의 사용 지식으로 세속화한 사례일 수 있다. 이것은 앞서 푸코의 감시장치 논의에서도 보았듯이 죄, 구원, 고해자, 양심 등의 종교적, 신학적 장치들이 질병, 건강, 의사, 위생 등의 교육, 의학, 인구통계학 등의 지식권력 장치로 계승된 사실에서도 확인된다. 물론 이에 대해 벤야민은 비판적 견해를 제시한다. 즉 벤야민은 세속화에 대한 비판을 통해 근대의 학문과 문화가 세속화 산물로 보이지만, 실은 “신학적 유산의 대용물에 불과하다”고 주장한다(Weigel, 2008; 윤미애, 2012, 145쪽). 이를테면, 신학적 모델처럼 국가주권의 지배를 합리화하는 정치철학이나 목적론적 역사관을 지닌 근대의 역사학 등이 여기에 포함된다. 이러한 벤야민의 세속화 비판은 아감벤의 ‘환속화’ 개념으로 연결된다(윤미애, 2012). 아감벤은 ‘환속화(secolarizzazione)’를 세속화와 구분해 사용하고 있다. 우선, 환속화는 성스러운 영역의 힘을 다른 세속적 영역으로 옮겨놓고 고스란히 내버려 두는 “억압의 형식”(Agamben, 2005/2010, 113쪽)이다. 천상의 군주제를 지상의 군주제로 대체하는 것은 신학적 힘을 정치적 힘으로 ‘환속’하는 것에 불과하기 때문이다. 반면 권력 실행의 영역을 이전하는 데 그친 환속화와 달리 세속화는 “권력장치들을 비활성화하고 권력이 장악했던 공간을 공통의 사용으로 되돌리는 것”(Agamben, 2005/2010, 113쪽)을 말한다. 즉, 권력장치의 활성화를 중단하고 성역화되었던 영역을 공통의 사용으로 복원하거나 생성하는 것이 ‘세속화’인 것이다. 요컨대, 환속화가 권력장치가 가진 힘의 확장과 실행을 보증한다면, 세속화는 권력장치가 성스러운 영역으로 차단하고 분리했던 것을 누구나 사용 가능한 것으로 열어 놓는 것을 의미한다.

그러면, 세속화 전략은 어떠한 정치적 과제와 연결되는가? 세속화의 새로운 차원의 사용은 ‘놀이’ 속에서 찾아볼 수 있다. 예컨대, 예전의 사용법이 정지되고 비활성화되는 경제, 법, 정치의 역량(잠재성) 등은 "새로운 행복의 문"(Agamben, 2005/2010, 112쪽)을 열어 준다. 왜냐하면, 낡은 물건이라도 재미있게 가지고 노는 어린이들처럼 진지하고 엄숙한 경제, 전쟁, 법 등의 활동 영역들도 놀이의 세속화 과정을 통해 장난감이 되기 때문이다. 따라서 "자동차, 총기, 법적 계약도 불시에 장난감이 되어버리고", 놀이는 "세속화의 기관(器官)"으로서 새로운 차원의 사용을 가능케 한다는 것이다. 이처럼 놀이는 그 자체의 세속적 사명을 복원하는 정치적 과제를 환기시킨다(Agamben, 2005/2010, 112쪽). 놀이의 현대적 사례는 미디어 장치들을 통해 발견되고 세속화의 과제를 환기시킨다. 예컨대, 아감벤이 예시하고 있는 포르노그래피는 "에로틱한 행동을 그 직접적인 목적으로부터 떼어내 헛돌게 만들어"(Agamben, 2005/2010, 134쪽) 세속화하려는 인간의 잠재력을 무력화한다. 사람과 사람 간의 쾌락이 아닌 섹슈얼리티의 집단적 사용과 자본의 욕망에 내맡기도록 함으로써 놀이의 유희를 획일화하기 때문이다. 패션쇼 장치 또한 얼굴 표정을 자유롭게 표현하도록 하기보다는 "감정이 실리지 않은 패션모델의 얼굴"(Agamben, 2005/2010, 134-135쪽)처럼 하나의 표정 혹은 무표정함으로 포획하는 사례이다. 요컨대, 세속화의 개념이 권력이 지배하는 공간을 공통의 사용으로 되돌리는 것이라면, '장치의 세속화'는 특정 권력이 지배하는 장치를 공통의 사용 장치로 변화시키는 것이다.

이와 같이 포르노그래피나 패션쇼 외에도 다양한 미디어 장치들은 "언어활동의 세속적 힘을 무력화하고, 말의 새로운 사용이나 새로운 경험의 가능성을 열어젖히지 못하게 만드는"(Agamben, 2005/2010, 128쪽) 경향이 있다. 즉 TV나 라디오 방송 등의 미디어 장치들은 다양한 신조어나 제스처, 감정 표현 등의 '세속적 힘'을 포획하고 새로운 말의 사용과 행동의 가능성을 차단하거나 관리하는 역할을 한다. 여기서 문제는 미디어 장치가 개인과 집단의 말과 행동의 다양한 표현 가능성을 관리하고 통제함으로써 특정한 주체의 모습을 만들어 내고 규정한다는 점에 있다. 이것은 다음에서 살펴볼 전시가치의 메커니즘을 통해 보다 구체적으로 파악된다.

(3) 전시가치의 메커니즘

이와 관련하여 벤야민은 그의 주저인 〈기술복제시대의 예술작품〉에서 "전시가치(展示價値, Ausstellungswert)" 개념을 제시한 바 있다(Benjamin, 1936/2007, 53쪽). 전시가치란, "여러 예술활동이 의식의 모태에서 해방됨에 따라"(Benjamin, 1936/2007, 54쪽) 예술작품의 전시 가능성이 커지는 상황을 내포한다. 기술복제의 대중화는 예술작품의 기능이 진품성과 일회성을 중시하던 주술적 제의가치에서 대중의 수용이 가능한 전시가치로 이행하게끔 했기 때문이다.

특히 사진과 영화와 같은 기술복제 매체들은 "아무리 가까이 있어도 멀리 떨어져 있는 어떤 것의 일회적인 현상"(Benjamin, 1936/2007, 50쪽)인 아우라의 붕괴를 가져왔고, 그 결과 대중이 경험하게 된 시각적 충격체험은 전시가치의 새로운 예술적 기능을 확대하게 된 것이다.

이러한 맥락에서 아감벤은 전시가치의 메커니즘을 분석한다. 그에 따르면, 전시가치는 "전시되는 것 자체가 사용의 영역에서 제거되기 때문에 사용가치가 아니며, 결코 그 어떤 노동력도 측정하지 않기 때문에 교환가치도 아니다"(Agamben, 2005/2010, 131쪽). 즉, 마르크스주의의 이원항인 사용가치와 교환가치에서 벗어난 제3의 항으로 도입된 것이 전시가치인 것이다. 중요한 것은 이러한 전시가치의 대표적인 장소가 인간 얼굴의 영역이라는 점이다. 예컨대, 패션모델이나 포르노 주인공의 직업적 얼굴 표현은 "낯 두꺼운 무관심"(Agamben, 2005/2010, 132쪽)을 통해 새로운 에로틱한 의사소통의 사용방법과 형식을 보여준다. 즉, 이 직업의 종사자들은 구경꾼들이나 카메라를 무표정하게 혹은 정숙하게 응시하며 피와 살이 있는 얼굴 대신 상품의 전시 장소로 사용하기 때문이다. 여기서 알 수 있는 것은, 포르노그래피와 패션쇼라는 장치의 기능은 "필사적인 소비"(Agamben, 2005/2010, 134쪽)를 위해 에로틱한 표정과 행동들을 차단하고 포획함으로써 세속화할 수 없도록 하는 데 있다. 이를 통해 아감벤이 도출하는 결론은, 모든 권력장치는 늘 이중적이라는 것이다(Agamben, 2005/2010). 권력장치는 한편으로 각 개인들의 행동으로부터 주체화를 꾀한다면, 다른 한편으로 분리된 영역에서 개인의 행동을 포획하는 기능을 한다. 개인의 행동은 이러한 권력장치들의 분리와 포획 과정에서 끊임없이 주체화되고 호명된다. 중요한 과제는 그 장치들이 분리하고 포획하고 있는 사물과 사람, 장소의 사용 가능성을 되찾는 것에 있다.

3) 푸코와 아감벤의 장치론과 시사점[4)]

우선, 푸코의 장치론 중에서도 지식권력론적 사유는 질적 연구 중에서 미디어 비오그라피(Medienbiographie) 연구에 시사하는 바가 크다. 주지했듯이 푸코의 장치론은 두 가지 방식에서 분석된다. 하나가 개인의 신체에 집중되는 권력기술을 통해 개별 신체를 감시하고 훈육하면서 권력장치의 유용성과 순응성을 증대시키는 방식이라면(임미원, 2009), 다른 하나는 개별 신체뿐 아니라 전체 신체의 조절과 관리를 위한 지식권력 장치로서 다양한 학문체계를 활용하는 방식이다. 전자가 개별 신체에 대한 감시장치의 기능을 보여준다면, 후자는 전체 신체에 대한 지식권력 장치의 작동 방식을 보여준다. 이러한 푸코의 두 가지 사유 중에서도 지식권력 장치는 미디어와 이용자의 정보습득과 활용 과정을 분석하는 데 유의미하다. 예컨대, 미디어를 이용하는 생애사 동안 어떠한 미디어 기기나 콘텐츠를 접하면서 자기검열을 하고 신체관리를 하게 되었는지, 혹은 건강정보 프로그램을 시청하면서 어떠한 의학담론이 특정 증상을 규정하고 치료방법을 제공했는지, 이에 대해 이용자는 자신의 건강상태를 어떻게 자기검열했는지 등의 문제들을 규명할 수 있다. 미디어 비오그라피 접근방법을 통해 이러한 미디어 장치와 지식권력의 작동 방식에 접근하고자 하는 이유는 바로 여기에 있다. TV나 인터넷 등 미디어 장치의 건강정보나 각종 심신 치료방법들은 이용자의 신체관리를 위한 지식권력 장치의 작동 과정이자 결과로서 파악할 수 있기 때문이다. 즉, 미디어 비오그

4) 이에 대해서는 다음 문헌에 기초함. 강진숙 (2015). 정동의 장치와 주체화 연구방법 – 미디어 비오그라피: 푸코, 아감벤, 들뢰즈의 장치와 주체화, 배치에 대한 사유를 중심으로. 〈커뮤니케이션 이론〉, 11권 4호, 4-37.

라피 연구를 통해 미디어와 이용자 사이에 지식권력이 어떻게 작용하고, 이를 통해 어떠한 개별 신체와 전체 신체들이 감시, 관리, 조절되어 특정한 주체를 구성하게 되었는지를 분석할 수 있는 방법을 제공한다.

두 번째는 아감벤의 권력장치에 대한 세속화 전략과 미디어 비오그라피 연구의 연관성이다. 아감벤의 장치는 푸코의 사유에 크게 의존하고 있는 것이 사실이다. 아감벤이 푸코의 장치와 주체화 방식이 갖는 사상적 함의와 한계에 대해 면밀히 검토하고 있다는 점에서 그렇다. 그럼에도 불구하고, 푸코를 수용하면서도 극복하려는 것이 아감벤의 장치론이다(임미원, 2009). 양자의 차이는 규범과 법제도에 대한 관심, 그리고 장치로부터의 해방에 대한 인식에서 두드러지게 나타난다. 한편으로, 푸코가 한 사회의 제도와 규범의 측면에서 생체권력과 지식권력론을 바탕으로 장치에 접근했다면, 아감벤은 한 사회 규범의 규칙성을 넘어서서 일상의 공간에서 발견되는 법제도적인 주체화의 방식, 곧 포함과 배제의 방식들로 확장하기 때문이다(Agamben, 2006/2010). 또 다른 한편, 푸코가 권력장치의 규칙성과 지배 방식에 천착했다면, 아감벤은 권력장치에 의해 성역화되고 분리된 공간과 사물들로부터 벗어날 수 있는 세속화하는 전략을 제시하고 있다(Agamben, 2005/2010). 이러한 점에서 아감벤의 권력장치와 세속화 전략은 TV, 인터넷, 스마트폰의 포함/배제의 권력장치들로부터 벗어날 수 있는 실천의 가능성을 모색할 수 있도록 한다는 점에 의미가 있다. 요컨대, 미디어 비오그라피 연구를 통해 미디어 장치가 생애사의 특정 국면에서 어떻게 포함/배제의 원리들을 작동시켰는지를 분석한다면, 역으로 향후 새로운 미디어 비오그라피를 구성하기 위한 다양한 미디어교육 방법들을 기획할 수 있다. 이러한 과정에서 아감벤의 세속화 전략은 유의미한 문제설정을 제공한다. 특히 미디어 장치의 일방적 작용이 아닌 이용자의 능동적, 창의적 미디어 비오그라피 구상과 실행 방법을 찾기 위해서는 아감벤의 사유를 미디어 교육의 지평 속에 지속적으로 견인, 확장할 필요가 있다.

3 푸코 사유의 적용

1) 선행연구의 사례

푸코의 장치론과 주체구성에 관한 이론들은 미디어 커뮤니케이션 연구 분야에서 주로 미디어와 젠더, 미디어교육 분야 등에서 적용되고 있음을 알 수 있다. 선행연구들을 조사한 결과, 2010년부터 2017년까지 직접적인 연관성이 있는 학술논문들을 선별하여 총 9건의 사례들을 추출하였다. 이것을 정리하면 다음 〈표 7-3〉과 같다.

표 7-3. 푸코 이론의 적용 사례들

사 례	연구자	제 목	주제어	학문 분야
1	이호규 (2010)	주체형성 장치로서의 가상공간과 커뮤니케이션 모델: 르페브르와 푸코의 논의를 중심으로	권력, 사회 장치, 선의 커뮤니케이션	커뮤니케이션
2	권은선 (2013)	유신정권기의 생체정치와 젠더화된 주체 만들기: 호스티스 멜로드라마와 하이틴 영화를 중심으로	생체정치, 개발주의 국가, 호스티스 멜로드라마, 하이틴 영화, 주체성	여성/영화
3	김예란 (2013)	빅데이터의 문화론적 비판: 미셸 푸코의 생정치 개념을 중심으로	빅데이터, 지식-권력, 주체, 가상 인구, 통치, 통제사회, 생정치	디지털 문화
4	황슬하 · 강진숙 (2014)	온라인 여성호명 담론에 대한 질적 연구	여성호명, 담론, 푸코, 젠더 문화	여성/미디어

사 례	연구자	제 목	주제어	학문 분야
5	강진숙 (2015)	정동의 장치와 주체화 연구방법-미디어 비오그라피: 푸코, 아감벤, 들뢰즈의 장치와 주체화, 배치에 대한 사유를 중심으로	푸코, 아감벤, 들뢰즈, 장치, 주체화, 배치, 미디어 비오그라피	미디어 교육
6	권지현 · 김명혜 (2015)	인터넷 팬 커뮤니티의 규율권력이 어떻게 행사되는가?: 디시인사이드 '주군의 태양' 갤러리의 사례를 중심으로	푸코, 권력, 지식, 규율권력, 진리, 인터넷 팬 커뮤니티 권력관계	디지털 문화
7	김지연 · 김균 (2015)	식민지 근대 신여성의 담론 연구: 1920~1930년대 한국의 신여성 광고를 중심으로	문화사, 광고, 신여성, 담론	광고/여성
8	노형일 · 양은경 (2017)	비폭력 저항 주체의 형성: 박근혜 대통령 탄핵 촛불집회에 대한 통치 분석	촛불집회, 비폭력, 사회운동, 푸코, 통치성	미디어(신문)
9	장유정 (2017)	노년세대의 갈등유형과 소수자 미디어교육 경험에 대한 현상학적 연구: 들뢰즈와 가타리의 소수자론과 푸코의 주체구성론을 중심으로	소수자미디어교육, 갈등, 젠더, 다문화, 세대, 들뢰즈와 가타리, 푸코, 현상학	미디어 교육

위의 표에서 볼 수 있듯이, 푸코의 이론이 미디어 분야에서 가상공간, 빅데이터, 인터넷, 광고 등에 적용되었다면, 젠더의 측면에서는 영화와 온라인 여성 호명 담론, 광고 분석 등에 활용되었다. 또한 미디어교육 분야에서는 정동의 장치와 노인 미디어교육 연구에 푸코의 장치론과 주체구성론이 적용되었음을 알 수 있었다. 푸코 이론의 초점은 주로 장치(주체형성, 정동), 생체정치, 규율권력, 통치, 주체구성론 등에 집약되었다.

2) 선행연구의 공통점과 쟁점

그러면, 선행연구들을 분석한 결과 어떠한 특징들과 쟁점들이 도출되는가? 여기서는 푸코의 이론을 적용한 선행연구들에 나타난 공통점과 차이점들을 바탕으로 각 연구들의 함의와 쟁점들을 살펴보고자 한다. 공통점은 각 연구들이 대부분 푸코의 장치를 통한 권력론과 주체구성의 사유에 관심을 기울이고 있다는 것이다. 여기서는 미디어 분야, 젠더의 측면, 그리고 미디어교육 분야로 구분하여 선행연구의 경향들을 분석하고자 한다.

우선, 미디어 분야에서는 푸코의 장치, 생체정치, 규율권력 그리고 통치성의 사유들에 근거해 다양한 미디어 분석이 이루어졌다. 미디어의 유형에는 가상공간, 빅데이터, 인터넷 팬 커뮤니티, 그리고 신문 등이 여기에 포함된다. 구체적으로 살펴보면, 우선 이호규(2010)는 〈주체형성 장치로서의 가상공간과 커뮤니케이션 모델: 르페브르와 푸코의 논의를 중심으로〉에서 가상공간에서 작동하는 주체형성 장치를 탐구하고 있다. 김예란(2013)은 〈빅데이터의 문화론적 비판: 미셸 푸코의 생정치 개념을 중심으로〉에서 푸코의 생정치를 적용하여 빅데이터 문화를 분석하였다. 권지현과 김명혜(2015)는 〈인터넷 팬 커뮤니티의 규율권력이 어떻게 행사되는가?: 디시인사이드 '주군의 태양' 갤러리의 사례를 중심으로〉에서 규율권력을 조명하며 인터넷 팬 커뮤니티를 평가한다. 그리고 푸코의 통치성 사유를 바탕으로 신문 담론을 분석하고 있는 노형일과 양은경(2017)의 〈비폭력 저항 주체의 형성: 박근혜 대통령 탄핵 촛불집회에 대한 통치 분석〉 등을 들 수 있다.

두 번째로, 젠더의 측면에서 푸코의 이론을 적용한 세 편의 논문들을 발견할 수 있었다. 권은선(2013)은 〈유신정권기의 생체정치와 젠더화된 주체 만들기〉를 통해 호스티스 멜로드라마와 하이틴 영화에 어떠한 생체정치와 개발주의 국가 이념이 관통하고 있는지를 분석하였다. 황슬하와 강진숙(2014)은 〈온라인 여성호명 담론에 대한 질적 연구〉에서 푸코의 담론분석 틀을 적용하여 온라인 여성혐오 현상에 대한 담론분석과 여성주의적 시각의 유의미성을 설파하고 있다. 김지연과 김균(2015) 역시 푸코의 담론분석 틀을 활용하여 1920～1930년대 한국의 신여성 광고를 중심으로 〈식민지 근대 신여성의 담론 연구〉를 행하고 있다. 여기서 강조하는바, 광고들은 제국주의, 가부장성 등 지배 담론들을 적극 수용하고 재생산하는 제도적 장소였다.

마지막으로, 미디어교육 분야에서 푸코의 이론은 장치와 주체구성론을 중심으로 적용되었다. 예컨대, 강진숙(2015)은 〈정동의 장치와 주체화 연구방법 – 미디어 비오그라피: 푸코, 아감벤, 들뢰즈의 장치와 주체화, 배치에 대한 사유를 중심으로〉에서 푸코와 아감벤의 장치를 다루면서 들뢰즈의 배치 사유까지 펼쳐놓고 있다. 이러한 연구의 의의는 미디어교육 연구를 위해 정동의 장치와 주체구성의 연구방법론을 제안한다는 점에 있다. 또한 장유정(2017)은 〈노년세대의 갈등유형과 소수자 미디어교육 경험에 대한 현상학적 연구: 들뢰즈와 가타리의 소수자론과 푸코의 주체구성론을 중심으로〉에서 미디어가 노년 세대를 주체화하는 방법들을 분석하며 푸코의 주체구성론을 적용하고 있다. 이 연구는 사회적 갈등요인이 되고 있는 노년세대의 현상들을 분석하며 노인 미디어교육을 통한 새로운 주체구성의 방향성을 모색하고 있다는 점에서 의미가 있다.

이상과 같이 푸코의 이론은 장치, 생체정치 및 통치성, 담론과 주체구성의 측면에서 다양한 미디어 문화와 현상들에 적용, 분석되고 있다. 특히 선행연구들이 레거시 미디어들뿐 아니라 디지털 공간과 빅데이터 이용문화 등을 분석대상으로 하여 푸코의 이론들을 적용하고 있다는 점은 주목할 부분이다. 이것은 단지 푸코 이론의 적용을 떠나서 함의점을 제공한다. 왜냐하면, 푸코의 사유는 현시대에도 여전히 유효한 문제의식들을 조망할 수 있는 통찰력을 제시하며, 나아가 새로운 삶정치를 위한 장치들을 확립할 수 있는 현실성을 지니고 있기 때문이다. 따라서 푸코의 고고학과 계보학에 대한 다종다양한 탐구와 재해석 작업을 통해 학문적, 현실적인 지평의 확장을 기대해 본다.

들뢰즈 :
사건의 철학과 시뮬라크르

제 8 장

토론주제

1. 들뢰즈의 사건-시뮬라크르 사유는 어떠한 특징을 지니는가?
2. 무의미와 의미는 무엇이고, 서로 어떠한 관계를 갖는가?
3. 양식과 역설의 차이는 무엇이고, 서로 어떠한 관계를 갖는가?
4. 사건들은 어떻게 차이와 반복의 특징을 지니는가?

주요 용어 • 들뢰즈 • 사건 • 시뮬라크르 • 의미 • 양식 • 역설 • 차이 • 반복

1 들뢰즈의 사건-시뮬라크르의 사유

1) 들뢰즈의 이력 및 저술 소개

프랑스 파리 태생의 질 들뢰즈(Gilles Deleuze)(1925~1995)는 푸코와 마찬가지로 후기구조주의 철학자이자 미학자이다. 1944년 소르본 대학에서 철학을 연구한 이래 1948년 철학교사 자격시험에 통과한 후 1957년까지 아미앵, 오를레앙, 파리 등에서 철학을 가르쳤다. 1962년에는 푸코와 조우하며 공저를 저술하였을 뿐 아니라 68년 5월 혁명 당시 정치격변기에 여러 소수자 그룹에 참여하였다. 이때 박사학위논문을 제출하였는데, 주논문이 〈차이와 반복(*Différence et Répétition*)〉〔지도교수: 조르주 캉길렘(George Canguilhem)〕이라면, 부논문은 〈스피노자와 표현의 문제(*Spinoza et le probléme de l'expression*)〉〔지도교수: 페르디낭 알키에(Ferdinand Alquié)〕이다. 1969년 〈의미의 논리〉를 출간할 당시, 정신과 의사이자 정신분석학자였던 펠릭스 과타리(Félix Guattari)를 처음으로 만난 후 집필 활동과 사회적 실천을 함께 하게 된다. 1971년에 들뢰즈는 푸코가 콜레주 드 프랑스 대학의 교수로 간 이후 그 뒤를 이어 파리 제8대학(벵센느 대학, 후에 생드니 대학으로 개명) 철학과 교수로 부임하게 된다. 이때 심한 폐질환으로 수술을 받고 병상생활을 하였고, 1987년 퇴임할 때까지 장-프랑수아 료타르(Jean-Francois Lyotard)와 함께 강의를 진행한다. 이 과정에서 그는 전문가 양성이 아닌 일반 대중을 위해 정규과정을 거치지 않는 실험적 수업을 실시하였는데, 들뢰즈는 이러한 시도를 '프랑스에서 시도된 가장 중요한 교육개혁 중 하나'라고 긍정적으로 평가하였다.

그림 8-1. 프랑스의 철학자 · 미학자 들뢰즈

출처: URL: http://blog.naver.com/PostView.nhn?blogId=czech_love&logNo=220927416988&parentCategoryNo=&categoryNo=170&viewDate=&isShowPopularPosts=true&from=search

들뢰즈의 저서들은 단독 저서들과 공저들로 구분할 수 있다. 우선, 단독 저서들을 보면, 들뢰즈의 후기구조주의 사유에 지대한 영향을 미친 〈니체와 철학(*Nietzsche at la philosophie*)〉(1962)과 〈칸트의 비판철학(*La philosophie critique de Kant*)〉(1963) 그리고 〈프루스트와 기호들(*Proust et les signes*)〉(1964), 〈니체(*Nietzsche*)〉(1965), 〈베르그송주의(*Le Bergsonisme*)〉(1966) 등이 있다. 또한 〈사세 마조흐 소개(*Présentation de Sacher Masoch*)〉(1967), 〈차이와 반복〉(1968), 〈스피노자와 표현의 문제〉(1968) 등을 비롯하여 사건-시뮬라크르의 철학을 집약적으로 제시하고 있는 〈의미의 논리(*Logique du sens*)〉(1969), 〈스피노자: 실천철학(*Spinoza: Philosophie pratique*)〉(1981), 〈중첩(*Superpositions*)〉(1979) 등을 들 수 있다. 특히 〈차이와 반복〉과 〈의미의 논리〉에 대한 푸코의 서평이 ≪비평(*Critique*)≫지에 실렸는데, 그 핵심 요지는 '언젠가는 들뢰즈의 세기가 올 것이다'라는 예견에서 알 수 있을 정도로 푸코의 긍정적 평가가 이루어졌다.

미학과 예술 분야의 저서로는 〈프란시스 베이컨: 감각의 논리(*Francis Bacon:*

Logique de la sensation)〉(1981), 〈영화 1. 운동-이미지(*Cinéma 1. L'image-mouvement*)〉(1983), 〈영화 2. 시간-이미지(*Cinéma 2. L'image-temps*)〉(1985) 등이 대표적이다. 그 밖에도 말년에 저술한 〈푸코(*Foucault*)〉(1986), 〈주름, 라이프니츠와 바로크(*Le pli, Leipniz et le baroque*)〉(1988) 등이 출간되었다. 이 중에서도 〈푸코〉는 푸코 사후에 출간된 저서로서 '수많은 위기와 동요를 넘어서는' 사유를 지향했던 들뢰즈의 푸코에 대한 존경을 보여준다.

한편, 공저로는 과타리와 함께 한 작업들을 통해 살펴볼 수 있는데, 주 공저에는 〈안티 오이디푸스(*L'Anti-Œdipe*)〉(1972), 〈카프카: 소수 문학을 위하여(*Kafka: Pour une littérature mineure*)〉(1975), 〈천 개의 고원(*Mille plateaux*)〉(1980) 등이 포함된다. 〈안티 오이디푸스〉는 프로이트의 정신분석학에 대한 비판에 기초해 새로운 욕망의 사유를 제기하는 저서로서 학계와 독자들의 대대적인 관심을 받았다. 하지만, 〈천 개의 고원〉은 서론과 결론이 없는 실험적인 장의 구성과 내용에도 불구하고 당시 대중적 관심은 저조하였다. 그 이유에 대해 들뢰즈는 앞의 책이 68혁명 운동의 영향 아래 있었으나 후자의 경우 보수적인 양상의 탈정치화와 무관심의 시기에 출간된 상황에 기인함을 피력하였다. 그리고 과타리와의 마지막 공저인 〈철학이란 무엇인가?(*Qu'est-ce que la philosophie?*)〉(1991)에서 들뢰즈와 과타리는 철학의 기초가 문제에 대한 답을 구하는 것이 아니라 '문제를 제기'하는 데 있음을 강조하고 있다.

들뢰즈는 1984년과 1992년에 각각 푸코와 과타리가 사망한 이후 1995년에 남은 삶의 여정을 마무리하며 스스로 생명을 정리하였다. 그의 신체는 무덤 속에 있지만 그의 '문제적인' 사유는 여전히 우리의 시대에도 묵직한 물질성을 지닌다.

2) 사상적 배경

들뢰즈의 '사건(시뮬라크르)-의미론'(이하 '사건-의미론')은 주로 〈의미의 논리〉에 집약되어 나타난다. 여기서는 이 저서를 중심으로 들뢰즈의 사유가 어떠한 사상적 배경에 근거하는지 살펴보고자 한다. 대략적으로 정리하면, 들뢰즈의 사건-의미론의 사유는 크게 세 가지 축으로 구분할 수 있다.

우선, 전통적인 사건연구의 접근방식에서 벗어나 새로운 사건을 사유하도록 한다는 점이다. 왜냐하면, 전통적 사건연구는 특정 사실이나 현상들을 단편적으로 파악함으로써 역동적인 해석으로 나아가지 못하기 때문이다(Deleuze, 1986/1996; 권혜원, 1998). 예컨대, 사건을 개별 사실이나 법칙에 한정시키는 사례로서 전통적인 사건사(事件史)의 방식은 언론의 기사처럼 사건을 서사적이고 연대기적으로 기술한다. 이 경우 역사적으로 일어난 과거의 일을 문헌과 연대기 속에서 해독하여 현대에 재현한다는 점에서 의미가 있지만, 사건의 발생은 개별적 사실에 제한된다.

두 번째로, 사건의 발생에 대한 인과관계의 해체와 새로운 결합 방식에 관한 것이다(강진숙, 2000). 시뮬라크르와 같은 사건들을 플라톤이 사유한 이데아의 복제본에 불과하거나 역사적 합법칙성의 결과로 간주할 경우, 비물체적인 사건은 언제나 원인이 아닌 결과로만 파악된다. 즉 진리 그 자체인 이데아의 본질이나 역사적 합법칙성이 원인이라면, 그 결과로 나타나는 것이 사건인 것이다. 이와 달리 스토아학파는 물체적인 것들의 운동성을 전제하면서도 동시에 비물체적인 사건들의 힘을 중시하였다. 즉, 사건이라는 물체의 표면효과를 중시하여 플라톤의 관념론적 본질론에서 벗어나고자 한 것이다. 예컨대, 나뭇잎의 색깔은 광합성 작용에 의한 물체적인 운동이라면, 그것은 동시에 나뭇잎의 표면 위에서 나타나는 상태 변화를 보여준다는 점에서 표면효과이다. 요컨대, 스토아학파의 사건 사유에 나타난 함의는 일방적인 원인-결과 관계를 해체시켰으며, 오히려 각각의 연결점을 찾아낸 데 있다. 즉 원인과 원인들의 관계, 혹은 결과와 결과들의 연계 방식을 파악하는 것이 대표적인 예이다. 따라서 이제 모든 것이 "표면으로 올라오고", 결정적으로 작용하는 유일한 심층의 원인은 존재하지 않게 된다(Deleuze, 1969/1999, 56쪽).

세 번째로, 기존의 전통적 의미론에서 벗어나 새로운 의미 생성의 방식을 탐색하고자 한 것이다. 한편으로, 페르디낭 드 소쉬르(Ferdinand de Saussure)가 집대성한 구조주의 기호학은 의미를 지시적 기능에 제한시킨다. 즉, 의미는 하나의 말이 특정한 대상을 가리킬 때 발생하는 것이다. 가령 개, 고양이는 특정한 실재 대상을 가리키는 단어로 의미를 지니는 반면, 자유, 진리, 예술은 특정한 대상을 가리키지 않는 추상명사이다. 이 경우 지시적 기능을 갖지 않는 단어들은 의미를 지니지 못하게 된다. 또 다른 한편, 구조주의적 의미론은 기호작용(signification)에 핵심을 두는 의미 해석의 방식이다. 이러한 의미의 구성방식은 주체에 의한 것이 아니라 구조에 의해 종속된 상태에서 이루어진다. 예컨대, 기업과 사회구성원들은 그 조직의 규칙에 따를 수밖에 없고, 자율적 의미의 생성은 사회구성원들이 할 수 없는 영역이 된다. 이때 고려할 것은, 의미 생성과정에서 이미 조직과 같은 객관적인 장(field)의 지배가 이미 강력한 영향력을 발휘하여 주체의 개별적, 자율적 의미 생성의 행위들은 그 힘을 발현하기 어렵게 된다는 점이다.

이상과 같은 세 가지 측면을 고려할 때, 들뢰즈의 사건-의미론은 다음의 함의를 지닌다. 우선, 사건들을 개별적 사실이나 법칙성에 제한된 것이 아니라 역동적이고 운동성을 지닌 생성의 차원으로 끌고 간다는 점이다. 두 번째로, 기계적 인과성에서 벗어나 사건-의미의 발생을 이중적 측면, 즉 물질적 심층의 작용과 비물질적 표면효과의 작용으로 동시에 조명하고 있다는 점이다. 이 경우 어느 하나의 유일한 원인의 지배력은 희석되고, 다양한 원인과 원인, 결과와 결과 사이의 관계들까지도 다양하게 탐색할 수 있다. 마지막으로, 의미의 생성에 대한 다양한 통찰을 행하고 있다는 점이다. 즉 특정 대상에 대한 지시기능이나 언어 내부의 기호작용에 국한되는 것에서 벗어나 다양한 사물들의 관계와 언표행위의 배치 방식들을 고려하고 있다는 것이다. 따라서 들뢰즈의 사건-의미론은 미디어와 커뮤니케이션 탐구를 위해 다양한 사건과 의미발생의 현장으로 안내할 것이다. 왜냐하면, 이 사유는 하늘의 높이나 땅의 깊이를 강요하기보다 표면효과로 모든 관심을 집중하도록 하기 때문이다.

2

들뢰즈의 사건-시뮬라크르의 의미와 역설

1) 사건의 개념과 작용 방식

(1) 사건 발생의 이원적 속성

그러면, 사건이란 무엇인가? 들뢰즈에게 사건(événement, event)은 사물의 존재나 상태가 아니라 'A에서 B로 되는 과정', 즉 '되기(devenir, becoming)'라는 생성과 변이를 포함하는 개념이다. 들뢰즈는 그의 주저인 〈의미의 논리〉에서 이러한 되기의 사례와 특징들을 주요하게 다루고 있다. 여기서는 이 저서를 바탕으로 되기로서의 사건을 살펴보고자 한다.

표 8-1. 물체적인 것들과 비물체적인 것들의 비교

구 분	물체적인 것들(sômata)	비물체적인 것들(asômata)＝사건
발생층위	심층: 실재하는 물체나 사태들	표면: 실재하지 않고 잠재하는 것들
시 간	크로노스(현재)	아이온(과거와 미래의 무한한 시간)
작 용	물체와 물체들 사이의 작용	물체들의 작용에 따른 비물체적인 표면효과: 사건
사 례	사물의 양적, 질적인 상태: 나뭇잎의 녹색, 모양, 불의 밝기 정도, 포도주의 색깔, 혼합물 등	사물의 표면에서의 상태 변화: 나뭇잎이 붉게 되다, 푸르게 되다, 나뉘다, 잘리다 등

우선, 되기의 사유는 스토아학파의 이원적 세계관에 토대를 둔다는 점이다. 스토아학파의 세계관은 이원적 측면, 즉 물체적인 것들과 비물체적인 것들을 구분하고 각각의 고유한 운동성을 포착하는 데 기초한다. 이것을 도식화한 위 <표 8-1>에서 알 수 있듯이, 들뢰즈(Deleuze, 1969/1999)는 스토아학파의 이원적 세계관에 기초해 사건의 발생층위를 두 가지로 구분한다. 즉 물질적인 층위와 비물질적 층위가 그것이다. 여기서 주요한 운동의 축은 발생층위, 시간, 작용의 측면에서 볼 수 있다. 우선, 발생층위는 심층과 표면으로 각각 구분된다. 심층에는 실재하는 존재들인 물체나 사태들이 서로 관계를 맺고 있다면, 표면에는 실재하지 않고 잠재해 있는 사건들이 발생한다. 사건은 바로 이 표면에서 발생하는 표면효과이다. 또한 물체적인 것들과 비물체적인 것들이 작동하는 시간은 각각 크로노스의 시간과 같이 현재형으로 진행되거나 아이온의 시간처럼 과거와 미래의 무한한 시간으로 사건들을 생성한다. 마지막으로 작용 방식은 전자가 물체와 물체들 사이의 작용에 기초한다면, 후자는 물체들의 작용으로 발생한 비물체적인 '표면효과'를 만들어 낸다. 예컨대, 사건의 물체적 층위에서 나뭇잎의 광합성 작용에 의한 녹색이나 포도주의 색깔, 화학적 혼합물의 상태들이 나타난다면, 비물체적 층위에서는 나뭇잎의 표면처럼 붉거나 푸르게 되는 상태 변화의 사례들이 만들어진다. 요컨대, 사건은 비물체적인 표면효과이지만, 일차적으로 물체적인 층위의 작용이 전제된다는 점에서 스토아학파의 이원적 세계관은 사건의 사유에 영향을 미친다. 왜냐하면, 들뢰즈의 사건-의미론은 기본적으로 유물론적 사유에 기초하는 한편, 나아가 비물질적 부수효과인 언어의 표현 행위에 대해서도 관심을 갖고 고유의 존재론적 특징을 포착하려 하기 때문이다.

이러한 사유는 전통적 사건에 대한 일방향적 해석과 탐구에서 벗어나게 한다. 그것은 우선, 기계적 인과성에 의한 사례들에서 벗어나는 것이다. 예컨대, 경제적 토대를 최종 심급으로 두는 경제 결정론이나 기호의 지시적 기능을 과도하게 강조하는 구조주의적 기호학의 사례들은 원인과 결과에 대한 단선적 해석을 행하는 경향이 있다. 이와 달리 사건-의미론의 사유에서 물체들 사이에는 고정된 하나의 원인-결과가 아니라 다양한 원인-원인의 관계망들이 성립된다. 들뢰즈가 강조하듯이, "모든 물체들은 서로와의 관련하에서 또 서로를 위해서 원인"이기 때문이다(Deleuze, 1969/1999, 49쪽). 이러한 인과 관계의 새로운 배치는 플라톤주의에 대한 문제제기의 성격을 지닌다. 플라톤주의에서 모든 원인은 이데아라는 원본에 있고, 그 밖의 모든 세계는 이데아의 그림자와 같은 복제본에 불과하다. 이 경우 원본이 아닌 복제본들, 즉 시뮬라크르들은 비교 대상이 부재할 경우 존립하기 어려우며 그 존재의 고유한 의미성은 상실하게 된다. 이 때문에 들뢰즈가 말하는바, 스토아학파는 "플라톤주의의 전복을 처음으로 시도했다(Deleuze, 1969/1999, 55쪽)." 왜냐하면, 스토아학파의 세계관에서 이데아적 형상들은 원본이 아니라 오히려 사물들의 표면에서 발생하는 이차적 존재인 복제본이 되기 때문이다. 결국 들뢰즈의 사건-의미론의 사상적 한 축인 스토아학파의 사유는 사건의 모든 운동성을 표면으로 올리는 동력이 된 것이다.

(2) '되기'로서의 사건

두 번째로, 사건-의미론의 또 다른 사유 배경에는 루이스 캐롤(Lewis Carrol)의 상상력이 꿈틀대고 있다. 들뢰즈는 〈이상한 나라의 앨리스〉의 저자인 루이스 캐롤이 접근한 방식들을 좇아서 되기의 사유를 정리한다. 캐롤은 앨리스라는 소녀의 다양한 만남 사례들을 통해 사건의 비밀을 찾아내고자 하기 때문이다.

여기서 사건이란 상태를 규정하는 '이다(être)'가 아니라 '되기(devenir, becoming)'의 차원에서 의미의 논리가 어떻게 작용하는지를 탐구하는 것이다. 예컨대, 〈이상한 나라의 앨리스〉에서 앨리스의 키가 '크게 되다', '작게 되다'라고 언어로 표현하는 행위는 상태 그 자체가 아니라 상태의 변화를 보여준다(강진숙, 2000). 즉 '크다'와 '작다'는 것이 사물의 상태를 표현하는 반면, '크게 되다', '작게 되다'는 상태의 변화를 나타내는 언표행위인 것이다. 이와 유사한 예로서 색상의 변화 사례를 들 수 있다. 단풍잎이 '붉다'는 것이 잎의 특정 상태를 보여주는 언표행위라면, '붉게 되다'는 것은 이전의 '푸른' 상태에서 '붉은' 상태로 잎이 변화하는 표면효과를 보여주는 언표행위인 것이다.

요컨대, 사건은 물체들 사이의 심층적 운동성에 의해 발생하는 물질적 속성을 지니지만, 비물질적인 언표행위를 통해 '되기'의 차원에서 사건-의미의 논리가 작용하는 방식을 보여준다는 점에서 비물질적 속성을 동시에 포함한다. 즉 사건-의미의 발생은 두 가지 층위인 물질적, 비물질적 층위를 통합적으로 고려할 때 그 고유한 속성들을 파악할 수 있는 것이다.

(3) 사건과 의미

그러면, 의미는 어떻게 발생하는 것인가? 사건이 발생할 경우에 의미는 언제 형성되는가? 들뢰즈는 사건-의미를 정의하기 위해 그의 저서인 〈의미의 논리〉에서 스토아학파의 철학을 계속해서 검토한다. 여기서는 사건-의미의 정의와 특징을 다음의 몇 가지 측면에서 살펴보고자 한다.

우선, 사건과 의미는 동시에 발생한다는 점이다. 앞에서 보았듯이, 사건의 발생은 이원적 속성에 기인한다. 즉 물체적 측면과 비물체적 측면의 종합적 작용이 이루어질 때, 사건이 발생하는 것이다. 보다 명확히 말하자면, 사건은 물체들의 운동성만으로 파악하기 어려운 비물체적인 층위에서 발생하는 표면효과이다. 예컨대, 나폴레옹의 대관식 사례를 들 수 있다. 나폴레옹의 머리 위에 왕관이 얹히는 경우를 보면, 나폴레옹의 머리카락 표면에 왕관이라는 금속이 닿는 것이 물체적 운동이라면 그 표면효과로 나타난 것이 사건이다. 이 사건이 화장실에서 이루어질 때 그 의미는 잠재해 있거나 사적인 것이 되지만, 대관식에서 왕관이 쓰일 때는 "나폴레옹이 황제가 되었다."는 선언을 통해 특정한 언표행위로서 그 의미를 획득하게 된다(이정우, 1999, 92쪽). 이 사례를 통해 볼 때, 사건은 머리에 왕관을 쓰는 신체와 신체가 만나는 순간을 가리키며, 이때 다양한 복수의 의미들이 동시에 생성된다. 하지만, 이 경우 의미들은 아직 언표행위로 배치되지 않은 상황에서 잠재해 있다. 이 때문에 언어로 표현되지 않은 사건은 복수의 의미들을 포함하고 있지만, 아직 특정한 의미들을 표출하고 있는 과정은 아닌 것이다. 이것은 무의미가 의미로 현실화될 때 비로소 나타난다.

두 번째로, 사건-의미는 일정한 맥락과 상황에 따라 특정한 의미를 생성한다는 점이다. 들뢰즈에 의하면, 의미는 표면효과로서의 사건과 동시에 발생하며 물체들이 운동할 때 그 표면에서 발생하는 하나의 효과이다. 따라서 사건은 그 자체로 보면 물체와 물체가 결합한 후 발생하는 표면효과이지만, 이 사건이 일정한 맥락과 상황에 따라 계열화되고 언표행위가 이루어질 경우 특정한 의미를 생성하는 것이다. 다시 말하자면, 사건의 발생과 동시에 무수한 의미들, 즉 '무의미'가 나타나지만 일정한 장소와 사람들, 물체들이 서로 결합하고 배치되며 언어의 표현행위가 이루어질 때 특정한 의미가 형성된다. 요컨대, 사건은 물질의 표면효과이기도 하지만, 다른 한편으로 계열화되고 언표행위가 이루어짐으로써 의미의 차이들을 만들어 내는 것이다. 들뢰즈에 따르면, 의미란 "사태의 부대물"이지 언어적 명제의 부대물이 아니다(Deleuze, 1969/1999, 78쪽). 이러한 점에서 "사건은 곧 의미 자체이고, 사건은 본질적으로 언어에 속한다"(Deleuze, 1969/1999, 79쪽). 언어는 사물들이나 사태와 관련해 언표되는 것이기 때문이다. 따라서 들뢰즈는 의미의 생산성에 대해 다음과 같이 설명하고 있다.

> 의미는 원리나 기원이 아니다. 그것은 생산물이다. 그것은 발견하거나 복원되거나 재사용할 수 있는 것이 아니라 새로운 장치들을 통해 생산될 수 있는 것이다. 그것은 어떤 높이나 깊이에 속할 수 없다. 단지 그 고유한 차원인 표면으로부터 분리할 수 없는 표면효과인 것이다. (Deleuze, 1969/1999, 151쪽)

여기서 들뢰즈가 의도한 바는, 의미를 판단했던 전통적 사유 태도에서 벗어나 사건-의미를 표면효과로서 분석하고자 하는 것이다. 따라서 의미는 언어 구조에 갇힌 것이 아니라 물체들의 결합과 운동들, 즉 사태 그 자체와 연관되며, 사건-의미에 대한 언표행위는 특정한 방향을 통해 서로 다른 의미들을 생성하게 되는 것이다.

2) 의미생산의 방향: 양식과 역설[1)]

그러면, 사건-의미는 어떠한 방향으로 생산되는가? 들뢰즈는 〈의미의 논리〉에서 앨리스의 사례를 통해 사건-의미가 생산되는 방향에 대해 설명하고 있다. 여기서 의미를 생산하는 방식은 두 가지 측면으로 구분된다(Deleuze, 1969/1999, 154-161쪽). 그 하나가 양식(良識, bon sens)이라면, 다른 하나는 역설(paradoxa)이다.

우선, 양식의 문제를 보자. 양식은 의미를 생산하는 방식에 특정한 하나의 방향성을 부여한다. 즉, 계열화할 수 있는 다양한 가능성 가운데 어느 하나를 '좋은 방향'으로 선택하고 유지할 것을 요구하는 것이다. 이것은 사회의 안정과 질서를 자명화하는 상식과 통념을 통해 구축된다. 가령, TV 드라마에서 여성의 이미지를 현모양처형이나 가정과 일을 완벽하게 해내는 슈퍼우먼형으로 이끌어 내면서 여성상을 일정한 방향으로 코드화하는 것이 그러한 예이다. 이것은 한 사회를 지배하는 통념을 재생산함과 동시에 전통적인 상식을 자명한 권력으로 만들어 내면서 의미를 고정시키는 효과를 가져온다. 들뢰즈는 양식을 다음과 같이 설명한다.

> 양식/일방향은 농업적이며, 토지의 문제, 울타리치기의 문제와, 또 부분들이 서로 보완하고 규제하는 것으로 간주되는 중간계급들의 작용과 밀접히 연관되어 있다. 증기기관과 울타리 쳐진 목축장, 뿐만 아니라 재산과 계급은 양식/일방향의 생생한 원천들이다. 단지 그러한 시대에 등장하는 사실들로서가 아니라 영원한 원형들로서. 또 단순한 은유로서가 아니라 '속성들'과 '집합들'을 내포하는 의미를 묶어냄으로써. (Deleuze, 1969/1999, 157쪽)

1) 이에 대해서는 다음 논문을 재구성함. 강진숙 (2000). 〈인터넷 장(field)의 기호체제와 주체화과정에 관한 연구: 공간과 기호의 배치, 그리고 주체문제를 중심으로〉. (24-27쪽). 중앙대학교 대학원 박사학위 논문.

들뢰즈가 언급하듯이 양식/일방향은 유일한 방향 일반의 원리를 규정한다. 이 원리는 일단 주어지면 다른 방향이 아닌 바로 '그 방향'을 선택하게 만드는 법제도는 물론 기호체제의 작용에도 영향을 미치는 것이다. 요컨대 양식은 체계적인 특징을 가지며, 특이한 상황을 평범하고 규칙적인 것으로 바꾼다. 뿐만 아니라 유목적이고 다양한 계열화의 가능성을 농경제 시대처럼 정착되고 규범성을 지닌 상태로 단일화하는 것이다.

한편, 상식/공통감각(common sens)에서 'sens'는 더 이상 하나의 방향이 아니라 "하나의 기관"을 뜻하게 된다(Deleuze, 1969/1999, 159쪽). 상식은 불어로 sens commun으로서 일차적으로는 유기체 전체가 단일한 통일성을 갖게 하는 '공통감각'을 뜻한다. 즉, 각각의 기관들이 '공통의 방향'을 취하며 통일된 '공통의 의미'를 형성하는 것이다. 원래 칸트가 사용했던 공통감각이 이성의 분열된 능력들을 하나로 통일시키는 어떤 능력을 의미했다면, 들뢰즈는 이를 〈의미의 논리〉에서 다르게 변용하였다(Deleuze, 1963/1996, 44-50쪽). 감각기관이 공통인 것은 주어진 다양성을 동일자의 형상에 연관 짓는 하나의 기관이자 기능이며 동일화 능력이기 때문이다. 들뢰즈에 의하면, 이것은 주체의 측면에서 신의 다양한 능력이나 신체의 분화된 기관들을 포섭하며, '나'라고 불릴 수 있는 하나의 통일성에 연관된다. 따라서 지각하고 상상하고 기억하고 인식하는 것은 '하나의 동일한 나'라는 감각을 통해 구성되는 것이다. 여기서 언어는 이 동일한 '나'를 통해 표현하고 드러내는 주체 바깥에서는 존재할 수 없는 것이다. 또한 냄새 맡고 보고 만지는 것 역시 하나의 동일한 대상이다. 주체와 대상의 동일성은 바로 이러한 공통감각, 상식의 결과물이다. 이러한 공통감각이 일정한 사회적 법칙으로 통용되는 상황에서 언어 역시 "지시대상의 동일성"을 벗어날 수 없는 것이다(Deleuze, 1969/1999, 57쪽).

반면, 역설(Paradoxa)은 양식을 파괴하는 것이다. 역설의 불어식 표현인 paradoxa는 '…의 옆에, 위에, 저편에'를 뜻하는 'para'와 억견의 'doxa'가 결합되어 생긴 말이다. 양식이 유일한 의미이자 일방향의 성격을 띤다면, 역설은 이러한 양식에 균열을 가하는 효과를 가져온다. 즉, 역설은 한 방향이나 유일한 의미를 생산하는 것이 아니라 양쪽의 방향으로 동시에 가려는 욕망이며 욕구에서 비롯되는 것이다. 이것을 간단히 도식화하면 다음 〈표 8-2〉와 같다.

표 8-2. 양식과 역설의 의미생산

구 분	양식(bon sens)	역설(paradoxa)
정 의	한 사회를 지배하는 통념: 상식/공통감각, 억견(=doxa)	다양하고 역설적인 사유와 행동: 실천의 복수성(multiplicité)
의미생산 방향	일방향	양방향
분석 초점	코드화와 권력의 문제	욕망과 탈주의 문제

그렇다면, 역설은 양식이 계열화하는 방식과 다른 방향으로 가는 것인가? 들뢰즈는 이에 대해 단호하게 부정한다. 가령, 동해안으로 가야 한다는 양식에 반대하며 서해안으로 가는 행위가 역설은 아니기 때문이다. 양식의 반대, 양식에 대한 비판은 단지 양식과 다른 방향을 취하는 것이 아니다. 그것은 의미의 양방향성을 통해 어떤 사태가 가질 수 있는 의미의 다양한 가능성을 드러냄으로써 새로운 의미를 창조하는 것이다. 마찬가지로 공통감각에 대한 비판이 단지 공통감각의 부정에 머무르는 것은 아니다. 오히려 그것은 상이한 종류의 공통감각이 공존할 수 있게 하는 무의미 혹은 무감각(non-sens)[2]을 드러냄으로써, 하나의 공통감각에서 다른 것으로 변이할 수 있는 능력을 창조하는 것이다(이진경, 1997). 마치 〈이상한 나라의 앨리스〉에서 앨리스가 커다란 버섯의 오른쪽과 왼쪽을 하나씩 뜯어 입에 넣었을 때, 커지거나 작아지듯이 말이다. 앨리스가 모험하게 된 이상한 나라는 언제나 양방향의 분할을 동시에 가능케 하는 역설의 세계이고, 앨리스 자체의 나라는 동일성이나 사물들의 동일성, 그리고 세계의 동일성을 상실함으로써 다양한

2) 여기서 무의미나 무감각은 의미나 감각이 없다는 뜻이 아니다. 사건의 발생과 동시에 만들어지는 것이 무의미이고, 무의미는 복수의 의미들이 아직 하나의 의미로 표출되지 않은 것이다. 즉, 무의미와 무감각은 복수의 의미들과 복수의 감각들이 아직 형식화되지 않은 상태를 지칭하는 것이다. 때문에 다양한 방식으로 의미화될 수 있는 가능성들을 지니고 있다.

가능성을 열어 놓고 있는 공간이기 때문이다. 더 이상 일방향, 하나의 공통감각을 가지지 못할 때 어떻게 될 것인가? 남는 것은 양식과 공통감각을 동시에 전복하는 것이다. 과타리가 〈분자혁명〉(1977/1998)에서 제시한 여성 되기나 아이, 부랑자, 동성애자 되기의 미시정치학도 바로 이러한 역설적인 의미들과 다양한 복수성의 주체들을 생성해 내는 변이의 미시정치들과 맞닿아 있다. 즉, 욕망하는 주체를 코드화하고 일정한 방향으로 제도화하는 양식에 균열을 내는 방법은 이처럼 역설의 힘에서 나온다.

3
들뢰즈 사유의 적용

1) 선행연구의 사례

들뢰즈의 사건-의미론은 미디어 커뮤니케이션 연구 분야에서 간헐적으로 적용되었다. 이러한 경향은 사건-의미론이 욕망과 소수자 사유를 적용한 들뢰즈의 다른 이론들에 비해 국내에서 덜 조명되고 있음을 알 수 있게 한다. 그 이유는 〈의미의 논리〉가 주로 기호론 분야에 집중되고 있다는 점뿐 아니라 국내 시뮬라크르 연구가 주로 사이버공간이나 디지털 미디어와 관련해 보드리야르의 〈시뮬라시옹〉 논리들을 더 선호하는 경향들에서 기인한 것으로 유추해 볼 수 있다.

학술지에 게재된 선행연구들을 조사한 결과, 2012년부터 2019년까지 직접적인 연관성이 있는 학술논문들을 선별하여 총 4건의 사례들을 추출하였다. 이것을 정리하면 〈표 8-3〉과 같다.

이 표에서 볼 수 있듯이, 들뢰즈의 사건-의미론은 미디어 분야 중에서도 스포츠, 방송저널리즘, 디지털 사진 그리고 영화 영역 등에 적용, 연구되었다. 들뢰즈의 사건-의미론의 초점은 주로 시뮬라크르 개념(사례 1, 3), 사건의 패러다임(사례 2) 그리고 되기의 생성론(사례 4)에 집약되어 나타났다.

표 8-3. 들뢰즈의 사건-의미론 적용 사례들

사 례	연구자	제 목	주제어	학문 분야
1	안재찬 · 안용규 (2012)	들뢰즈의 시뮬라크르 개념에 따른 스포츠스타, 영웅 탄생구조 분석	들뢰즈, 시뮬라크르, 스포츠스타, 스포츠영웅	스포츠
2	오창호 (2014)	들뢰즈(G. Deleuze)의 언어이론으로 본 방송저널리즘의 소통기능에 대한 고찰: '사실의 패러다임'에서 '사건의 패러다임'으로	사건, 순수사건, 의미, 무의미, 역설, 통념, 선언어, 탈프레임화, 들뢰즈	저널리즘/미디어
3	권오상 (2018)	디지털 사진 이미지의 존재론에 관한 연구: 들뢰즈와 보드리야르의 시뮬라크르 개념을 중심으로	시뮬라크르, 재현, 지표, 존재론, 잠재태	사진
4	장세영 (2019)	들뢰즈의 생성론에 근거한 영화 속 슈퍼히어로 변신의 가상성	슈퍼히어로, 변신, 혼종, 내적가상성, 일의성, 되기	영화

2) 선행연구의 공통점과 쟁점

그러면, 선행연구들을 분석한 결과 들뢰즈의 사건-의미론은 어떠한 방식으로 적용, 분석되고 있는가? 여기서는 선행연구의 사례들이 많지 않기 때문에 들뢰즈 이론의 초점을 중심으로 각 연구들의 특징과 함의들을 살펴보고자 한다.

우선, 시뮬라크르 개념을 적용한 사례들이다. 여기에는 선행연구들 중에서 〈사례 1〉과 〈사례 3〉이 포함된다. 〈사례 1〉은 안재찬과 안용규(2012)가 체육철학의 측면에서 들뢰즈의 시뮬라크르 개념을 적용하여 "스포츠스타, 영웅 탄생구조 분석"을 실시한 사례이다. 특히 사건의 계열화 방식에 주목하고 있다. 예컨대, 스포츠스타의 탄생과 스포츠영웅의 탄생이 '입상'이라는 사건과 그 전에 있었던 사건들과 재배열되면서 또 다른 사건인 '스포츠스타', '스포츠영웅'의 의미들을 만들어 낸다는 것이다. 그밖에도 스포츠스타와 영웅의 탄생에 미디어의 역할이 크게 작용함을 주장한다. 그 이유는 운동선수의 '입상'에 의미를 부여하는 데 미디어가 큰 역할을 하기 때문이다. 미디어가 운동선수의 '입상'과 입상 전의 '사건들'을 계열화시키는 방식은 다양한 언표행위를 통해 나타난다. 그 핵심어는 '고난', '역경', '승리', '가난', '부상', '투혼', '빼앗김', '효' 등이다. 이 연구의 함의는 들뢰즈의 시뮬라크르로서 사건과 의미의 생성을 스포츠스타에 대한 미디어의 언표행위 사례에서 분석하고 있다는 점에서 그 특이성이 발견된다.

한편, 〈사례 3〉은 권오상(2018)이 들뢰즈와 보드리야르의 시뮬라크르 개념을 적용하여 디지털 사진을 분석한 〈디지털 사진 이미지의 존재론에 관한 연구〉이다. 이 연구의 초점은 디지털 사진 이미지가 본래 시뮬라크르적 성격을 가지고 있고, 나아가 새로운 형태의 미학적 가치를 창출해 내고 있다는 데 있다. 왜냐하면, 시뮬라크르로서의 디지털 사진 이미지는 플라톤이 구분해 놓은 원본과 복사물의 구분을 없애고, 원본의 우위를 강조하는 기존의 재현 개념을 전복시키기 때문이다. 이러한 연구는 들뢰즈의 시뮬라크르 이론을 적용하여 디지털 사진뿐 아니라 디지털 동영상이나 예술작품을 분석하는 데 시사점을 제공한다. 디지털 이미지와 동영상들은 원본과 복제본의 경계를 허물며 복제본들의 자기 증식과 새로운 미학적 가치들을 생성하는 역할을 하기 때문이다. 하지만, 이 연구와 함께 고려되어야 할 것은 디지털 영상들이 특정한 지배권력이나 지배적 통념에 의해 코드화될 경우 전체주의와 엘리트주의를 양산하는 도구가 될 수도 있다는 점이다.

두 번째로, 사건의 패러다임을 적용한 경우들이다. 이것은 〈사례 2〉에서 발견되는데, 오창호(2014)는 들뢰즈의 언어이론을 바탕으로 사건의 패러다임에 주목하여 "방송저널리즘의 소통기능에 대한 고찰"을 행하였다. 이 연구는 방송사의 뉴스기사를 비판적으로 분석하면서 사실의 패러다임에서 사건의 패러다임으로 전환해야 함을 주장하고 있다. 사건의 언어의 핵심은 상투성을 철저히 배지하고 있다는 점에서 저널리즘의 원칙을 새롭게 확립할 수 있는 대안적 사유와 방법으로 제안하고 있다. 이러한 접근은 뉴스 보도의 프레이밍 설정에 대한 성찰과 사건의 의미화 방향에 대한 들뢰즈의 사유를 접목시키고 있다는 점에서 의미가 있다.

마지막으로, 되기의 생성론을 적용한 사례들이다. 여기에 포함되는 〈사례 4〉의 경우, 장세영(2019)은 들뢰즈의 생성론에 근거해 "영화 속 슈퍼히어로 변신의 가상성"을 분석하고 있다. 이 연구의 분석대상은 영화 〈엑스맨(X-Men)〉 시리즈에 반복적으로 등장하는 뮤턴트(mutant)형 변신의 슈퍼히어로들이다. 분석결과, 혼종형 슈퍼히어로는 열성의 소수자로서 현실과 단절된 실존적 불안과 불편함을 가진 비현실적인 존재이나, 이로 인해 발생되는 인간의 결핍된 욕망을 극복하고 그 어느 곳에도 속하지 않는 경계에 놓인 모호한 정체성을 긍정적으로 받아들인다는 것이다. 이러한 슈퍼히어로들의 변신은 혼종된 괴물성과 이질적인 인간의 불확실한 욕망을 다양하게 표출한다는 점에서 유목적 가상성을 재현하는 것으로 분석된다. 이러한 시각은 들뢰즈의 시뮬라크르의 가상성과 신체의 결합 방식을 분석하는 데 시사점을 제공한다.

이상과 같이 들뢰즈의 사건-의미론은 아직까지 미디어 커뮤니케이션 분야에 희소성이 존재한다. 그럼에도 위의 연구사례들에서 알 수 있듯이, 기존의 선행연구에서 보기 어려웠던 창의적이고 독특한 분석을 시도하고 있다는 점에서 연구의 질적 성과가 발견된다. 들뢰즈의 사건-의미론, 혹은 시뮬라크르-의미론을 적용하여 디지털 미디어와 이용자들, 혹은 AI와 이용자, 그리고 다종다기한 사물들의 물체적 결합 방식과 언표행위의 배치 방식들을 분석하는 작업도 수행되기를 기대해 본다.

들뢰즈와 과타리 :
소수자와 정동 사유

제 9 장

토론주제

1. 들뢰즈와 과타리의 소수자와 배치의 사유는 어떠한 특징을 지니는가?
2. 소수자와 다수자의 차이는 어디에 있고, 그 의미는 무엇인가?
3. 욕망의 배치는 어떻게 이루어지고, 소수자 되기는 어떻게 가능한가?
4. 정동의 사유는 어떠한 이론 체계와 함의를 지니고 있는가?

주요 용어 • 들뢰즈 • 과타리 • 소수자 • 배치 • 스피노자 • 네그리 • 정동

1 들뢰즈와 과타리의 소수자와 배치 사유

1) 소수자의 개념과 특징

들뢰즈와 과타리는 주로 〈천 개의 고원〉(1980/2001)을 통해 소수자의 사유와 실천적 함의를 설파하고 있다. 여기서 '소수자(Minorité)'는 많음과 적음을 뜻하는 양적 차원이 아니라 다양한 사회구조적 요인들을 고려한 질적 기준에 근거한다. 즉, 소수자는 서구 근대사회의 표준척도에 의해 사회 계층이 계급, 성별, 직업, 나이 등으로 상이하게 지층화되면서 발생한 차원으로 이해할 수 있다(Deleuze & Guattari, 1980/2001). 이러한 소수자 사유에서 염두에 두어야 할 몇 가지 쟁점 사항을 정리하면 다음과 같다.

우선, 소수자와 다수자의 차이는 양적 구분이 아니라 상수 혹은 표준을 어떻게 상정하고 있는가 하는 점에서 나타난다. 즉, 소수자와 달리 다수자는 사회적인 상수나 표준척도로서 존재한다(Deleuze & Guattari, 1980/2001, 203쪽). 예컨대, 한 사회의 표준을 '이성애자-인간-표준어 사용자-도시 거주자-성인-남성-백인'이라고 전제할 경우, 이들은 다수자 그룹에 포함된다. 왜냐하면, '성인, 백인, 남성'이 수적으로 적더라도 '파리, 아이, 유색인, 여성' 등 보다 권력관계나 지배상황에서 헤게모니를 주도하고 있기 때문이다. 즉, 다수자는 차이가 아니라 표준과 동일성을 바탕으로 존재하며 하나의 고정된 지배체계의 한계를 넘어서지 못한다.

반면, 소수자는 표준척도로 작용하는 다수자와 달리 차이의 생성을 통해 잠재력과 다양체의 운동성을 창출한다. 왜냐하면, 다수자가 사회적 통념과 질서를 '자명한' 것으로 만드는 표준척도라고 한다면, 소수자 되기는 동일자들의 고정된 양식에서 벗어나 창조적인 실천들을 하는 차이의 생성적 실천이기 때문이다.

두 번째로, 소수자는 차이의 생성을 통해 '소수자-되기'를 실천하는 주체들이지만, 소수자나 다수자 모두 '소수자 되기'가 가능하다. 들뢰즈와 과타리에게 차이는 다수자처럼 고정되어 있는 구분점이 아니라 역동적인 힘의 생성과 주체의 실천을 가능하게 하는 원천으로 작용하기 때문이다. 들뢰즈와 과타리가 강조하듯이, "여성도 여성 되기가 필요"한 것이다(Deleuze & Guattari, 1980/2001, 552쪽). 동시에 남성도 여성 되기나 소수자 되기가 가능하다. 왜냐하면, 여성 되기는 여성뿐 아니라 남성도 변용시키며, 이 소수자 되기 속으로 들어갈 때 동일자나 표준척도가 아닌 '생성의 주체'가 될 수 있기 때문이다. 물론 이 차이를 생성해 나가는 것은 지배적인 사회구조와 통념에 의한 다문화주의의 시혜나 관용이 아니다. 소수자 되기에서 중요한 것은 소수자들 스스로 불평등한 현실 구조를 인식하는 동시에 다수자들과 함께 소수자 되기를 실천할 수 있는 잠재력를 발현하는 데 있기 때문이다. 이를 위해 소수자들 간의 연대뿐 아니라 상수로 작용하는 다수자들을 끊임없이 소수자 되기의 과정에서 만남을 형성하는 일이 중요하다.

마지막으로, 소수자 되기에서 중요한 것은 차이를 갖는 주체들의 끊임없는 접속과 서로 간의 공명을 통한 정동의 실천이다. 이때 공명은 다른 특이성을 지닌 주체들이 접속하는 과정 속에서 발생하는 유사성이다(Deleuze, 1969/1999). 즉, 각자의 특이성을 이해하고 공유할 때 진정한 소통이 발생하게 된다(이은비 · 강진숙, 2013, 447쪽). 이 과정에서 뒤에서 보게 될 욕망을 어떻게 배치하는가와 관련된 배치의 실천은 소수자 되기를 실현할 수 있는 전략을 제공한다. 덧붙여 정동의 실천과 다중의 형성은 소수자 되기를 위해 중요한 대안적 방안으로 고려될 수 있다.

2) 배치의 정의와 실천[1]

들뢰즈와 과타리는 그의 주저들인 〈안티 오이디푸스〉(1972)와 〈천 개의 고원〉(1980)에서 배치의 개념을 제시한다. 여기서는 이 두 주저들을 중심으로 욕망의 배치, 기계와 기호의 배치, 차이의 생성을 살펴보고자 한다.

우선, 욕망의 배치는 〈안티 오이디푸스〉에서 주로 다루어진다. 여기서 배치(agencement)란, 욕망의 흐름을 조절하고 통제하는 작동 방식을 의미한다(Deleuze & Guattari, 1972/1997, 20쪽). 욕망은 오직 배치를 통해서만 생산되며, 특정한 배치 바깥에서는 욕망을 파악하거나 사유할 수 없다. 즉, 욕망은 더이상 '자연스럽게 자발적일 수 없는' 배치의 질료인 것이다(Deleuze, 1994/1997, 110쪽). 이와 관련하여 들뢰즈는 〈욕망과 쾌락(*Désir et Plaisir*)〉(1994)에서 욕망과 쾌락에 대한 푸코와의 대화를 예시하고 있는데 이를 재구성하면 다음과 같다(Deleuze, 1994/1997, 110쪽). 푸코가 말하길, '나는 욕망이라는 개념을 참을 수 없어요. 욕망을 결여나 억압된 것으로서 보지 않을 수 없기 때문이죠.' 그러자 들뢰즈가 이렇게 답한다. '나도 쾌락이라는 단어는 참을 수 없어요. 내가 말하는 욕망은 어떤 결핍도 내포하지 않고 자연적으로 주어진 것도 아니에요. 그것은 감정(sentiment)이 아니고 정동(情動, affect)이니까요.' 즉, 욕망은 결여나 억압된 것이 아니라 물처럼 끊임없이 흐르는 것이다. 운동의 본성을 갖고 있는 물처럼 욕망은 끊임없이 흐름을 갖고 생산되기 때문이다. 따라서 들뢰즈와 과타리의 욕망은 고정된 빈자리로서의 결여가 아니라 생산을 하는 '행동' 혹은 '운동'의 차원에서 이해되는 개념이다. 인간을 '욕망기계'로 규정하는 이유도 이처럼 생산으로서의 욕망을 포착하고 실천의 가능성을 발견하고자 하는 데 기인한다(강진숙, 2000).

두 번째로, 기계와 기호의 배치는 주로 들뢰즈와 과타리의 공저 〈천 개의 고원〉(1980)에서 집약적으로 다루어진다. 여기서 '욕망기계'로서 주체는 다양한 다

---

1) 이에 대해서는 다음 문헌을 참조함. 강진숙 (2015). 정동의 장치와 주체화 연구방법 – 미디어 비오그라피: 푸코, 아감벤, 들뢰즈의 장치와 주체화, 배치에 대한 사유를 중심으로. 〈커뮤니케이션 이론〉, 11권 4호, 18-22쪽.

른 기계들과 결합하고 갈라서며 통합되는 배치 과정을 통해 끊임없이 재구성된다(Deleuze & Guattari, 1980/2001). 즉 욕망은 끊임없이 움직이고 변화하는 기계들로서 다양한 흐름과 선들이 서로 교차하고 횡단하며, 접속을 통해 다양한 관계들을 만들어 내는 것이다. 이 경우 배치는 두 가지 유형으로 구분되는데, 물질적인 영역에서 작용하는 것이 기계적 배치라면, 비물질적 · 비신체적인 영역에서는 언표행위의 배치가 작동한다(Deleuze & Guattari, 1980/2001). 양자는 각기 독립적이고 분리된 것이 아니라 서로 연관성을 갖고 특정한 상황 맥락에 따라 접속하고 개입한다. 구체적으로 보면, 우선 기계적 배치는 모든 종류의 신체가 서로 연관되어 변이되는 신체의 배치를 의미한다. 예컨대, 카프카의 소설들은 기계적 배치와 언표행위의 두 배치를 구체적으로 보여준다. 이 작품 속에서 기계적 배치는 '배-기계, 호텔-기계, 성-기계, 법정-기계, 감옥' 등을 통해 표현된다. 이것들은 서로 뒤섞이고 얽히거나 어긋나 있는 톱니, 과정, 신체 등을 지닌다. 다른 한편, 언표행위의 배치는 사형선고와 판결, 소송, 법률, 형법 등을 통해 발견된다(Deleuze & Guattari, 1980/2001). 이러한 언표행위는 개인의 언어나 발화 행위가 아니라 복수성을 지닌 기호체제들과의 연관 속에서 언어의 용법들을 집합적으로 배치하는 것을 뜻한다. 예컨대, 형법의 경우 역사적 시대 변화에 따라 서로 다른 표현과 용법을 통해 배치될 수 있다.

이러한 기계적-언표행위적 기계의 배치에 대한 사유는 앞에서 살펴보았던 푸코와 아감벤의 장치론과 접속한다. 즉 푸코의 담론과 비담론적 영역의 결합과 지식권력 장치를 문제 삼는 것은 바로 이러한 배치의 전략과 상통한다. 또한 아감벤은 푸코의 장치 개념을 일상생활의 영역으로 확장하여 "몸짓, 행동, 의견, 담론을 포획, 지도, 규정, 차단, 주도, 제어, 보장하는 능력을 지닌 모든 것"(Agamben, 2006/2010, 33쪽)으로 정의한다. 이것은 들뢰즈와 과타리의 배치 사유에 관통하고 있는 '기관 없는 신체'와 '내재성의 평면'을 연상하게 한다. 〈안티 오이디푸스〉와 〈천 개의 고원〉에서 각각 명명하고 있는 이 두 개념은 배치가 이루어지는 고른판이자 어떠한 고정된 질서도 없는 카오스 상태의 표면을 의미한다. 이 기관 없는 신체 위에서 "우리는 사랑하고, 싸우고, 대화한다"(오창호, 2014, 145쪽). 이러한 기계와 기호의 배치가 중요한 이유는 닫힌 구조를 사고하고 구조에 예속된 주체를 전제하는 구조결정론적 사유에서 벗어날 수 있는 가능성을 제시하기 때문이다.

마지막으로 배치는 선분으로 구성되고 차이의 생성이라는 실천을 파악할 수 있게 한다. 선분이란 욕망의 신체적 흐름들을 보여주는 기계들의 접속이 만들어내는 집합체를 말한다(Deleuze & Guattari, 1980/2001). 이 선들은 일정한 운동방식에 따라 수평적으로 접속하고 수직적으로 횡단하면서 다양한 욕망의 흐름과 방향성을 형성한다. 이러한 선분화의 세 가지 유형은 경직된 선, 유연한 선, 탈주선 등으로 명명된다(〈표 9-1〉 참조).

표 9-1. 들뢰즈와 과타리의 배치의 선분화 방식

구 분	경직된 선 (line of rigid)	유연한 선 (line of supple)	탈주선 (line of flight)
장치 유형	국가장치	권력의 미시물리적 구조	권력의 선분들에 균열, 새로운 변이 창조
장치의 특징	• 거시적 영역 • 권력의 가시화 · 집중화 • 권력장치는 거대한 집중화된 장치로 현실화됨	탈중심화된 미시 권력장치들이 분자적 흐름들 전반으로 확산, 선분화하는 구조	• 탈주선의 흐름을 따름 • 권력장치들을 무력화함
장치의 지대	능력의 지대	식별불가능성의 지대	권력의 무능지대

출처: 강진숙 (2015). 정동의 장치와 주체화 연구방법 – 미디어 비오그라피: 푸코, 아감벤, 들뢰즈의 장치와 주체화, 배치에 대한 사유를 중심으로. 〈커뮤니케이션 이론〉, 11권 4호, 20쪽에서 인용.

〈표 9-1〉에서 제시했듯이, 우선 '경직된 선'은 분자적인 힘의 흐름들을 몰(mole)적, 위계적 심급으로 이차원적으로 분할하는 배치의 방식이다. 그 효과는 개인이나 집단을 대상으로 특정한 위계와 질서를 부여하는 데서 나타난다(Deleuze & Guattari, 1980/2001). 예컨대 성별, 인종, 계급 등의 이분법적 질서, 규범의 정당화, 사회적 역할을 미리 고정시키고, 양식과 공통감각을 벗어나는 사건을 '정상'에서 일탈한 것으로 하여 다양한 처벌에 이르게 한다. 사이버 불링과

왕따, 체벌, 벌금, 구속 등의 처벌과 감금, 배제 방식은 '경직된 선'의 규칙을 위반했을 때 가해지는 처벌의 대표적인 사례이다. 따라서 경직된 선은 사회의 지배적 통념과 코드에 복종하는 주체들을 만들어 내는 작용을 한다.

다음으로 '유연한 선'은 분자적 흐름을 의미한다. 여기에는 국가와 같은 거시적 영역이 아닌 탈중심화된 미시적 영역들이 포함된다. 예컨대, '계급'의 몰적 덩어리나 집단으로 선분화될 수 없는 대중(mass)이나 관료주의 등이 두드러진 예이다. 이른바 '권력의 미시물리적 구조'를 형성하게 되는 이 선분은 다양한 욕망의 흐름들을 전반적으로 확산하고 분자화한다. 그럼에도 불구하고 이 유연한 선은 특정 역사적 맥락과 사회적 변화과정 속에서 경직된 선으로 회귀할 수 있는 위험성을 지니기도 한다(Deleuze & Guattari, 1980/2001). 그 이유는 이 선분의 운동성이 다양한 선들을 축적하고 견고히 하는 조직이나 거시적 권력의 관계들을 분해하는 작용을 하지만, 실재적인 배치의 수준에서는 뒤엉키고 엇갈리는 현상이 나타나기 때문이다.

마지막으로 탈주선은 몰적인 선들을 해체하고 새롭게 변이의 흐름들을 생성해 내는 배치의 방식이다(Deleuze & Guattari, 1980/2001). 예컨대 여성 되기, 아이 되기, 동성애자 되기, 부랑자 되기, 광물 되기, 동물 되기 등등의 소수자 되기 실천 과정에서 발견된다. 그 효과는 집단주의, 관료주의, 전체주의 등에 맞서 미시적인 권력장치와 소수자 실천들을 생성해 내는 데 있다. 이 때문에 푸코와 들뢰즈 및 과타리의 권력장치 사이에는 차이가 나타난다. 즉 푸코의 배치가 권력의 배치라면, 들뢰즈와 과타리는 권력 이전에 생산되는 욕망의 배치를 고려하여 욕망의 흐름이 권력장치에 의해 영토화, 탈영토화, 재영토화되는 방식들을 고려하고 있다. 이 경우 욕망은 언제나 흐름을 통해 배치되지만 권력은 배치의 한 지층을 형성할 뿐이다

이러한 들뢰즈와 과타리의 배치 전략이 갖는 의의는 푸코의 권력장치에 대한 사유를 넘어서서 권력 이전에 생산되는 욕망의 장치를 분석할 수 있게 한다는 점에 있다. 푸코는 권력을 넘어서는 저항이나 생성의 실천 가능성을 적극적으로 보

여주지 않았기 때문이다. 이에 대해 들뢰즈는 다음과 같이 언급한다. "나는 그(푸코)가 '권력 너머로는 아무것도 없는가'라는 물음에 부딪쳤다고 생각합니다. 궁지에 빠지듯 권력관계 속에 갇혀 있었던 것은 아닐까요? 그가 싫어했던 것 속에 홀리듯 내던져진 셈입니다. 그는 권력에 부딪치는 것이 현대인(비천한 인간)의 운명이며, 우리가 보고 말하게 만드는 것도 권력이라고 스스로 대답해 보았지만, 자신을 만족시킬 수는 없었지요"(Deleuze, 1990/1993, 109쪽). 이러한 대담에 이어 들뢰즈는 배치로서의 장치를 실천성의 측면에서 강조하고 있다(백욱인, 2014). 즉 장치는 기계나 단일한 기구가 아니라 집합적인 기계적, 기호적 배치들의 관계들로서 파악해야 한다. 왜냐하면, "기계는 아무것도 설명하지 않고 단지 하나의 부품에 불과"하기 때문이다(Deleuze, 2006, p. 67). 따라서 중요한 관건은 기계들의 배치와 언표행위들의 배치와 권력관계를 드러내고, 궁극적으로는 권력의 지층이 형성되기 이전의 욕망의 흐름을 발견하고 차이의 실천들을 생성해 내는 데 있다.

2

정동과 다중의 사유[2)]

1) 스피노자의 정동

스피노자의 사상은 한편으로, 현대 사상사의 주류인 이성 중심주의와 동일성의 논리들을 전복시키며 정서의 변이능력을 강조하고 있을 뿐 아니라 또 다른 한편, 교수자와 학습자의 정서 변이능력을 개발할 수 있는 미디어 교육의 목표와 방법을 새롭게 고안하는 데 기여하기 때문이다. 여기서는 전자의 측면, 즉 이성 중심주의와 동일성의 논리들에 대한 스피노자의 비판과 대안적 논리들에 근거해 정동의 논리적 근거들을 정리하고자 한다.

그러면, 스피노자는 정동의 논리를 어떠한 사상에 근거해 제시하고 있는가? 이 문제는 크게 세 가지 측면에서 접근할 수 있다. 즉 심신평행론, 능력 개념, 다중과 정동이 그것이다. 우선, 스피노자의 '심신평행론'은 서구 합리주의 사상의 핵심인 로고스 중심주의에 대한 비판적 인식에 기초한다. '나는 생각한다, 고로 나는 존재한다.'는 데카르트의 코기토 논리와 심신이원론을 비판하며 스피노자는 신체와 정신 사이의 일방적 지배와 결정론을 거부한다(Copleston, 1961; 이은경, 2013).

2) 이에 대해서는 다음 문헌을 참조함. 강진숙 (2014). 미디어교육 패러다임의 변화를 위한 시론: "미디어정동(情動, affectus) 능력"의 개념화를 위한 문제제기. 〈커뮤니케이션 이론〉, 10권 3호, 195-221.

즉 신체는 정신을 결정할 수 없고, "정신도 신체를 운동이나 정지로 그리고 다른 어떤 것으로 결정할 수 없다."는 것이 스피노자의 심신평행론이다(E3p2). 인간의 행동이 정신의 지배에 의한 것이 아니라 '동시에' 발생한다는 것이다. 그 이유는 신체와 정신은 한 개체가 지닌 사유의 양상(attribute)이나 사물의 양상에서 관찰한 결과이기 때문이다(E3p2s; 5pref.).

두 번째는 스피노자의 정동이론에 중요한 역할을 하는 '코나투스(conatus)' 개념에 대한 정의이다. 이것은 스피노자 윤리학의 핵심 개념으로서 "존재를 유지하려는 노력"을 의미하며, 모든 덕의 기초로서 강조된다(E4p18s). 예컨대, 자살하는 사람은 마음이 무력하며 자기 본성과 모순되는 외적 원인에 전적으로 정복당하는 사람들이다. 그러면, 이러한 자기보존노력으로서 코나투스가 중요한 이유는 무엇인가? 그것은 무엇보다도 욕망을 이성보다 열등하고 통제의 대상으로 규정했던 데카르트주의나 로고스 중심주의와 다른 논점을 제시하고 있기 때문이다. 〈에티카〉에서 라틴어 '쿠피디타스(cupiditas)'로 표현되는 욕망은 인간의 자기보존노력, 특히 생리적 욕구(appetite), 의지, 본능, 욕망 등의 영역들을 모두 포괄한다(이은경, 2013). 이러한 영역은 소유의 대상이 정해진 물신주의적 욕망과 달리 욕망의 대상이 아직 결정되지 않았지만 끊임없이 자신의 감각과 정서들을 긍정하고 결합하려는 존재 유지의 노력, 즉 코나투스를 의미한다.

그런데, 스토아학파나 데카르트에게 이러한 정서나 욕망은 절대적으로 정신, 즉 이성에 의존한다(E5pref.). 전자의 경우, 정서를 억제하고 조정하는 데 많은 훈련과 노력을 기울여야 한다는 입장이라면, 후자는 정서가 인간의 기가 아닌 동물적 기의 특정한 운동에 의해 산출, 유지, 강화된다는 점에서 이성에 의한 정서의 지배를 정당화한다. 이러한 양자의 입장은 스피노자의 심신평행론과 대립된 관점을 보여준다. 신체의 힘은 결코 정신의 힘에 의해 결정될 수 없고, 동시에 발생한다는 것이 그의 지론이기 때문이다. 그러면, 스피노자의 코나투스와 능력에 대한 관점은 어떠한 시사점을 주는가? 그것은 바로 인간의 능력은 선천적이고 고정된 것이 아니라 자기보존노력에 의해 끊임없이 증대 혹은 감소시킬 수 있다는 점이다. 이러한 노력이 능력과 같은 위상을 지니는 이유는 그 누구도 선천적으로 선과 악, 주인과 노예, 유능과 무능 등의 이원적 구분에 따라 규정될 수 없기 때문이다. 즉, 자기보존노력인 코나투스와 그 능력은 "덕의 첫째가는 유일한 기초"(E4p22c)이다. 따라서 능력이란 선천적인 것이 아니라 후천적이고 지속적인 자기개발노력이 필요한 교육적 속성을 지니고 있는 것이다. 이러한 맥락에서 윤리적 가치에 기반한 미디어 능력 개발과 교육과정에서 중요하게 고려해야 할 것이 정동의 능력이다.

마지막으로 정동에 대한 사유이다. 스피노자는 정동의 세 가지 구성요소를 강조하는데, 앞에서 설명했던 욕망이 그 하나라면, 나머지 둘은 기쁨과 슬픔이다. 스피노자가 강조하듯이, "나는 이 세 가지 [욕망, 기쁨, 슬픔] 이외에 다른 어떤 기본적인 정동도 인정하지 않는다. 나머지 정동은 (……) 이 세 가지에서 생기기 때문이다"(E3p11s). 그러면, 정동이란 무엇인가? 스피노자에게 기쁨과 슬픔의 정서는 변이와 이행의 능력, 즉 정동을 통해 발현된다. 정동이란 각각의 개별적 정서가 다른 상태로 이행하는 것이기 때문이다. 그에 따르면, 기쁨이란 정신이 "더 작은 완전성에서 더 큰 완전성으로 이행하는 것(transitio a minore ad majorem perfectionem)"(E3p11s)이라면, 슬픔은 정신이 "더 큰 완전성에서 더 작은 완전성으로 이행(transitio a majore ad minorem perfectionem)"하는 것이다(E3p11s). 즉 슬픔이 힘을 감소시키는 반면, 기쁨은 힘을 증대시키는 정동인 것이다. 전자의 경우 쾌감이나 유쾌함이 포함된다면, 후자에는 고통이나 우울함의 상태가 연관된다.

한편, 욕망이란 "의식을 동반하는 충동"이다(E3p9s). 그렇다면, 슬픔은 나쁘고, 기쁨은 좋은 것인가? 여기서 중요한 것은 슬픔의 그 상태가 아니라 그것들에 부여하는 가치, 즉 몰입(indulgence)이다. "사랑 중에서 가장 아름다운 것은 정신적인 것이 아니라 감각적인 욕구"(Deleuze, 1978/2005, 104쪽)이기 때문이다. 이러한 의미에서 들뢰즈는 〈에티카〉 전체를 관통하는 슬로건을 이렇게 제시한다. "느껴라. 우리에게 일어나는 것을 느껴라"(Deleuze, 1978/2005, 103쪽). 왜냐하면, 좋음과 나쁨은 어느 한곳에 고정된 불변의 정서 상태가 아니라 이행의 관점에서 발생하기 때문이다. 즉, 두 사람인 A와 B의 관계에서 어떤 정서의 상태로 만나 어떠한 정서로 이행했는가의 관점에서 볼 때 호불호의 기준이 작동 가능하다는 것이다. 때문에 정동의 작용은 개인들의 힘을 증대시키거나 감소시키는 운동성과 연관된 것이다.[3] 이 때문에 정서는 “나에게 슬픔을 가져다주는 사물의 이미지”이고, 그 이유는 “그것이 맺는 관계들이 나의 관계들과 부합하지 않는 사물”이기 때문이다(Deleuze, 1978/2005, 94-95쪽). 또한 스피노자에게 이 정동의 능력이 클수록 ‘더 큰’ 덕을 소유하는 것으로 평가된다면, 그 역은 덕의 감소를 야기한다.

이러한 능력의 증가와 감소에 대한 스피노자의 관점은 니체의 힘의 의지(Volonté de Puissance)와 맞닿아 있다(Deleuze, 1978/2005). 즉 니체도 스피노자처럼 힘의 획득과 소유 그 자체보다는 증대와 감소에 관심을 갖고 있고, 이러한 능력의 증대를 위해서는 사물과 사람, 그리고 사람과 사람들 간의 신체 결합 혹은 관계 합성을 지향할 필요가 있다는 점에서 정동의 논리와 만난다. 요컨대, 정동의 능력은 정서의 증대와 감소를 수반하는 사회적 관계의 형성과 활동을 통해 발현된다.

2) 스피노자 정동 사유의 변이: 들뢰즈와 네그리 · 하트의 사유

여기서는 앞에서 살펴본 스피노자의 정동에 대한 문제설정에 기초해 사상적 접속과 변이를 시도하고 있는 들뢰즈와 네그리 · 하트의 이론과 사유들을 살펴보고자 한다. 들뢰즈의 “공명”, 네그리의 “다중” 그리고 하트의 “정동 노동”이 그것이다. 이 개념들을 검토하는 이유는 두 가지이다. 하나는 스피노자주의의 문제설정과 그 함의에 대한 성찰을 꾀하기 위함이고, 다른 하나는 정동의 미디어능력 개념

---

3) 들뢰즈에 따르면, 정동의 영역이란 정서가 나의 능력을 실행할 때마다 능력이 증가하거나 감소하면서 실행된다는 것을 말한다. 이러한 능력은 지속적으로 증가와 감소를 통해 변화를 경험하게 한다. 즉 본질은 능력의 어떤 정도이고, 양적 측면에서는 “강도적 양”이다(Deleuze, 1978/2005, 110쪽).

과 범주를 구상하기 위한 이론적 근거를 정립하고자 함이다. 요컨대, 17세기 스피노자의 정동 사상이 현대 스피노자주의의 계보 속에서 어떻게 재해석되고 있는지를 파악하고, 궁극적으로는 미디어교육 패러다임의 변화를 꾀할 수 있는 정동의 문제의식들을 추출하여 기존의 미디어능력 범주의 확장을 위한 단초로 활용하는 데 있다.

(1) 들뢰즈의 공명효과

우선, 스피노자의 정동 사상에 기초한 들뢰즈의 사상을 살펴보자.[4] 들뢰즈의 차이의 생성에 입각한 공명의 철학은 어떠한 맥락에서 이해되는가? 그것은 스피노자의 정동처럼 정서의 변이와 이행의 관점에 근거한다.

들뢰즈에 따르면, 공명은 두 가지 측면에서 정의된다. 하나는, 공명이 "〈나〉=〈나〉"의 관계처럼 커뮤니케이션의 주체화 및 명령어와 연관되는 측면이다(Deleuze, 1980/2001, 155쪽). 즉 주체화란 신문과 뉴스에서 다양한 사건의 주체들이 나오지만 특정집단으로 호명되는 것을 말한다면, 명령어는 그 호명이 '생각해라', '기억해둬라', '기대해라' 등의 명령어를 잠재적으로 전달함으로써 이용자의 특정한 반응, 즉 호명된 주체에 대한 동일시적 태도를 요구하는 것을 의미한다. 마치 '우리 국민은 ……을 요구한다.'라는 사설에서 개별 독자들을 '우리'로 호명하고 '그들'을 적대시하라는 담론의 명령어들을 전달하는 것처럼 말이다.

또 다른 하나는, "비의존적인 이질적인 항들 간의 '이웃 관계'의 조화"이다(Deleuze & Parnet, 1977, p. 125; 서동욱, 2008, 129쪽). 즉, 공명은 스피노자의 정동 개념과 마찬가지로 존재들 사이의 마주침을 통해 기쁨 혹은 슬픔 등의 정서적 변이와 이행을 일으키는 능력이자 효과이다. 특히 효과의 측면에서 대표적인 공명의 사례는 '마들렌 효과'를 통해 설명된다. 유년시절의 경험을 바탕으로 한

4) 들뢰즈의 스피노자주의적 관점은 주로 두 저서들, 즉 〈스피노자의 철학〉과 〈스피노자와 표현의 문제〉에서 집약되고, 미시적으로 정동의 능력과 연관된 '공명'의 사유는 〈프루스트와 기호들〉, 〈천 개의 고원〉, 〈차이와 반복〉 등의 여러 저술들에서 간헐적으로 발견된다.

마르셀 프루스트(Marcel Proust)의 〈잃어버린 시간을 찾아서〉(1권)에 등장하는 '마들렌 효과'는 어린 프루스트의 '삶의 재난'과 '그 짧음'을 착각으로 여기고 잊게 할 정도로 기쁨의 정동을 일으킨 경험이다. 우연히 맛본 마들렌의 경험은 몸과 마음이 지쳐있던 어린 프루스트에게 슬픔에서 기쁨으로 정서의 이행, 즉 정동을 가능케 했기 때문이다. 이때 공명의 효과는 과거의 마들렌과 현재의 마들렌의 맛과 향기가 감각적으로 통하면서 생기는 행복감인 것이다(서동욱, 2008). 마들렌 조각이 녹아든 홍차 한 숟가락을 기계적으로 입술에 가져간 순간, 프루스트는 "이유를 알 수 없는 감미로운 기쁨에 사로잡히며 나를 고립시켰으며", 그 느낌의 본질은 "내 안에 있는 것이 아니라 바로 나 자신이었음"을 알아챘다. 그리고 그가 경험했던 정서의 변이는 '죽음의 정서'에서 '기쁨의 정서'로의 이행에서 발견된다. "나는 더이상 나 자신이 초라하고 우연적이고 죽어야만 하는 존재라고 느껴지지 않게 되었다. 도대체 이 강렬한 기쁨은 어디서 온 것일까?"(Proust, 1913/2012, 86쪽)

여기서 프루스트가 물음을 던지듯이, 기쁨을 주는 공명의 효과는 어디서 오는가? 이러한 공명 효과를 가능케 하는 것은 과거와 현재 사이에 공명이 있다는 사실, 그리고 과거의 과거로서의 '공통성'의 관념이 있다는 사실에 근거한다(서동욱, 2008). 또한 두 시점의 마들렌 경험이 서로 다른 특이성을 지니고 있음에도, 그 시차를 넘어 과거의 감각적 경험만으로도 현재의 정서적 변이, 즉 기쁨의 정동이 가능한 것은 바로 선험적 과거가 존재하기 때문이다. 들뢰즈가 〈의미의 논리〉에서 언급했듯이, 그 공명을 가능케 하는 선험적 근거는 '맛보다', '기쁘다', '느끼다'와 같은 비인칭 서술어들에서 발견된다. 소위 '순수 사건'으로 지칭되는 이 서술어들은 주체의 서로 다름에 상관없이 누구나 공명효과로서 기쁨과 슬픔의 정동을 가능케 한다.

이러한 맥락에서 들뢰즈의 사유에는 스피노자가 겹쳐져 있다. 즉 들뢰즈는 기본적으로 "차이와 반복의 놀이가 동일성과 재현의 놀이를 대체했다."는 것을 언명하고 있는데(Deleuze, 1968/2004, 593쪽), 여기서 중요한 것은 스피노자의 정동처럼 마주침, 즉 우발성의 관계를 형성함으로써 변이되는 힘이기 때문이다. 요컨대,

스피노자의 윤리학이 정동의 능력에 집중하는 '행동학(êthologie)'(Deleuze, 1981/1999, 45쪽)이라면, 들뢰즈는 그와 연관된 '공명의 철학'(박영균, 2007, 245쪽)을 생성하고 있는 것이다.

(2) 네그리와 하트의 정동 노동과 다중

두 번째로 스피노자의 사상적 영향을 엿볼 수 있는 것은 하트(Michael Hardt)와 네그리(Antonio Negri)의 '정동 노동(Affective Labor)'과 '다중(multitude)'의 논리이다. 이 두 개념은 스피노자의 〈에티카〉에서 설명한 변이의 능력, 즉 정동에 기반한 노동 방식의 변화와 주체들의 결합방식을 보여준다는 점에서 주목할 만하다.

우선, 정동 노동은 하트가 주로 제기한 개념으로서, 그 자체로 직접적으로 공동체들과 집단적 주체성들을 구성하는 것이다. 이러한 시도는 욕구나 사용가치 담론의 맥락에서 변화된 노동의 조건과 특성을 진단하는 데 적용되어 왔다. 하트는 크게 세 가지 측면에서 이러한 '비물질 노동'의 변화 양상들을 주시한다(Hardt, 1999/2005, 145-152쪽 참조). 예컨대, 포드주의를 넘어선 포스트포드주의에 입각한 '직접적 소통의 방식'이다. 정보와 소통이 생산방식의 핵심 자원이 된 것이다. 둘째, 분석적·상징적인 직무들이 비물질노동으로 변화하는 경향으로서, 이것은 양가성을 지닌다.[5] 즉 부정적 측면에서 산업계의 컴퓨터화 추세가 소통행위, 인간관계 그리고 문화가 경제적 상호작용의 수준으로 도구화되고 사물화된 결과라면, 긍정적 측면에서 생산의 상호작용적 과정은 정동 작용을 통해 창조적, 지성적인 작업을 발생시켰다는 것이다. 마지막으로 정동 노동의 직무 분할이 다층적으로(국제적 분업, 성적 분업, 인종적 분업 등) 진행되고 있다는 점이다. 즉, 정동 노동이 확산되면서 낮은 가치의 직무들은 미국을 비롯한 선진국 외의 다른 지역들로 이전되고 있는 것이다.

---

5) 이러한 맥락에서 정동 노동의 분석은 새로운 시도가 아니다. 특히 기존의 페미니즘 분석들은 이미 오랫동안 "돌봄 노동, 친족 노동, 양육 및 보육 활동의 사회적 가치"를 분석하는 데 이 분야의 문제의식을 적용해 왔다(Hardt, 1999/2005, 151쪽).

이러한 하트의 비물질노동에 대한 세 가지 세태 진단은 1999년도의 저술 출간 시기를 감안하더라도 현재 새로운 시사점을 주기에는 낡은 자료들에 근거하고 있는 것으로 보인다. 예컨대, 포스트포드주의의 대표적 사례로 제시한 일본의 토요타 산업의 생산방식인 토요티즘은 이미 조절이론 등을 통해 분석된 바 있다. 즉, 기존의 포드주의적 대량생산방식과 단절한 다품종 소량생산의 방식으로서 혁신성을 지니고 있다는 것이다. 물론 기술 중심적 시각에서 보면 그러한 시각이 일견 타당하다. 그러나 조금 더 면밀히 접근할 경우, 포스트포드주의를 넘어선 최근의 정보통신기술의 생산방식과 노동과정에 대한 통제 및 관리가 상징적이고 비물질적인 전 세계적 네트워크화를 통해 이루어지고 있다는 점에서 하트의 관점은 여전히 유효하다.

그러면, 이러한 정동 노동의 논리에서 네그리의 다중은 어떠한 특징을 지니는가? 앞의 '정동 노동'이 사회적 생산방식의 변화와 비물질노동, 즉 정보, 정동, 소통, 문화 등의 직무 분할 및 변화 양상들을 포괄하고 있다면, '다중'은 정동이 중요해진 사회문화적 환경에서 새로운 주체상을 정립하기 위한 시도이다. 네그리에 따르면, 다중은 민중, 국가, 심지어 프롤레타리아 계급을 대체하는 "해방의 주체"로 자리매김되기 때문이다(Negri, 1990/2009, 20쪽). 즉, 존재론적 측면에서 이질성과 복수성을 띠며 협력을 통한 공통의 관계망을 통해 표출되는 주체들의 연합이 다중인 것이다. 따라서 다중은 망 내에 기능하는 특이성들로 구성되어 있고, 그들이 창조하는 다중 지성, 즉 언어, 정보, 관념 역시 특이성들의 망을 통해 생산된다.

이러한 다중의 사유는 스피노자의 문제의식과 연관된다. "신체가 무엇을 할 수 있는지"(E3p2s)를 성찰하자는 그에게 중요한 것은 신체 일반의 역할이 아니라 바로 "너의 신체, 나의 신체가 무엇을 할 수 있는가"에 대한 물음이다(Deleuze, 1981/2005, 117쪽). 즉, 일종의 능력에 대한 실험이면서 동시에 능력을 구성하는 방법에 대한 문제제기인 것이다. 네그리에 따르면, 다중의 힘을 토대로 한 집단의 구성만이 절대적 민주주의로 나아갈 수 있다. 여기서 '절대적'이란 두 가지 뜻을 함축한다. 하나는 신체의 결합 정도를 알 수 있는 정동의 강도라면, 다른 하나는 다중의 힘이 미치는 정동의 범주이다. 전자의 경우, 자신을 구성하는 힘이 증가함에 따라 더욱더 "복잡하면서도 열린 현실"을 구성하게 된다(Negri, 1992/2005, 71쪽). 즉 다양한 존재들의 결합이 많아질수록 정서적 변이의 강도와 그 효과는 높아질 수 있는 것이다. 이러한 논점에서 "사람들이 연합 형태로 결합하면 할수록, 그들은 그만큼 집단적으로 보다 많은 권리를 갖게 된다"는 스피노자의 사상이 엿보인다(Spinoza, 1951/2011, 400쪽). 후자의 경우는 민주주의가 다중의 주체들을 통과하면서 '절대성'을 형성하게 된다는 논점이다. 그 이유는 "밑으로부터, 자연적 조건의 공통성으로부터 출발해 모든 사회적 힘들을 추동하기 때문"이다(Negri, 1992/2005, 77쪽). 이 또한 스피노자의 목소리를 들려주는 관점이다. "국가의 권리는 대중의 힘에 의해 결정된다."(Negri, 1992/2005, 411쪽)는 것이 그의 지론이기 때문이다. 그런데, 스피노자에게 대중은 두 유형으로 구분된다. 하나가 '자유로운 대중'이라면, 다른 하나는 '피정복 대중'이다. 전자의 경우, "공포보다는 희망에 더 인도된다."는 점에서 네그리의 다중에 가깝다면, 후자는 "희망보다는 공포에 더 잘 이끌린다."는 점에서 부정적 의미에서 쉽게 휩쓸리는 군중과 유사한 것으로 해석된다(Spinoza, 1951/2011, 424쪽).

이상과 같이 스피노자의 정동에 대한 문제설정은 현대 사상가들인 들뢰즈와 네그리 · 하트의 사유로 접속, 변이되고 있음을 알 수 있다. 들뢰즈의 '공명'이 다양한 존재들의 결합과 이를 통한 정서적 변이와 이행이라는 정동 효과의 의미를 밝혀내고 있다면, 다른 한편으로 네그리와 하트의 비물질노동으로서의 정동 노동에 대한 양가적 시각과 다중의 힘에 대한 낙관적 주체상은 본 연구에 시사하는 바가 크다. 정동의 커뮤니케이션에 기반해 미디어 교육의 패러다임 변화를 꾀할 필요가 있다는 점, 특히 미디어의 선용과 합리적 주체의 형성에 중점을 둔 미디어 능력의 범주들에 대한 성찰이 필요한 시점이기 때문이다.

3) 정동의 장치로서 미디어와 미디어 교육

그러면, 미디어는 정동의 장치로서 어떠한 역할을 하는가? 그리고 미디어 교육을 통해 이용자와 제작자의 정동 역량을 강화하기 위해 어떠한 대안적 방안이 요구되는가?

우선, 미디어는 정동의 장치로서 한 개인의 생애사를 상호작용적으로 구성한다. 여기서 '정동의 장치'란 정동(affectus)과 장치(dispositif)의 조어로서, 정서의 변이를 만들어 내는 장치를 의미한다. '정동'의 개념은 스피노자, 들뢰즈 그리고 네그리와 하트 등의 사상적 탐구를 통해 미디어교육 차원에서 연구된 바 있다(강진숙, 2014). 스피노자에 따르면, 정동은 슬픔, 기쁨, 욕망의 개별적 정서가 다른 정서의 상태로 이행하는 것을 말한다(Spinoza, 1675/1990). 즉 A와 B가 만나거나 관계함으로써 슬픔, 기쁨, 욕망의 정서가 이전의 상태에서 다르게 변화하는 것이 정서의 변이, 곧 정동이다. 예컨대, 슬픔의 정서는 단지 휘발성을 지닌 감정이 아니라 "슬픔을 가져다주는 사물의 이미지"이고, 슬픈 이유는 "그것이 맺는 관계들이 나의 관계들과 부합하지 않는 사물"이기 때문이다(Deleuze, 1978/2005, 94-95쪽). 이 때문에 미디어를 이용하는 능력은 선천적인 것이 아니라 후천적으로 교육과 체험을 통해 개발할 수 있는 것이다(강진숙, 2014). 스피노자가 강조했듯이, 정서의 상태는 주어진 것이 아니라 '존재를 유지하려는 노력', 즉 '코나투스(conatus)'에 의해 자신의 감각과 정서들을 긍정하고 존재를 유지하려고 노력함으로써 더 큰 완전성으로 나아갈 수 있기 때문이다(Spinoza, 1675/1990). 슬픔에서 기쁨으로의 정서 변이는 TV 시청, 인터넷 이용, 카카오톡 채팅, SNS 이용 등 다양한 미디어와 이용자(시청자)의 만남을 통해 나타난다. 물론 역으로 '더 작은 완전성으로 이행'하는 정서 변이 또한 나타난다. 여기서 중요한 것은 이러한 미디어와 이용자의 만남이 특정한 사회적 맥락 속에서 한 개인과 가족, 집단의 생애사를 구성한다는 점이다. 이 연구에서 정동의 장치로서 미디어를 바라보는 이유 중의 하나가 바로 여기에 있다. 즉 정서의 변이가 발생하는 공간으로서 미디어와 이용자의 만남과 경험, 기억의 재구성 과정 등을 탐색하고자 함이다. 예컨대, 사이버공간의 집단따돌림을 가리키는 '사이버 불링'이나 사이버 폭력 현상을 미디어 비오그라피 방법으로 접근할 때, 특정한 생애사적 국면에서 가해자와 피해자는 어떠한 정서 상태를 경험했고, 그 경험이 생애사적 맥락에서 어떠한 의미를 지니는지를 분석할 수 있다. 예컨대, 청소년 사이버 불링의 경우, 가해학생들은 가해 이유를 '재미'나 '교우관계의 자연스러운 갈등'처럼 일시적인 또래문화 현상으로 간주하는 경향이 두드러지게 나타나고 있다(김봉섭, 2013, 4월). 이 경우 미디어와 청소년들의 만남은 '기쁜 만남'이 아니라 피해자의 정서와 잠재력을 약화시키는 '슬픈 만남'일 뿐 아니라 폭력 행위가 왜곡된 재미와 '일시적인' 생애사의 한 순간으로 축소되면서 피해의 심각성이 은폐될 수 있다. 따라서 정동의 장치로서 미디어에 접근하고 이용자의 미디어 비오그라피 경험들을 수집, 분석하는 것은 학교폭력의 현실에서도 유의미한 접근 방법이다. 이러한 접근의 의의는 미디어와 이용자의 생애사적 연관성을 밝혀줄 뿐 아니라 사이버 불링의 폭력적 경험으로 인한 '슬픈 만남'을 능동적인 정서의 변이를 통해 '기쁜 만남'으로 변화시킬 수 있는 미디어 교육의 방법들을 도출할 수 있다는 점에 있다.

두 번째로, 정서의 변이는 복수적 만남을 통해 발생하고, 미디어는 이를 매개로 한다는 점이다. 미디어 이용은 단지 한 개인의 내적 차원이 아니라 외적 관계, 즉 '사람-기계(미디어)' 혹은 '사람-기계-사람'의 관계 형성 속에서 발생한다. 푸코의 장치가 "담론과 비담론적 영역을 포함하는 네트워크 혹은 구성체"라고 했을 때, 정동의 장치론은 이러한 네트워크, 즉 미디어와 이용자, 디지털 언어와 이미지 등의 복수적 결합관계 속에서 발생하는 정서적 변이에 초점을 둔다(Foucault, 1977; Agamben, 2006/2010). 즉 정동의 장치로서 미디어는 단일한 기계가 아니라 한 인간의 생애사 동안 현실에서 직접 마주하기 어려운 사물, 사람, 장소, 환경들을 다양하게 복수적으로 접할 수 있게 하는 정동의 네트워크이다. 미디어 장치는 한 인간의 생애사 동안 다양한 만남들을 통해 슬픔, 기쁨, 욕망 등 다양한 정서의 변이를 체험하도록 복수의 관계망과 선분들로 구성되기 때문이다. 따라서 정서의 변이, 즉 정동을 일으키는 '정동의 장치'로서 미디어와 이용자의 주체화 방식을 탐구하는 작업은 점차 중요해지고 있다.

마지막으로, 정동의 사유에 기초해 미디어교육 분야에서 '미디어 정동능력'을 강화하기 위한 방안들을 모색할 수 있다(강진숙, 2014, 215-216쪽 참조). 미디어 정동능력은 미디어를 활용한 정서의 변이 능력을 의미한다. 미디어 정동능력의 과제는 미디어 교육을 통해 어떻게 고립된 개인들이 다중의 형태로 결합할 수 있는지, 이 과정에서 다중은 공동재화로서 어떠한 지성들을 생산하며, 궁극적으로 네트워크화된 정동의 힘들을 어떻게 현실화할 수 있는지를 문제제기하고 규명하는 데 있는 것이다. 이러한 맥락에서 독일의 미디어교육 교과과정의 사례는 시사점을 준다. 예컨대, 초등학교 1~12학년 커리큘럼에 적용된 툴로체키의 모델이 그것이다(Tulodziecki, 1995). 즉 '공포효과 프로젝트', '동화 프로젝트' 등을 편성해 어린이와 청소년들이 TV 드라마와 영화, 동화책 등의 미디어를 접하면서 겪은 공포 체험과 느낌, 동화의 캐릭터 성격 표현, 미디어로 인한 행동 성향과 갈등의 자각 등 정동의 체험을 할 수 있도록 했다. 이러한 모델이 중요한 이유는 미디어를 접하며 이용자가 겪는 정서적 충격, 학습 및 태도의 장애 등을 인식하고 포착하여 이용자 스스로 극복할 수 있는 정동능력을 개발하는 데 일조하기 때문이다(강진숙, 2006). 이를 바탕으로 다양한 슬픔과 기쁨의 정서 체험과 정서적 장애와 문제들을 이용자 스스로 극복할 수 있는 다양한 교수법의 개발이 요구된다.

이상과 같이 미디어 정동능력의 체계화를 위해서는 두 가지 차원, 즉 미디어 교육의 연구 지평을 넓히기 위한 이론과 방법론의 개발 차원이 그 하나였다면, 다른 하나는 미디어교육 수행의 차원에서 교과과정과 교수법 개발을 통한 정동의 체험과 능력 개발의 방법이 필요하다는 점을 논의하였다. 이 두 차원은 미디어 능력과 미디어 리터러시 연구의 성과들을 아우르면서 미디어교육 이론의 패러다임 확장과 전환을 꾀하는 데 필요한 양대 과제이다.

이와 같은 미디어 정동능력의 지향점은 제작자나 이용자 자신의 '쿠피디타스(cupiditas)'로서 욕망을 긍정하고 나아가 다중의 형성을 위한 자기보존의 노력으로서 코나투스를 생성하고 실천하는 데 있다. 이른바 다양한 특이성을 지닌 이용자들이 미디어교육 과정에서 미디어를 매개로 정서의 변이능력을 발견하고, 자신의 정서를 부정에서 긍정으로, 수동에서 능동으로, 슬픔에서 기쁨으로 이행할 수 있는 능력을 증대시키는 것이다. 요컨대, 스피노자의 정동이 '정서를 능동적으로 변이하는 것'이라는 점을 고려할 때, 미디어 정동능력의 함의는 미디어를 매개로 이용자의 정서를 기쁨으로 변이하는 능력, 즉 개별 이용자들이 다른 이용자들과의 협력에 기반한 공통의 관계를 형성하여 슬픔을 기쁨의 정서로 변화시키는 데 있는 것이다.

3 들뢰즈와 과타리 사유의 적용

1) 선행연구의 사례

들뢰즈와 과타리의 소수자와 정동의 사유는 미디어 커뮤니케이션 연구 분야에서 지난 10여 년 간 지속적으로 다루어졌다. 이러한 점은 들뢰즈의 소수자와 정동의 사유가 미디어와 커뮤니케이션의 현상을 분석하고 대안적 방향성을 탐색하는 데 시사점을 제공하고 있음을 알 수 있게 한다.

학술지에 게재된 선행연구들을 조사한 결과, 2010년부터 2019년까지 직접적으로 연관성 있는 학술논문들을 선별하여 총 11건의 사례들을 추출하였다. 이것을 정리하면 〈표 9-2〉와 같다.

이 표에서 볼 수 있듯이, 들뢰즈의 소수자와 정동의 사유는 미디어와 커뮤니케이션 분야 중에서도 주로 커뮤니케이션 사상과 매체 미학, 그리고 미디어교육 분야 등에서 두드러지게 나타났다. 이론의 초점이 주로 소수자 이론(사례 1, 3, 6, 7, 9, 10, 11)에서 집중적으로 적용되었다면, 정동 이론(사례 2, 4, 5, 8)의 경우는 일부 논문에서 발견되었다.

표 9-2. 들뢰즈와 과타리의 소수자와 정동 적용 사례들

사 례	연구자	제 목	주제어	학문 분야
1	강진숙 · 배민영 (2010)	'소수자-되기'를 위한 노인 미디어 교육 연구: 노인 미디어교육 교수자 및 학습자와의 심층인터뷰를 중심으로	노인미디어교육, 소수자, 되기, 욕망	미디어와 커뮤니케이션
2	이찬웅 (2012)	들뢰즈의 영화 미학에서 정서의 문제: 변용에서 시간으로	근접화면, 사건, 주체성, 베르그손, 미켈 뒤프렌	영화 미학
3	이은비 · 강진숙 (2013)	차이와 소수성을 위한 이주노동자 미디어교육에 대한 질적 연구	소수성, 이주노동자, 미디어교육, MWTV	미디어와 커뮤니케이션
4	오창호 (2014)	감응의 커뮤니케이션: 들뢰즈 · 가타리의 커뮤니케이션 사상을 중심으로	감응, 들뢰즈 · 가타리, 욕망의 패러다임, 만남, 기관 없는 신체, 커뮤니케이션 윤리학	미디어와 커뮤니케이션
5	강진숙 (2015)	정동의 장치와 주체화 연구방법 – 미디오 비오그라피: 푸코, 아감벤, 들뢰즈의 장치와 주체화, 배치에 대한 사유를 중심으로	푸코, 아감벤, 들뢰즈, 장치, 주체화, 배치, 미디어 비오그라피	미디어와 커뮤니케이션
6	강진숙 · 박지혜 (2015)	청소년의 욕망 생성과 소수자 되기를 위한 미디어교육 사례 연구	욕망, 소수자, 되기, 청소년 미디어교육, 사회참여	미디어와 커뮤니케이션
7	장유정 · 강진숙 (2015)	노인 미디어 교육을 통한 '여성-되기' 사례 연구: 노인 미디어 학습 동아리 〈은빛둥지〉 활동을 중심으로	소수자, 되기, 노인 미디어 교육, 노인 여성	미디어와 커뮤니케이션
8	정수영 (2015)	공감과 연민, 그리고 정동(affect): 저널리즘 분석과 비평의 외연 확장을 위한 시론	감정, 공감, 연민, 정동, 저널리즘	미디어와 커뮤니케이션
9	김해연 · 강진숙 (2017)	페미니즘 독서토론 회원들의 젠더 불평등 경험과 대처 전략에 대한 근거이론적 연구: 들뢰즈와 가타리의 욕망과 소수자 사유를 중심으로	페미니즘, 독서토론, 젠더 불평등, 근거이론, 욕망, 소수자	미디어와 커뮤니케이션

사 례	연구자	제 목	주제어	학문 분야
10	장유정 (2017)	노년세대의 갈등유형과 소수자 미디어교육 경험에 대한 현상학적 연구: 들뢰즈와 가타리의 소수자론과 푸코의 주체구성론을 중심으로	소수자미디어교육, 갈등, 젠더, 다문화, 세대, 들뢰즈와 가타리, 푸코, 현상학	미디어와 커뮤니케이션
11	강진숙 · 김동명 (2019)	장애인 관련 영상제작자 및 활동가들의 '소수자-되기'에 대한 미디어 비오그라피 연구: 미디어의 장애인 재현과 제작 활동을 중심으로	장애인, 영상제작, 소수자, 미디어 비오그라피	미디어와 커뮤니케이션

2) 선행연구의 공통점과 쟁점

그러면, 선행연구들을 분석한 결과 들뢰즈와 과타리의 소수자와 정동 사유는 어떠한 방식으로 적용, 분석되고 있는가? 여기서는 선행연구의 사례들을 적용된 이론의 유형, 즉 소수자 사유와 정동의 사유로 구분하여 살펴보고자 한다.

우선, 소수자 사유를 적용한 사례들이다. 여기에는 선행연구들 중에서 〈사례 1, 3, 6, 7, 9, 10, 11〉이 해당된다. 구체적으로 살펴보면, 우선 소수자 이론은 주로 '소수자 되기' 실천의 측면에서 다양한 미디어교육 분야의 연구가 이루어진 것으로 분석되었다. 예컨대, 노인 미디어교육(사례 1, 7, 10), 이주노동자 미디어교육(사례 3), 청소년 미디어교육(사례 6), 장애인 미디어교육(사례 11) 등을 비롯하여 페미니즘 독서토론(사례 9) 등에서 들뢰즈와 과타리의 소수자 되기 이론이 적용되었다.

한편, 정동의 사유는 선행연구들 중에서 〈사례 2, 4, 5, 8〉이 포함된다. 예컨대, 영화 미학의 측면에서 접근한 정서의 문제(사례 2), '감응'의 커뮤니케이션에 대한 사상 연구(사례 4), 푸코, 아감벤, 들뢰즈의 사유에 근거해 정동의 장치와 주체화, 배치에 대한 연구방법을 탐색한 연구(사례 5), 그리고 저널리즘 분석과 비평의 측면에서 공감, 연민, 정동의 이론을 탐구한 경우(사례 8) 등을 들 수 있다.

이상의 연구 사례들은 들뢰즈와 과타리의 소수자 사유가 미디어 교육과 독서토론의 장에서 생성되는 실천적 함의들을 분석하는 데 유의미함을 알 수 있게 한다. 또한 커뮤니케이션 현상과 영화와 미디어 장치를 통한 주체화 방식들을 분석하는 데 정동의 이론들이 중요한 해석의 근거들을 제공하고 있음을 유추할 수 있다.

이상과 같이 들뢰즈와 과타리의 소수자 되기 사유와 정동 이론은 최근 10여 년 간 지속적으로 미디어와 커뮤니케이션 영역에 적용되어 왔다. 이러한 경향은 이들 사유가 다양한 미디어와 커뮤니케이션 현상에 대한 미학적, 미디어교육적 함의들을 내포하고 있음을 보여준다. 특히 소수자들인 노인, 청소년, 여성, 이주노동자, 그리고 장애인 등의 소수자 되기 실천을 탐구하는 연구접근들은 기존의 소외론이나 보호대상으로서 사회적 소외계층을 분석하는 접근방식과 차이를 나타낸다. 소수자 되기 사유에서 중요한 것은 소수자들이 권력관계의 약자만이 아니라 차이의 생성을 실현할 수 있는 긍정적인 잠재력의 주체들로서 전제하고 있다는 점이다. 예컨대, 청소년은 부모나 성인이라는 다수자의 욕망의 관점에서 볼 때, 보호와 유해물 차단의 대상이지만, 소수자의 관점에서 청소년은 성인들과 다른 차이의 잠재력과 실천력을 지닌 미디어 교육의 주체인 것이다.

앞으로도 들뢰즈와 과타리의 소수자와 정동의 이론은 다양한 학문 분야와 문화 현상들에 적용되어 사회 변화와 권력관계를 진단하는 풍향계가 될 수 있기를 기대해 본다. 물론 그 풍향계는 지속적으로 비판과 재해석의 성찰적 과정 속에서 더 많은 복잡성과 다양성을 포괄해야 할 것이다.

참고문헌

제1장 뉴미디어 사유와 문화의 이해

강진숙 (2000). 〈인터넷 장(field)의 기호체제와 주체화과정에 관한 연구: 공간과 기호의 배치, 그리고 주체문제를 중심으로〉. 중앙대학교 대학원 박사학위 논문.

강진숙 (2006). 탈문자시대의 미디어 문화와 이용자에 관한 이론적 연구: 포스터, 플루서, 비릴리오의 입장을 중심으로. 〈한국출판학연구〉, 통권 51호, 5-33.

강진숙 (2010). 1인 미디어로서의 블로그 이용문화와 기술적 상상: 플루서의 코무니콜로기론을 중심으로. 〈언론과 사회〉, 18권 3호, 2-34.

강진숙 (2012). SNS 속도문화와 창조적 저항: 비릴리오와 키틀러의 속도와 주체에 대한 사유를 중심으로. 〈한국언론정보학보〉, 통권 58호, 31-54.

강진숙 (2014). 미디어교육 패러다임의 변화를 위한 시론: "미디어정동(情動, affectus) 능력"의 개념화를 위한 문제제기. 〈커뮤니케이션 이론〉, 10권 3호, 195-221.

강진숙 (2015). 정동의 장치와 주체화 연구방법-미디어 비오그라피: 푸코, 아감벤, 들뢰즈의 장치와 주체화, 배치에 대한 사유를 중심으로. 〈커뮤니케이션 이론〉, 11권 4호, 4-37.

강진숙 (2016). 〈질적 연구방법론: 커뮤니케이션과 미디어교육 연구의 주사위〉. 서울: 지금.

강진숙 · 소유석 (2016). 공동체 라디오 동작FM의 다중참여와 실천사례 연구: 네그리와 하트, 비르노의 다중이론을 중심으로. 〈한국언론학보〉, 60권 5호, 292-318.

강진숙 · 이은비 (2013). 공동체라디오 DJ의 미메시스적 실천과 유희성 연구: 창신동 라디오 방송국 〈덤〉을 중심으로. 〈방송문화연구〉, 25권 2호, 37-66.

강진숙 · 이은비 (2014). '서울마을미디어'의 다중 실천과 문화정치적 의미에 대한 연구: 네그리와 하트의 '다중' 개념을 중심으로. 〈방송과 커뮤니케이션〉, 15권 3호, 143-185.

유기환 (2010). 미메시스에 대한 네 가지 시각: 플라톤, 아리스토텔레스, 벤야민, 리쾨르. 〈세계문학비교연구〉, 33집, 375-406.

한국언론진흥재단 미디어연구센터 조사분석팀 (2016, 12). 〈2016 언론수용자 의식조사: 제21회 미디어 환경변화에 따른 이용자 행태조사〉. (조사분석 2016-02). 서울: 한국언론진흥재단.

Benjamin, W. (1928-1929, 1934-1940, 1982). *Das Passagen-Werk*. Frankfurt am Main: Suhrkamp Verlag. 조형준 (역) (2005). 〈아케이드 프로젝트〉. 서울: 새물결.

Benjamin, W. (1933). *Lehre vom Ähnlichen. In Gesammelte Schriften. Bd. II/1 Aufsätze, Essays, Vorträge* (pp. 204-210). Frankfurt am Main: Suhrkamp. 최성만 (역) (2008). 유사성론. 〈언어 일반과 인간의 언어에 대하여; 번역자의 과제 외〉. 서울: 길, 197-207.

Benjamin, W. (1933). *Über das mimetische Vermögen. In Gesammelte Schriften. Bd. II/1 Aufsätze, Essays, Vorträge* (pp. 210-213). Frankfurt am Main: Suhrkamp. 최성만 (역) (2008). 미메시스 능력에 대하여. 〈언어 일반과 인간의 언어에 대하여; 번역자의 과제 외〉. 서울: 길, 209-216.

Benjamin, W. (1935-1939). *Das Kunstwerk im Zeitalter seiner technischen Reproduzierbarkeit.* (vier Fassungen 1935～1939). In *Zeitschrift für Sozialforschung.* 1936 [franz. Übers.]. 최성만 (역) (2007). 〈기술복제시대의 예술작품; 사진의 작은 역사 외〉. 서울: 길.

Bolter, J. D., & Grusin, R. (1999). *Remediation: Understanding new media.* Cambridge, MA: Mit Press. 이재현 (역) (2016). 〈재매개: 뉴미디어의 계보학〉. 서울: 커뮤니케이션북스.

Deleuze, G. (1994. 10). 욕망과 쾌락. *Magazine littraire*, 325. 서울사회과학연구소 (편) (1997). 〈탈주의 공간을 위하여: 들뢰즈 · 가타리의 정치적 사유〉. 서울: 푸른숲.

Deleuze, G., & Guattari, F. (1972). *L'Anti-Œdipe: Capitalisme et schizophrénie.* Paris: Minuit. 최명관 (역) (1997). 〈앙띠 오이디푸스: 자본주의와 분열증〉. 서울: 민음사.

Deleuze, G., & Guattari, F. (1972). *L'Anti-Œdipe: Capitalisme et schizophrénie.* Paris: Minuit. 김재인 (역) (2014). 〈안티 오이디푸스: 자본주의와 분열증〉. 서울: 민음사.

Deleuze, G., & Guattri, F. (1980). *Mille plateaux: Capitalisme et schizophrénie 2.* Paris: Minuit. 김재인 (역) (2001). 〈천 개의 고원: 자본주의와 분열증 2〉. 서울: 새물결.

Flusser, V. (1993). *Lob der Oberflächlichkeit: Für eine Phänomenologie der Medien. (Writings 1).* Bensheim: Bollmann. 김성재 (역) (2004). 〈피상성예찬: 매체 현상학을 위하여〉. 서울: 커뮤니케이션북스.

Flusser, V. (1995). *Die Revolution der Bilder: Der Flusser-Reader zu Kommunikation, Medien und Design.* Mannheim: Bollmann. 김현진 (역) (2004). 〈그림의 혁명(플루서 독자에게): 커뮤니케이션, 미디어, 그리고 디자인〉. 서울: 커뮤니케이션북스.

Flusser, V. (1996). *Kommunikologie.* Frankfurt am Main: Fischer-Taschenbuch-Verl. 김성재 (역) (2001). 〈코무니콜로기: 코드를 통해 본 커뮤니케이션의 역사와 이론 및 철학〉. 서울: 커뮤니케이션북스.

Foucault, M. (1975). *Surveiller et punir: Naissance de la prison.* Paris: Gallimard. 오생근 (역) (1994). 〈감시와 처벌: 감옥의 탄생〉. 서울: 나남.

Foucault, M. (1976). *Histoire de la sexualité, 1: la volonté de savoir.* Paris: Gallimard. 이규현 (역) (2010). 〈성의 역사 1: 지식의 의지〉. 파주: 나남.

Hardt, M. (1999). Affective labor. *Boundary 2, 26*(2) (Summer 1999). In G. Deleuze & A. Negri et al. *Immaterial labor & multitude.* 서창현 외 (공역) (2005). 〈비물질노동과 다중〉 (139-157쪽). 서울: 갈무리.

Kittler, F. (1985, 2003). *Aufschreibesysteme 1800/1900.* Munich: Fink. 윤원화 (역) (2015). 〈기록시스템 1800 · 1900〉. 파주: 문학동네.

Kittler, F. (2002). *Optische Medien: Berliner Vorlesung 1999*. Berlin: Merve Verlag. 윤원화 (역) (2011). 〈광학적 미디어: 1999년 베를린 강의-예술, 기술, 전쟁〉. 서울: 현실문화.

Lanham, R. A. (1993). *The electronic word: Democracy, technology and the arts*. Chicago: U Chicago.

Negri, A., & Hardt, M. (2001). *Multitude: War and democracy un in the age of empire*. NY: Penguin. 조정환 · 정남영 · 서창현 (공역) (2008). 〈다중: 제국이 지배하는 시대의 전쟁과 민주주의〉. 서울: 세종서적.

Negri, A., & Hardt, M. (2009). *Commonwealth*. Cambridge: Harvard University Press. 정남영 · 윤영광 (공역) (2014). 〈공통체: 자본과 국가 너머의 세상〉. 고양: 사월의책.

Spinoza, B. de. (1675). *Ethica*. 강영계 (역) (1990). 〈에티카〉. 서울: 서광사.

Virilio, P. (1977). *Vitesse et politique: Essai de dromologie*. Paris: Galilée, coll. ≪L'Espace Critique≫. 이재원 (역) (2004). 〈속도와 정치: 공간의 정치학에서 시간의 정치학으로〉. 서울: 그린비.

Virilio, P. (1984). *Guerre et cinéma 1: Logistique de la perception*. Paris: Éditions de l'Étoile. 권혜원 (역) (2004). 〈전쟁과 영화: 지각의 병참학〉. 서울: 한나래.

Virilio, P. (1989). *Esthétique de la disparition*. Paris: Galilée. 김경온 (역) (2004). 〈소멸의 미학: 시간과 속도의 여행〉. 서울: 연세대학교 출판부.

Virilio, P., & Lotringer, S. (1997). *Pure war*. (M. Polizzoti, Trans.). NY: Semiotext(e).

팝아트(매경시사용어사전). URL: https://100.daum.net/encyclopedia/view/31XXXXX16597

Hamilton, R. (1956). Just what is it that makes today's homes so different, so appealing? URL: https://www.wikiart.org/en/richard-hamilton/http-en-wikipedia-org-wiki-file-hamilton-appealing2-jpg-1956

발터 벤야민(위키백과). URL: https://ko.wikipedia.org/wiki/%EB%B0%9C%ED%84%B0_%EB%B2%A4%EC%95%BC%EB%AF%BC

〈인물 사진 이미지 출처〉

벤야민(제1 · 2 · 3장). URL: https://en.wikipedia.org/wiki/Walter_Benjamin

플루서(제1 · 4장). URL: https://www.discogs.com/artist/2525959-Vil%C3%A9m-Flusser

비릴리오(제1 · 5장). URL: https://j.pucsp.br/noticia/homenagem-de-prof-eugenio-trivinho-paul-virilio-1932-2018

키틀러(제1 · 6장). URL: http://www.bookpot.net/news/articleView.html?idxno=610

푸코(제1 · 7장). URL: https://en.wikipedia.org/wiki/Michel_Foucault

들뢰즈(제1 · 8장). URL: http://blog.naver.com/PostView.nhn?blogId=czech_love&logNo=220927416988&parentCategoryNo=&categoryNo=170&viewDate=&isShowPopularPosts=true&from=search

들뢰즈와 과타리(제1 · 9장). URL: http://www.critical-theory.com/submit-your-papers-gilles-deleuze-and-felix-guattari-refrains-of-freedom

제2장 벤야민: 기술복제시대의 아우라 붕괴와 뉴미디어 문화

강진숙 · 한찬희 (2009). 디지털 출판콘텐츠의 제작 · 이용에 대한 매체미학적 연구: 벤야민의 아우라(Aura) 붕괴와 기술복제에 대한 관점을 중심으로. 〈한국출판학연구〉, 35권 2호, 145-170.

김겸섭 (2009). 디지털 시대에 다시 읽는 '매체기능전환'론: 벤야민과 브레히트의 매체이론을 토대로. 〈독일어문학〉, 46집, 25-49.

김석진 (2011). 사진, 매체, 그리고 아우라의 변형: 디지털사진과 디지털아우라. 〈민족미학〉, 10권 2호, 155-186.

김영룡 (2016). 표징과 지표: 벤야민의 미디어 이론에 기반한 초연결 사회 문학의 미래에 대한 소고. 〈독어교육〉, 65집, 195-219.

박평종 (2012). 기계복제에서 디지털복제로: 발터 벤야민의 "기술복제" 개념과 오늘의 양상. 〈한국사진학회지AURA〉, 27권, 61-73.

백욱인 (2010). 디지털 복제 시대의 지식, 미디어, 정보: 지식의 기술 · 사회적 조건 변화를 중심으로. 〈한국언론정보학보〉, 통권 49호, 5-19.

송대섭 · 하임성 (2009). 현대 디지털 예술작품의 복제성에 대한 고찰. 〈만화애니메이션 연구〉, 통권 17호, 205-218.

심혜련 (2001). 발터 벤야민(Walter Benjamin)의 아우라(Aura) 개념에 관하여. 〈시대와 철학〉, 12권 1호, 145-176.

심혜련 (2010). 디지털 매체 시대의 아우라 문제에 관하여. 〈시대와 철학〉, 21권 3호, 313-343.

심혜련 (2017). 〈20세기 매체철학: 아날로그에서 디지털로〉. 서울: 그린비.

이주봉 (2018). 감성적 지각 대상으로서 디지털 테크놀로지 시대의 영화: 영화 〈아티스트〉를 중심으로. 〈현대영화연구〉, 31권, 321-350.

이철희 (2018). 인터넷 라이브 방송의 일회적 현존성에 관한 고찰: 아우라 개념과의 경험적 유사성을 중심으로. 〈CONTENTS PLUS〉, 16권 4호, 23-35.

임석원 (2013). 발터 벤야민의 매체이론과 비판적 휴머니즘: 인간과 기계의 구성적 융합과 집단적 연대의식. 〈괴테연구〉, 26권, 257-281.

최성만 (2006). 벤야민 횡단하기 Ⅱ: 벤야민의 개념들. 〈문화과학〉, 통권 47호, 373-387.

허윤정 (2015). 게임과 아우라. 〈한국컴퓨터게임학회논문지〉, 28권 1호, 137-142.

Adorno, T. W. (1955). *Prismen; Kulturkritik und Gesellschaft*. Frankfurt am Main: Suhrkamp. 홍승용 (역) (2004). 〈프리즘: 문화비평과 사회〉. 파주: 문학동네.

Benjamin, W. (1931). Kleine Geschichte der Photographie. In *Gesammelte Schriften. Bd. II*. Frankfurt am Main: Suhrkamp. 최성만 (역) (2007). 〈기술복제시대의 예술작품; 사진의 작은 역사 외〉. 서울: 길.

Benjamin, W. (1935-1939). *Das Kunstwerk im Zeitalter seiner technischen Reproduzierbarkeit*. (vier Fassungen 1935～1939). In *Zeitschrift für Sozialforschung*. 1936 [franz. Übers.]. 최성

만 (역) (2007). 〈기술복제시대의 예술작품; 사진의 작은 역사 외〉. 서울: 길.

Benjamin, W. (1936). (Das) *Kunstwerk im Zeitalter seiner technischen Reproduzierbarkeit*. (vier Fassungen 1935~1939). In *Zeitschrift für Sozialforschung*. 1936 [franz. Übers.]. 최성만 (역) (2007). 〈기술복제시대의 예술작품; 사진의 작은 역사 외〉. 서울: 길.

Benjamin, W. (1940). *Über den Begriff der Geschichte*. In *Walter Benjamin zum Gedächtnis*. 1942; Die neue Rundschau. 1950. 최성만 (역) (2008). 〈역사의 개념에 대하여 폭력비판을 위하여 초현실주의 외〉. 서울: 길.

Bolz, N., & Reijen, van, W. (1991). *Walter Benjamin*. Frankfurt: Campus Verlag.

Dauthendey, M. (1912). *Der Geist meines Vaters*. München: Albert Langen.

Hartmann, F. (2000). *Medienphilosophie*. Frankfurt am Main: Suhrkamp. 이상엽 · 강웅경 (공역) (2008). 〈미디어 철학〉. 서울: 북코리아.

Simondon, G. (1958). *Du mode d'existence des objets techniques*. Paris, Aubier, Éditions Montaigne. 김재희 (역) (2011). 〈기술적 대상들의 존재 양식에 대하여〉. 서울: 그린비.

Sontag, S. (2003). *Regarding the pain of others*. NY: Picador/Farrar, Straus and Giroux. 이재원 (역) (2010). 〈타인의 고통〉. 서울: 이후.

Weber, S. (1996). *Mass mediauras: Form, technics, media*. CA: Stanford University Press.

Werfel, F. (1935, 11, 15). Ein Sommernachtstraum, Ein Film von Shakespeare und Reinhardt, *Neues Wiener Journal*.

Hill, D. O. (1843-1846). 〈Newhaven fishwife〉(Mrs Elizabeth (Johnstone) Hall). National Galleries of Scotland Commons @ Flickr Commons. URL: https://commons.wikimedia.org/wiki/File:Mrs_Elizabeth_(Johnstone)_Hall,_Newhaven_fishwife.jpg

아제의 〈센느 거리 모퉁이〉(1924). URL: http://blog.daum.net/hnsori/16758344

레니 리펜슈탈의 〈의지의 승리〉(1935) 중 사열 장면. URL: https://bit.ly/2KNCzsf(Georg Pahl, Bundesarchiv, Bild 102-04062A) CC-BY-SA 3.0

파울 클레의 〈새로운 천사〉(1910). URL: https://en.wikipedia.org/wiki/Angelus_Novus(Paul Klee, The Israel Museum, Jerusalem) CC-BY-SA 3.0

제3장 벤야민 : 파사주 프로젝트 – 산보자, 수집가, 미메시스 능력

강진숙 · 이은비 (2013). 공동체라디오 DJ의 미메시스적 실천과 유희성 연구: 창신동 라디오 방송국 〈덤〉을 중심으로. 〈방송문화연구〉, 25권 2호, 37-66.

김누리 · 최동민 (2010). 대도시 미메시스로서의 『베를린 알렉산더 광장』. 〈뷔히너와 현대문학〉, 34호, 29-56.

김세진 (2018). 소셜 미디어에 나타난 패션 거리에서의 패션 경험에 관한 연구: 서울의 명동 거리를 중심으로. 〈한국패션디자인학회지〉, 18권 4호, 35-52.

김지연 · 강진숙 (2015). SNS 독서 커뮤니티의 집단지성과 미메시스 실천에 관한 연구: 벤야민의 미메시스와 레비의 집단지성을 중심으로. 〈한국방송학보〉, 29권 4호, 225-259.

심광현 (1998). 〈탈근대 문화정치와 문화연구〉. 서울: 문화과학사.

오형엽 (2009). 발터 벤야민의 언어철학 고찰: 미메시스 개념을 중심으로. 〈어문연구〉, 61집, 479-505.

유기환 (2010). 미메시스에 대한 네 가지 시각: 플라톤, 아리스토텔레스, 벤야민, 리쾨르. 〈세계문학비교연구〉, 33집, 375-406.

이상면 (2006). 영상철학의 시초: 베르그송 · 발라즈 · 벤야민의 영상이론에 대해. 〈미학〉, 47집, 105-135.

이수안 (2016). 대도시 산보자의 도시공간 향유 양식의 계보학: 벤야민으로부터 구보씨를 거쳐 테크노 산보자까지. 〈문화와 사회〉, 22권, 349-383.

이진 (2018). 모바일 게임 플랫폼에서의 플레이 경험 연구: 발터 벤야민의 산책자(Flâneur) 개념을 중심으로. 〈인문콘텐츠〉, 51호, 207-224.

최성만 (2005). 벤야민 횡단하기 Ⅰ: 모더니티와 신화. 〈문화과학〉, 통권 44호, 249-261.

최성만 (2007). 벤야민 횡단하기 IV: 벤야민의 개념들. 〈문화과학〉, 통권 49호, 237-259.

최성만 (2014). 〈발터 벤야민: 기억의 정치학〉. 서울: 길.

Benjamin, W. (1928-1929, 1934-1940, 1982). *Das Passagen-Werk*. Frankfurt am Main: Suhrkamp Verlag. 조형준 (역) (2005). 〈아케이드 프로젝트〉. 서울: 새물결.

Benjamin, W. (1933). *Lehre vom Ähnlichen*. In *Gesammelte Schriften. Bd. II/1 Aufsätze, Essays, Vorträge* (pp. 204–210). Frankfurt am Main: Suhrkamp. 최성만 (역) (2008). 유사성론. 〈언어 일반과 인간의 언어에 대하여; 번역자의 과제 외〉. 서울: 길, 197-207.

Benjamin, W. (1935-1939). *Das Kunstwerk im Zeitalter seiner technischen Reproduzierbarkeit.* (vier Fassungen 1935～1939). In *Zeitschrift für Sozialforschung.* 1936 [franz. Übers.]. 최성만 (역) (2007). 〈기술복제시대의 예술작품; 사진의 작은 역사 외〉. 서울: 길.

Benjamin, W. (1972). *Über Sprache überhaupt und uber die Sprache des Menschen: Die Aufgabe des Übersetzers*. Frankfurt am Main: Suhrkamp Verlag. 최성만 (역) (2008). 〈언어 일반과 인간의 언어에 대하여: 번역자의 과제 외〉. 서울: 길.

Benjamin, W. (1986). The author as producer. In P. Demetz (Eds.), *Reflections: Essays, Aphorisms, Autobiographical Writings* (pp. 220-238). New York, NY: Schocken Books.

Marx, K. (1969). *Das Kapital, Kritik der politischen Ökonomie (Capital, Critiques of Political Economy) Bd. I.*, Berlin: Dietz Verlag.

판타즈마고리아(다음백과). URL: http://100.daum.net/encyclopedia/view/47XXXXXXb388

로버트슨의 유령 환상. URL: https://en.wikipedia.org/wiki/%C3%89tienne-Gaspard_Robert#/media/File:Étienne-Gaspard_Robert's_ghost_illusion_explanation.png

로버트슨의 판타즈마고리아 공연 사례(파리, 1797). URL: https://en.wikipedia.org/wiki/%C3%89tienne-Gaspard_Robert#/media/File:antasmagorie_de_Robertson.tif

산보자. URL: https://www.thinkingcinema.com/film-appreciation-modern-times
수집가. URL: http://blog.naver.com/PostView.nhn?blogId=jungms9692&logNo=220596365281
별을 관측하는 중세의 점성술사. URL: https://news.joins.com/article/19347938

제4장 플루서: 코무니콜로기 – 담론형/대화형 매체, 대중적 기만과 기술적 상상

강진숙 (2006). 탈문자시대의 미디어 문화와 이용자에 관한 이론적 연구: 포스터, 플루서, 비릴리오의 입장을 중심으로. 〈한국출판학연구〉, 통권 51호, 5-33.

강진숙 (2010). 1인 미디어로서의 블로그 이용문화와 기술적 상상: 플루서의 코무니콜로기론을 중심으로. 〈언론과 사회〉, 18권 3호, 2-34.

강진숙 (2012). 텔레마틱 사회의 이용자와 기술적 상상. 한국언론정보학회 (편) (2012). 〈디지털, 테크놀로지, 문화: 탈현대 시대의 커뮤니케이션 연구〉 (125-142쪽). 서울: 한울.

강진숙 · 김지연 (2013). SNS 이용자의 정치참여에 대한 현상학적 연구: 10 · 26 서울시장 보궐선거를 중심으로. 〈한국언론정보학보〉, 통권 22호, 179-199.

김무규 (2014). 디지털 영상의 기술적 원리와 구성주의적 특성: 빌렘 플루서의 기술적 형상 개념을 중심으로. 〈한국방송학보〉, 28권 5호, 7-45.

김무규 (2018). 대화의 기술적 형상으로서 상호작용적 영화. 〈인문사회과학연구〉, 19권 2호, 597-620.

김성민 · 박영욱 (2004). 디지털 매체 혹은 가상현실에서 이미지의 문제. 〈시대와 철학〉, 15권 1호, 7-30.

김성재 (2005). 탈문자 시대의 매체현상학. 〈한국방송학보〉, 19권 1호, 76-108.

김은주 · 김재웅 (2012). 애니메이션 〈썸머 워즈〉의 가상공간 분석: 빌렘 플루서와 폴 비릴리오를 중심으로. 〈디지털디자인학연구〉, 12권 1호, 279-287.

김종대 (2008). 말터와 디자인 수사학. 〈독일어문학〉, 52집, 1-33.

민춘기 (2015). 뉴미디어 시대의 소통과 글쓰기에 대하여. 〈교양교육연구〉, 9권 1호, 181-212.

Flusser, V. (1993). *Lob der Oberflächlichkeit: Für eine Phänomenologie der Medien. (Writings 1)*. Bensheim: Bollmann. 김성재 (역) (2004). 〈피상성예찬: 매체 현상학을 위하여〉. 서울: 커뮤니케이션북스.

Flusser, V. (1994). *Gesten: Versuch einer Phänomenologie*. Frankfurt am Main: Fischer-Taschenbuch-Verlag.

Flusser, V. (1995). *Die Revolution der Bilder: Der Flusser-Reader zu Kommunikation, Medien und Design*. Mannheim: Bollmann. 김현진 (역) (2004). 〈그림의 혁명(플루서 독자에게): 커뮤니케이션, 미디어, 그리고 디자인〉. 서울: 커뮤니케이션북스.

Flusser, V. (1996). *Kommunikologie*. Frankfurt am Main: Fischer-Taschenbuch-Verlag. 김성재

(역) (2001). 〈코무니콜로기: 코드를 통해 본 커뮤니케이션의 역사와 이론 및 철학〉. 서울: 커뮤니케이션북스.

Hartmann, F. (2000). *Medienphilosophie*. Frankfurt am Main: Suhrkamp. 이상엽 · 강웅경 (공역) (2008). 〈미디어 철학〉. 서울: 북코리아.

Horkheimer, M., & Adorno, T. W. (1969). *Dialektik der Aufklaerung: Philosophische Fragmente*. 김유동 (역) (2001). 〈계몽의 변증법: 철학적 단상〉. 서울: 문학과지성사.

Kloock, D., & Spahr, A. (2000). *Medientheorien: Eine Einführung*. Stuttgart: Wilhelm Fink UTP.

플루서 연대기(Flussers biographische Skizze). URL: http://www.equivalence.com/labor/lab_vf.shtml

체코의 디지털 사상가 플루서. URL: https://www.discogs.com/artist/2525959-Vil%C3%A9m-Flusser

상파울루 FAAP 대학 로고. URL: http://www.faap.br

Mozilla 홈페이지. URL: https://learning.mozilla.org/en-US/web-literacy

제5장 비릴리오: 드로몰로지와 감각의 마비, 피크노렙시

강진숙 (2006). 탈문자시대의 미디어 문화와 이용자에 관한 이론적 연구: 포스터, 플루서, 비릴리오의 입장을 중심으로. 〈한국출판학연구〉, 통권 51호, 5-33.

강진숙 (2007). UCC 영상문화의 함의와 문제점 연구: 심층 인터뷰를 이용한 대학생의 인식 사례를 중심으로. 〈한국방송학보〉, 21권 6호, 9-43.

강진숙 (2012). SNS 속도문화와 창조적 저항: 비릴리오와 키틀러의 속도와 주체에 대한 사유를 중심으로. 〈한국언론정보학보〉, 통권 58호, 31-54.

강진숙 · 장유정 (2012). 스마트폰 이용자들의 원격현전 경험에 대한 현상학적 연구: 비릴리오의 속도론과 '감각의 마비'를 중심으로. 〈한국방송학보〉, 26권 6호, 7-45.

금준경 (2018). 4차 산업혁명 시대의 뉴스 리터러시 교육. 원용진 · 허경 외 (편), 〈4차 산업혁명 시대의 미디어 리터러시 교육〉 (211-247쪽). 서울: 지금.

김은주 · 김재웅 (2010). 애니메이션 〈월-E〉에 나타난 시공간 분석: 폴 비릴리오의 '질주학'을 중심으로. 〈디지털디자인학연구〉, 10권 2호, 249-256.

김은주 · 김재웅 (2012). 애니메이션 〈썸머 워즈〉의 가상공간 분석: 빌렘 플루서와 폴 비릴리오를 중심으로. 〈디지털디자인학연구〉, 12권 1호, 279-287.

박상현 (2012). 드라마 〈블랙 미러〉에 나타난 폴 비릴리오의 기술 공포증. 〈디지털디자인학연구〉, 12권 3호, 53-64.

박상현 · 최승원 (2014). 영화 〈트랜센더스〉와 폴 비릴리오의 담론에 나타난 테크노 디스토피아. 〈디지털디자인학연구〉, 14권 4호, 749-758.

송대섭 · 이은영 (2018). 폴 비릴리오(Paul Virilio)의 '피크노렙시(Picnolepsie)'에 나타난 움직임에 관한 연구. 〈만화애니메이션연구〉, 통권 52호, 341-367.

신성환 (2012a). 폴 비릴리오의 지각이론을 통해 본 시각적 주체성 회복: 영화 〈파이널 컷〉과 드라마 〈블랙 미러〉를 중심으로. 〈한국언어문화〉, 49집, 261-288.

신성환 (2012b). 폴 비릴리오(Paul Virilio)의 전쟁론과 시각 테크놀로지의 상관성: 영화 〈허트 로커(The Hurt Locker)〉를 중심으로. 〈인문연구〉, 66호, 245-280.

신성환 (2018). 디지털 환경의 감시와 역감시 현상에 대한 고찰: 영화 〈감시자들〉과 〈아이 인 더 스카이〉를 중심으로. 〈현대영화연구〉, 31권, 221-259.

정승은 (2016). 스낵컬처 영상에 관한 연구: 72초 대표 웹드라마를 중심으로. 〈씨네포럼〉, 24호, 75-99.

정승은 (2017). 속도감을 높이는 영상 기법 연구: 에드가 라이트의 3부작 영화를 중심으로. 〈씨네포럼〉, 26호, 161-200.

Deleuze, G., & Guattri, F. (1980). *Mille plateaux: Capitalisme et schizophrénie 2*. Paris: Minuit. 김재인 (역) (2001). 〈천 개의 고원: 자본주의와 분열증 2〉. 서울: 새물결.

Stevenson, N. (2002). *Understanding media cultures: Social theory and mass communication*. (2nd ed). London: Sage.

Virilio, P. (1977). *Vitesse et politique: Essai de dromologie*. Paris: Galilée, coll. ≪L'Espace Critique≫. 이재원 (역) (2004). 〈속도와 정치: 공간의 정치학에서 시간의 정치학으로〉. 서울: 그린비.

Virilio, P. (1989). *Esthétique de la disparition*. Paris: Galilée. 김경온 (역) (2004). 〈소멸의 미학: 시간과 속도의 여행〉. 서울: 연세대학교 출판부.

Virilio, P. (1993). *L'Art du moteur*. Paris: Galilée. 배영달 (역) (2007). 〈동력의 기술〉. 부산: 경성대학교 출판부.

Virilio, P. (1998). *La bombe informatique*. Paris: Galilée, coll. ≪L'Espace Critique≫. 배영달 (역) (2002). 〈정보과학의 폭탄〉. 서울: 울력.

Virilio, P., & Lotringer, S. (1997). *Pure war*. (M. Polizzoti, Trans.). NY: Semiotext(e).

Virilio, P., & Petit, P. (1999). *Politics of the very worst*. (M. Cavaliere, Trans.). NY: Semiotext(e).

강의 중인 비릴리오. URL: https://www.versobooks.com/blogs/4042-paul-virilio-1932-2018

불운의 예언자 카산드라. URL: https://bit.ly/2Hm0jSd

공성전. URL: https://namu.wiki/w/%EA%B3%B5%EC%84%B1%EC%A0%84

제2차 세계대전 당시 장갑차. URL: https://wallhere.com/ko/wallpaper/196604

현존함대. https://nakedtree.tistory.com/159

제6장 키틀러: 기록시스템과 글쓰기

강진숙 (2012). SNS 속도문화와 창조적 저항: 비릴리오와 키틀러의 속도와 주체에 대한 사유를 중심으로. 〈한국언론정보학보〉, 통권 58호, 31-54.

김소영 (2016). 미디어아트와 문화콘텐츠의 상호연관성 연구: 라캉의 '범주'와 키틀러의 '기록체계'를 중심으로. 〈글로벌문화콘텐츠〉, 22호, 49-68.

김애령 (2015). 글쓰기 기계와 젠더: 키틀러의 '기록체계' 다시 읽기. 〈한국여성철학〉, 23권, 33-59.

도기숙 (2008a). 기술매체의 변화와 새로운 인간학: 프리드리히 키틀러의 매체이론을 중심으로. 〈독일문학〉, 108집, 191-211.

도기숙 (2008b). 타자기와 여성해방: 키틀러의 매체이론에 나타난 기술과 여성의 문제. 〈독일어문학〉, 43집, 309-328.

박영욱 (2009). 문자학에 대한 매체철학적 고찰: 데리다의 음성중심주의 비판과 키틀러의 매체분석을 중심으로. 〈범한철학〉, 54집, 367-393.

박현수 · 박상현 (2016). F. 키틀러의 매체 개념으로 본 스텔락 퍼포먼스의 신체성. 〈커뮤니케이션 디자인학연구〉, 57권, 8-18.

유현주 (2015). 축음기와 실재의 소리: 프리드리히 A. 키틀러의 이론을 중심으로. 〈미학예술학연구〉, 44집, 111-132.

유현주 (2016). 영화라는 상상계, 그리고 실재의 귀환: 키틀러의 이론을 통한 〈마리아 브라운의 결혼〉 분석. 〈뷔히너와 현대문학〉, 47호, 81-101.

천현순 (2010). 디지털 컨버전스 시대 인간과 문화의 변화양상. 〈탈경계 인문학〉, 3권 2호, 113-128.

Hartmann, F. (2000). *Medienphilosophie*. Frankfurt am Main: Suhrkamp. 이상엽 · 강웅경 (공역) (2008). 〈미디어 철학〉. 서울: 북코리아.

Kittler, F. (1985, 2003). *Aufschreibesysteme 1800/1900*. Munich: Fink. 윤원화 (역) (2015). 〈기록시스템 1800 · 1900〉. 파주: 문학동네.

Kittler, F. (1986). *Grammophon, Film, Typewriter*. Berlin: Brinkmann & Bose. 김남시 (역) (2019). 〈축음기, 영화, 타자기〉. 서울: 문학과지성사.

Kittler, F. (1997). Protected Mode. In J. Johnston (Ed. and intro.), *Literature media: information systems* (pp. 147-155). Amsterdam: OPA.

Kittler, F. (2002). *Optische Medien: Berliner Vorlesung 1999*. Berlin: Merve Verlag. 윤원화 (역) (2011). 〈광학적 미디어: 1999년 베를린 강의-예술, 기술, 전쟁〉. 서울: 현실문화.

Krämer, S. (2006). The cultural techniques of time axis manipulation: On Friedrich Kittler's conception of media. *Theory, Culture & Society, 23*(7-8), 93-109.

Virilio, P., Kittler, F., & Armitage, J. (1999). The information bomb a conversation. *Angelaki*. 4(2), 81-90.

독일의 문학비평가 · 미디어 사상가 키틀러. URL: http://www.bookpot.net/news/articleView.html?idxno=610

18세기 괴테 시대 독일문학(다음백과). URL: http://100.daum.net/encyclopedia/view/b05d0891b

제7장 푸코: 장치, 권력, 주체구성

가톨릭대학교 고전라틴어연구소 (편) (1995). 〈라틴-한글 사전〉. 서울: 가톨릭대학교 출판부.

강진숙 (2012). SNS 속도문화와 창조적 저항: 비릴리오와 키틀러의 속도와 주체에 대한 사유를 중심으로. 〈한국언론정보학보〉, 통권 58호, 31-54.

강진숙 (2015). 정동의 장치와 주체화 연구방법－미디어 비오그라피: 푸코, 아감벤, 들뢰즈의 장치와 주체화, 배치에 대한 사유를 중심으로. 〈커뮤니케이션 이론〉, 11권 4호, 4-37.

권은선 (2013). 유신정권기의 생체정치와 젠더화된 주체 만들기: 호스티스 멜로드라마와 하이틴 영화를 중심으로. 〈여성문학연구〉, 29호, 417-444.

권지현 · 김명혜 (2015). 인터넷 팬 커뮤니티의 규율권력이 어떻게 행사되는가?: 디시인사이드 '주군의 태양' 갤러리의 사례를 중심으로. 〈사이버커뮤니케이션학보〉, 통권 32권 2호, 5-50.

김예란 (2013). 빅데이터의 문화론적 비판: 미셸 푸코의 생정치 개념을 중심으로. 〈커뮤니케이션 이론〉, 9권 3호, 166-204.

김지연 · 김균 (2015). 식민지 근대 신여성의 담론 연구: 1920～1930년대 한국의 신여성 광고를 중심으로. 〈한국광고홍보학보〉, 17권 4호, 194-226.

김혜영 (2006). 〈미셸 푸코의 고고학과 계보학 그리고 타자의 역사: 역사-권력 불가분성 테제의 정치학적 함의〉, 서울대학교 대학원 석사학위 논문.

노형일 · 양은경 (2017). 비폭력 저항 주체의 형성: 박근혜 대통령 탄핵 촛불집회에 대한 통치분석. 〈한국방송학보〉, 31권 3호, 5-41.

양운덕 (2008). 미시권력들의 작용과 생명 정치: 푸꼬의 권력분석틀과 아감벤의 근대 생명정치학 비판. 고려대학교 철학연구소. 〈철학연구〉, 36호, 169-213.

윤미애 (2012). 벤야민의 관조와 세속화론. 〈독일언어문학〉, 55집, 143-159.

이호규 (2010). 주체형성 장치로서의 가상공간과 커뮤니케이션 모델: 르페브르와 푸코의 논의를 중심으로. 〈사이버커뮤니케이션학보〉, 27권 2호, 173-213.

임미원 (2009). 생명관념의 기초적 고찰: 기든스, 푸코, 아감벤의 정치철학적 논점을 중심으로. 〈법과 사회〉, 37호, 327-351.

장유정 (2017). 노년세대의 갈등유형과 소수자 미디어교육 경험에 대한 현상학적 연구: 들뢰즈와 가타리의 소수자론과 푸코의 주체구성론을 중심으로. 〈노인복지연구〉, 72권 3호, 95-140.

조원광 (2012). 미셸 푸코 권력이론의 재조명: 교환이론, 네트워크이론, 3차원 권력이론과의 비교를 중심으로. 〈경제와 사회〉, 통권 94호, 242-273.

황슬하 · 강진숙 (2014). 온라인 여성호명 담론에 대한 질적 연구. 〈한국방송학보〉, 28권 4호, 356-388.

Agamben, G. (1995). *Homo sacer: Il potere sovrano e la nuda vita.* 〈호모 사케르: 주권 권력과 벌거벗은 생명〉. 박진우 (역) (2008). 서울: 새물결.

Agamben, G. (2005). *Profanazioni.* Roma: Nottetempo. 김상운 (역) (2010). 〈세속화 예찬: 정치미학을 위한 10개의 노트〉. 서울: 난장.

Agamben, G. (2006). *Che cos'è un dispositivo?, L'amico, Che cos'è il contemporaneo?.* Roma: Nottetempo. 양창렬 (역) (2010). 〈장치란 무엇인가?: 장치학을 위한 서론〉. 서울: 난장.

Benjamin, W. (1935-1939). *Das Kunstwerk im Zeitalter seiner technischen Reproduzierbarkeit.* (vier Fassungen 1935～1939). In *Zeitschrift für Sozialforschung.* 1936 [franz. Übers.]. 최성만 (역) (2007). 〈기술복제시대의 예술작품; 사진의 작은 역사 외〉. 서울: 길.

Benjamin, W. (1936). *(Das) Kunstwerk im Zeitalter seiner technischen Reproduzierbarkeit.* (vier Fassungen 1935～1939). In *Zeitschrift für Sozialforschung.* 1936 [franz. Übers.]. 최성만 (역) (2007). 〈기술복제시대의 예술작품; 사진의 작은 역사 외〉. 서울: 길.

Côte-Jallade, M.-F., Michel, R. et al. (1985). *Penseurs pour aujourd'hui.* 이상률 · 양운덕 (공역) (1998). 〈오늘의 프랑스 사상가들〉. 서울: 문예출판사.

Deleuze, G. (1986). *Foucault.* 권영숙 · 조형근 (공역) (1995). 〈들뢰즈의 푸코〉. 서울: 새길.

Foucault, M. (1961). *Histoire de la folie à l'âge classique.* 이규현 (역) (2010). 〈광기의 역사〉. 파주: 나남.

Foucault, M. (1966). *(Les)mots et les choses: une archeologie des sciences humaines.* 이규현 (역) (2012). 〈말과 사물〉. 서울: 민음사.

Foucault, M. (1969). *L'Archéologie du savoir.* Paris: Gallimard. 이정우 (역) (1992). 〈지식의 고고학〉. 서울: 민음사.

Foucault, M. (1971). *L'Ordre du discours.* 이정우 (역) (1993, 1995). 〈담론의 질서〉. 서울: 새길.

Foucault, M. (1975). *Surveiller et punir: Naissance de la prison.* Paris: Gallimard. 오생근 (역) (1994). 〈감시와 처벌: 감옥의 역사〉. 서울: 나남.

Foucault, M. (1976). *Histoire de la sexualité, 1: la volonté de savoir.* Paris: Gallimard. 이규현 (역) (2010). 〈성의 역사 1: 지식의 의지〉. 파주: 나남.

Foucault, M. (1977). *Le jeu de Michel Foucault. Dits et Écrits*, tome. 3: 1976-1979, éd. Daniel Defert et François Ewald, avec collab. Jacques Lagrange (1994). Paris: Gallimard.

Weigel, S. (2008). *Walter Benjamin: Die Kreatur, das Heilige, die Bilder.* Frankfurt: Fischer-Taschenbuch-Verl.

푸코의 이력 및 저술 소개. URL: https://www.britannica.com/biography/Michel-Foucault

프랑스 철학자 푸코. URL: https://en.wikipedia.org/wiki/Michel_Foucault

벤담의 판옵티콘 설계도. URL: https://ko.wikipedia.org/wiki/%ED%8C%8C%EB%86%89%ED%8B%B0%EC%BD%98#/media/파일:Panopticon.jpg

루이 14세 시대의 베르사유 동물원. URL: https://en.wikipedia.org/wiki/Menagerie#/media/File:Versailles_M2.JPG

제8장 들뢰즈: 사건의 철학과 시뮬라크르

강진숙 (2000). 〈인터넷 장(field)의 기호체제와 주체화과정에 관한 연구: 공간과 기호의 배치, 그리고 주체문제를 중심으로〉. 중앙대학교 대학원 박사학위 논문.

권오상 (2018). 디지털 사진 이미지의 존재론에 관한 연구: 들뢰즈와 보드리야르의 시뮬라크르 개념을 중심으로. 〈만화애니메이션 연구〉, 통권 51호, 391-411.

권혜원 (2008). 〈'사건적 역사유물론'의 가능성 탐색을 위한 연구: 미셸 푸코와 질 들뢰즈의 '사건'과 '배치'의 이론을 중심으로〉. 서울대학교 대학원 석사학위 논문.

안재찬 · 안용규 (2012). 들뢰즈의 시뮬라크르 개념에 따른 스포츠스타, 영웅 탄생구조 분석. 〈움직임의 철학: 한국체육철학회지〉, 20권 4호, 229-244.

오창호 (2014). 들뢰즈(G. Deleuze)의 언어이론으로 본 방송저널리즘의 소통기능에 대한 고찰: '사실의 패러다임'에서 '사건의 패러다임'으로. 〈언론학연구〉, 18권 2호, 89-124.

이정우 (1999). 〈시뮬라크르의 시대: 들뢰즈와 사건의 철학〉. 서울: 거름.

이진경 (1997). 들뢰즈: '사건의 철학'과 역사유물론. 서울사회과학연구소 (편) (1997). 〈탈주의 공간을 위하여: 들뢰즈 · 가타리의 정치적 사유〉 (15-57쪽). 서울: 푸른숲.

장세영 (2019). 들뢰즈의 생성론에 근거한 영화 속 슈퍼히어로 변신의 가상성. 〈조형미디어학〉, 22권 1호, 78-86.

Deleuze, G. (1963). *La philosophie critique de Kant*. Paris: PUF. 서동욱 (역) (1996). 〈칸트의 비판철학〉. 서울: 민음사.

Deleuze, G. (1968). *Différence et répétition*. Paris: Presses Universitaires de France. 김상환 (역) (2004). 〈차이와 반복〉. 서울: 민음사.

Deleuze, G (1969). *Logique Du Sens*. Paris: Minuit. 이정우 (역) (1999). 〈의미의 논리〉. 파주: 한길사.

Deleuze, G. (1986). *Foucault*. Paris: Les Editions de Minuit. 권영숙 · 조형근 (공역) (1996). 〈들뢰즈의 푸코〉. 서울: 새길.

Guattari, F. (1977). *La révolution moléculaire*. Fontenay-sous-Bois: Recherches. 윤수종 (역) (1998). 〈분자혁명〉. 서울: 푸른숲.

프랑스의 철학자 · 미학자 들뢰즈. URL: http://blog.naver.com/PostView.nhn?blogId=czech_love &logNo=220927416988&parentCategoryNo=&categoryNo=170&viewDate=&isShowPopularPosts=true&from=search

제9장 들뢰즈와 과타리: 소수자와 정동 사유

강진숙 (2000). 〈인터넷 장(field)의 기호체제와 주체화과정에 관한 연구: 공간과 기호의 배치, 그리고 주체문제를 중심으로〉. 중앙대학교 대학원 박사학위 논문.

강진숙 (2006). 독일의 초·중등학교 미디어교육 교과과정. 김영순·김기태 외 (편). 〈미디어 교육과 교과과정〉 (54-74쪽). 서울: 커뮤니케이션북스.

강진숙 (2014). 미디어교육 패러다임의 변화를 위한 시론: "미디어정동(情動, affectus) 능력"의 개념화를 위한 문제제기. 〈커뮤니케이션 이론〉, 10권 3호, 195-221.

강진숙 (2015). 정동의 장치와 주체화 연구방법 – 미디어 비오그라피: 푸코, 아감벤, 들뢰즈의 장치와 주체화, 배치에 대한 사유를 중심으로. 〈커뮤니케이션 이론〉, 11권 4호, 4-37.

강진숙·김동명 (2017). 장애인 관련 영상제작자 및 활동가들의 '소수자-되기'에 대한 미디어 비오그라피 연구: 미디어의 장애인 재현과 제작 활동을 중심으로. 〈한국언론학보〉, 63권 1호, 286-324.

강진숙·박지혜 (2015). 청소년의 욕망 생성과 소수자 되기를 위한 미디어교육 사례 연구: 청소년 미디어 동아리 'S.Y.Media' 참여자들의 인식과 실천을 중심으로. 〈한국방송학보〉, 29권 4호, 117-148.

강진숙·배민영 (2010). '소수자-되기'를 위한 노인 미디어교육 연구: 노인 미디어교육 교수자 및 학습자와의 심층인터뷰를 중심으로. 〈교육문화연구〉, 16권 1호, 255-280.

김봉섭 (2013, 4월). 청소년 사이버불링 실태와 시사점: 인터넷과 휴대전화를 중심으로. 단국대학교 분쟁해결연구센터 2013년도 연례학술대회 〈소셜미디어와 학교갈등〉 발표문. 경기: 단국대학교.

김해연·강진숙 (2017). 페미니즘 독서토론 회원들의 젠더 불평등 경험과 대처 전략에 대한 근거이론적 연구: 들뢰즈와 가타리의 욕망과 소수자 사유를 중심으로. 〈한국언론학보〉, 61권 6호, 241-272.

박영균 (2007). 맑스와 들뢰즈의 마주침. 〈진보평론〉, 통권 31호, 243-267.

백욱인 (2014). 정보자본주의와 인터넷 서비스 플랫폼 장치 비판. 〈한국언론정보학보〉, 통권 65호, 76-92.

서동욱 (2008). 공명효과: 들뢰즈의 문학론. 〈철학사상〉, 27권, 123-140.

오창호 (2014). 감응의 커뮤니케이션: 들뢰즈·가타리의 커뮤니케이션 사상을 중심으로. 〈커뮤니케이션 이론〉, 10권 2호, 117-158.

이은경 (2013). 스피노자의 정서이론의 교육적 함의. 〈도덕교육연구〉, 25권 1호, 117-143.

이은비·강진숙 (2013). 차이와 소수성을 위한 이주노동자 미디어교육에 대한 질적 연구: MWTV 이주노동자 미디어교육 교수자 및 학습자와의 질적 심층인터뷰를 중심으로. 〈한국언론학보〉, 57권 6호, 441-468.

이찬웅 (2012). 들뢰즈의 영화 미학에서 정서의 문제: 변용에서 시간으로. 〈미학〉, 69집, 151-179.

장유정 (2017). 노년세대의 갈등유형과 소수자 미디어교육 경험에 대한 현상학적 연구: 들뢰즈와 가타리의 소수자론과 푸코의 주체구성론을 중심으로. 〈노인복지연구〉, 72권 3호, 95-140.

장유정 · 강진숙 (2015). 노인 미디어 교육을 통한 '여성-되기' 사례 연구: 노인 미디어 학습동아리 〈은빛둥지〉 활동을 중심으로. 〈한국언론정보학보〉, 통권 70호, 277-305.

정수영 (2015). 공감과 연민, 그리고 정동(affect): 저널리즘 분석과 비평의 외연 확장을 위한 시론. 〈커뮤니케이션 이론〉, 11권 4호, 38-76.

Agamben, G. (2006). *Che cos'è un dispositivo?, L'amico, Che cos'è il contemporaneo?*. Roma: Nottetempo. 양창렬 (역) (2010). 〈장치란 무엇인가?: 장치학을 위한 서론〉. 서울: 난장.

Copleston, F. (1961). *Descartes to Leibniz, A History of Philosophy, 4*. 김성호 (역) (2009). 〈합리론〉. 파주: 서광사.

Deleuze, G. (1968). *Différence et répétition*. Paris: Presses Universitaires de France. 김상환 (역) (2004). 〈차이와 반복〉. 서울: 민음사.

Deleuze, G. (1969). *Logique Du Sens*. Paris: Minuit. 이정우 (역) (1999). 〈의미의 논리〉. 파주: 한길사.

Deleuze, G. (1978). 모든 정서는 순간적이다, 무한에 관해 메이어에게 보내는 편지. In G. Deleuze & A. Negri et al. *Immaterial labor & multitude*. 서창현 외 (공역) (2005). 〈비물질노동과 다중〉 (91-108쪽). 서울: 갈무리.

Deleuze, G. (1981). *Spinoza: Philosophie pratique*. Paris: Minuit. 박기순 (역) (1999). 〈스피노자의 철학〉. 서울: 민음사.

Deleuze, G. (1981. 1). "Lecture Transcripts on Spinoza's Concept of Affect". 정동이란 무엇인가?. In G. Deleuze & A. Negri et al. *Immaterial labor & multitude*. 서창현 외 (공역) (2005). 〈비물질노동과 다중〉 (21-138쪽). 서울: 갈무리. URL: http://www.webdeleuze.com/php/sommaire.html

Deleuze, G. (1990). *Pourparlers*. Paris: Minuit. 김종호 (역) (1993). 〈대담 1972~1990〉. 서울: 솔출판사.

Deleuze, G. (1994. 10). 욕망과 쾌락. *Magazine littraire, 325*. 서울사회과학연구소 (편) (1997). 〈탈주의 공간을 위하여: 들뢰즈 · 가타리의 정치적 사유〉. 서울: 푸른숲.

Deleuze, G. (2006). *What is a Dispositif. In Two Regimes of Madnes: Texts and Interviews 1975-1995*. (pp. 338-348). Semiotext.

Deleuze, G., & Guattari, F. (1972). *L'Anti-Œdipe: Capitalisme et schizophrénie*. Paris: Minuit. 최명관 (역) (1997). 〈앙띠 오이디푸스〉. 서울: 민음사.

Deleuze, G., & Guattri, F. (1980). *Mille plateaux: Capitalisme et schizophrénie 2*. Paris: Minuit. 김재인 (역) (2001). 〈천 개의 고원: 자본주의와 분열증 2〉. 서울: 새물결.

Deleuze, G., & Parnet, C. (1977). *Dialogues*. Paris: Flammarion.

Foucault, M. (1977). *Le jeu de Michel Foucault. Dits et Écrits, tome. 3: 1976-1979*, éd. Daniel Defert et François Ewald, avec collab. Jacques Lagrange (1994). Paris: Gallimard.

Hardt, M. (1999). Affective labor. *Boundary 2, 26*(2) (Summer 1999). In G. Deleuze & A. Negri et al. *Immaterial labor & multitude*. 서창현 외 (공역) (2005). 〈비물질노동과 다중〉 (139-157쪽). 서울: 갈무리.

Negri, A. (1990). *Art et multitude: Nine letters on art, followed by Metamorphoses*. 심세광 (역) (2009). 〈예술과 다중: 예술에 대한 아홉 편의 서신〉. 서울: 갈무리.

Negri, A. (1992). *Spinoza sovversivo. Variazioni (in) Attuali*. 이기웅 (역) (2005). 〈전복적 스피노자〉. 서울: 그린비.

Negri, A., & Hardt, M. (2001). *Multitude: War and democracy un in the age of empire*. NY: Penguin. 조정환 · 정남영 · 서창현 (공역) (2008). 〈다중: 제국이 지배하는 시대의 전쟁과 민주주의〉. 서울: 세종서적.

Proust, M. (1913). *À la recherche du temps perdu: Du côté de Chez Swann*. Paris: Gallimard. 김희영 (역) (2012). 〈잃어버린 시간을 찾아서 1: 스완네 집쪽으로 1〉. 서울: 민음사.

Spinoza, B. de. (1675). Ethica. 강영계 (역) (1990). 〈에티카〉. 서울: 서광사.

Spinoza, B. de. (1951). *A Theologicopolitical treatise and a political treatise*(*R. H. M. Elwes trans. from the Latin with an Introduction*). 최형익 (역) (2011). 〈신학정치론/정치학논고〉. 서울: 비르투.

Tulodziecki, G. (1995). *Handlungsorientierte medienpädagogik in Beispielen. Projekte und Unterrichtseinheiten für grundschulen und weiterführende Schulen*. Bad Heilbrunn: Klinkhardt.